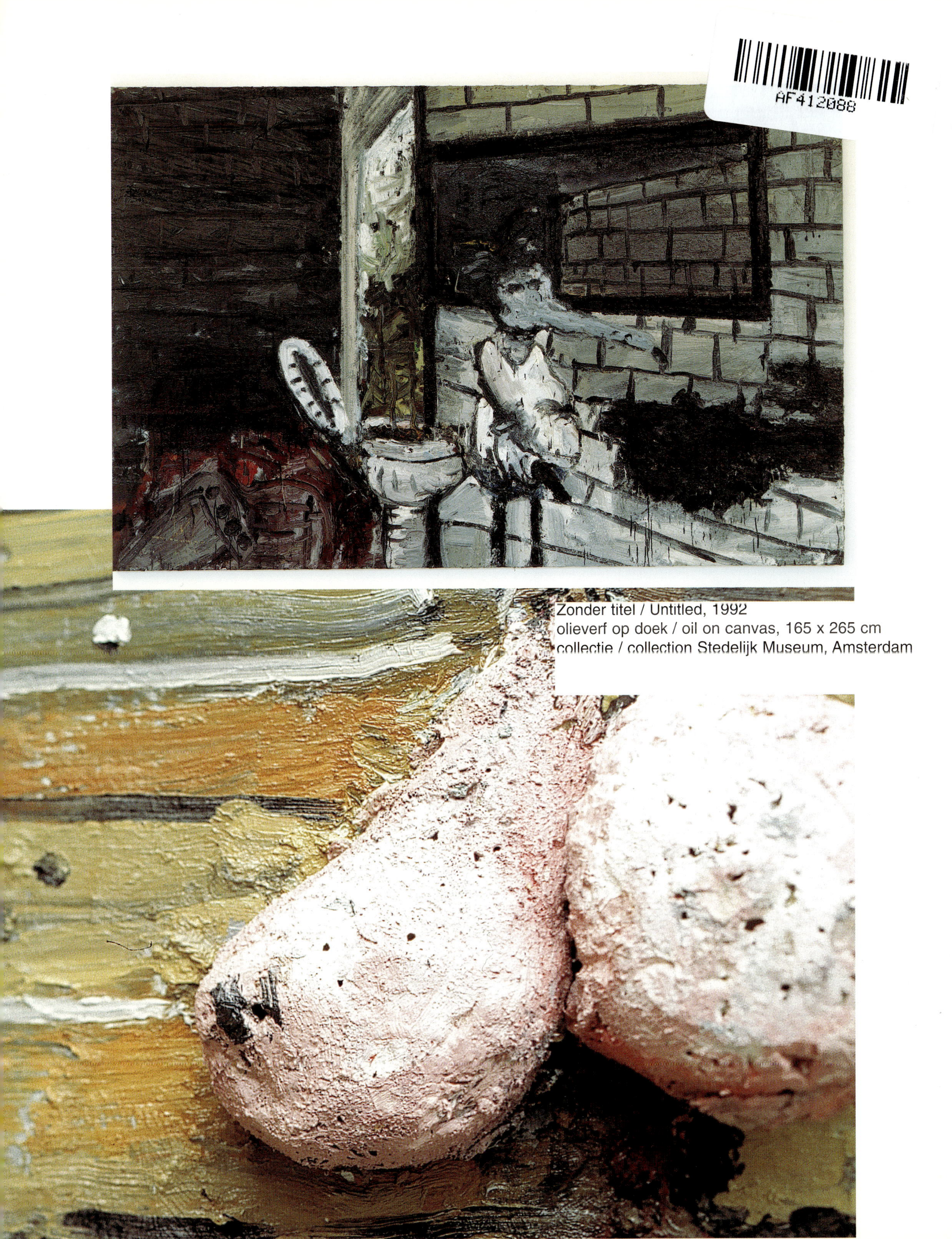

Zonder titel / Untitled, 1992
olieverf op doek / oil on canvas, 165 x 265 cm
collectie / collection Stedelijk Museum, Amsterdam

AF412088

Inhoud

Erik van Lieshout

NAUGHTY BY NATURE
not because I hate you

NAi Uitgevers / Publishers, Rotterdam

Zonder tieten/ Untittled, 1993
olieverf op hout met purschuim / oil on wood with purfoam, 230 x 150 x 30 cm
collectie / collection J. Lindenberger, Duitsland / Germany

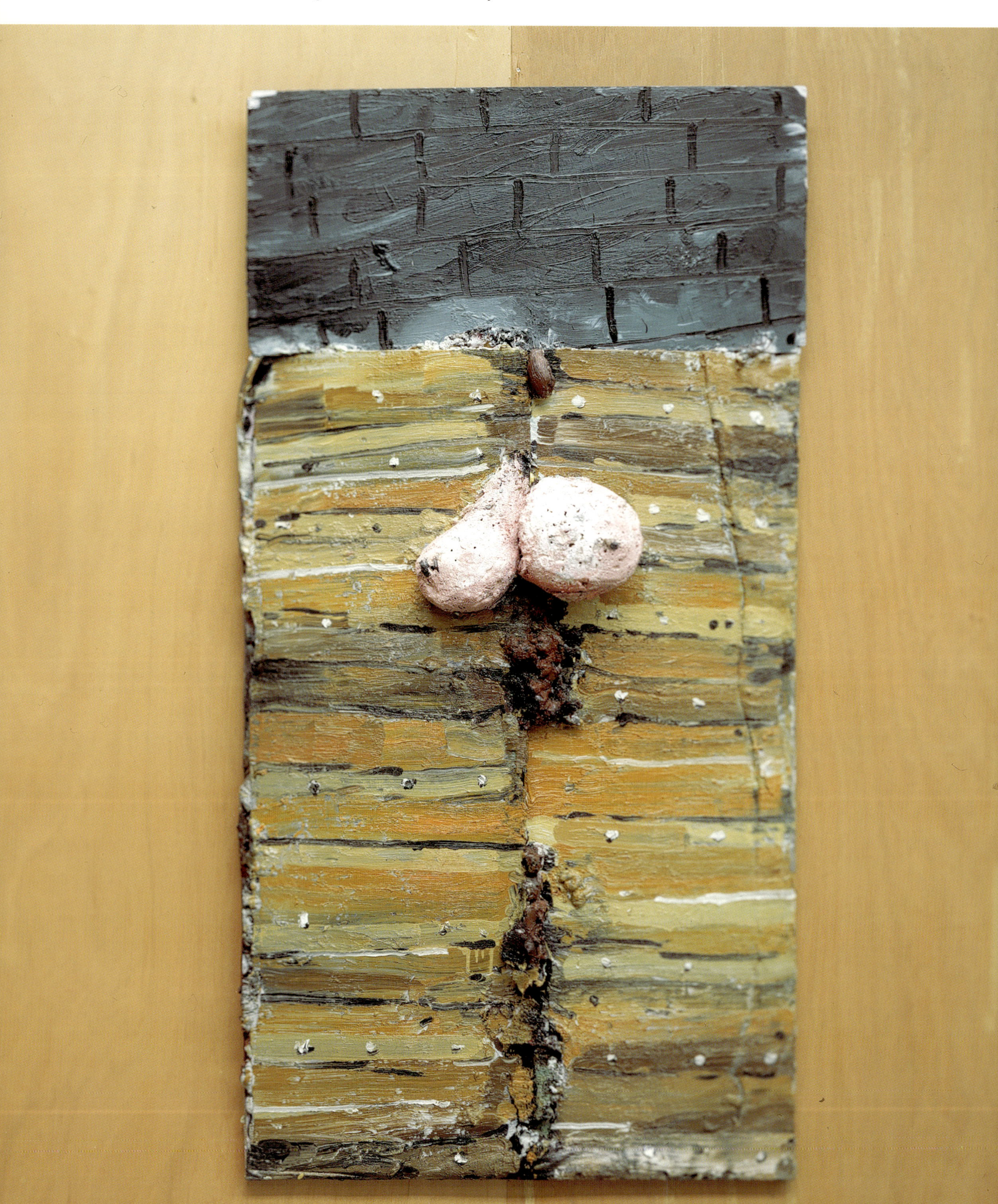

Contents

Neger aan het spit / Negro on the spit, 1993
olieverf op doek / oil on canvas, 165 x 240 cm
collectie / collection Stedelijk Museum, Schiedam

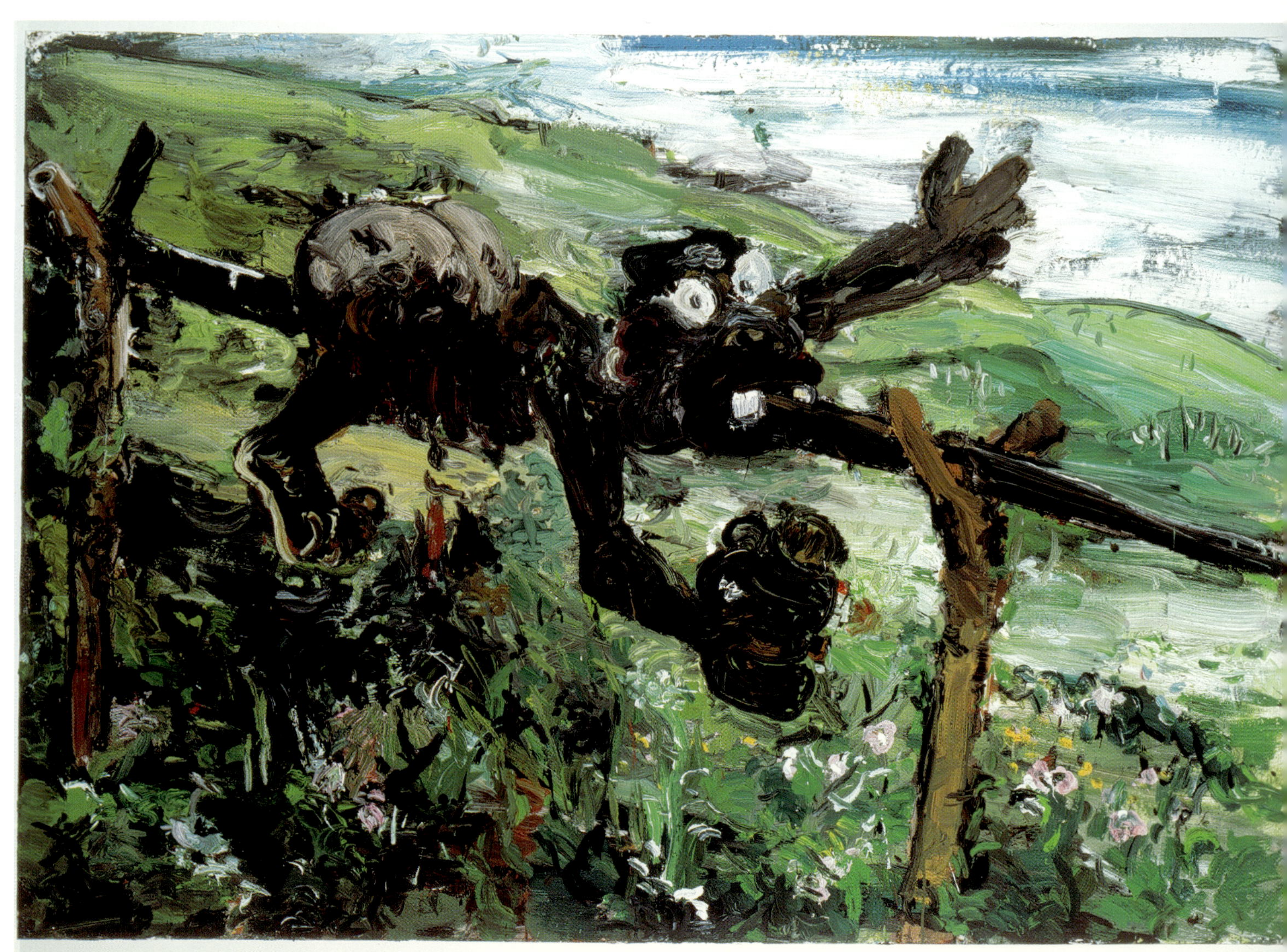

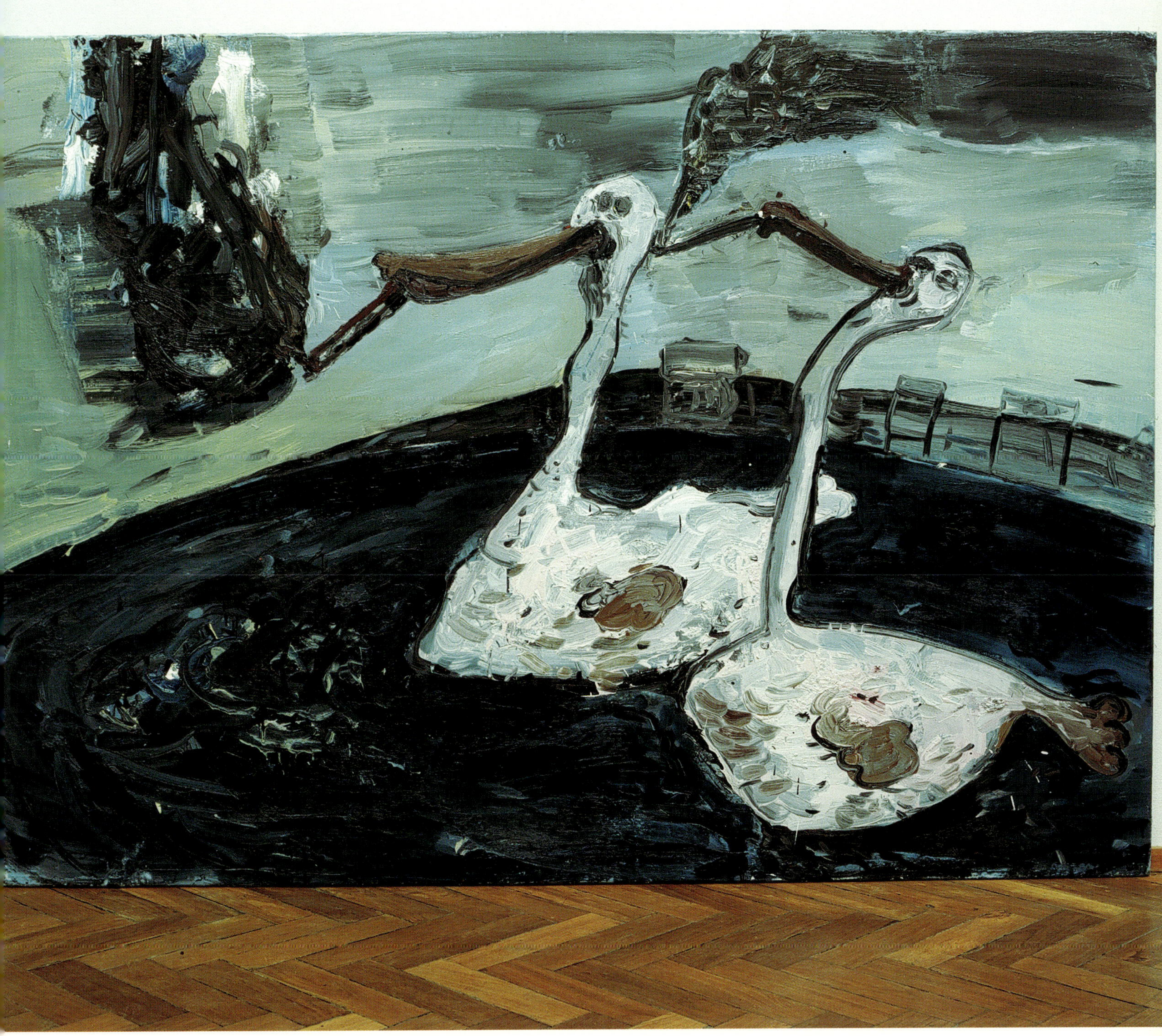

Rokende zwaantjes / Smoking swans, 1994
olieverf op doek / oil on canvas, 180 x 250 cm
particuliere collectie / private collection

Kees van Twist

Voorwoord

Tot de jaren tachtig van de vorige eeuw leek de wereld over-
zichtelijk. Je had de westerse wereld, het Oostblok en de derde
wereld en zo bestond de kunst ook uit kunsthistorisch overzich-
telijke stromingen. Kunstenaars kon je langs de lijnen van de
kunsthistorie indelen. Met het verdwijnen van de grote ideologieën en het aantreden van een nieuwe generatie lijkt ook de
indeling van de kunst in stromingen en bewegingen zijn langste
tijd gehad te hebben.
De nieuwe generatie kunstenaars laat zich schijnbaar niet inper-
ken door bestaande codes of het denken van de zittende orde.
Ze gaan gewoon hun eigen gang, spreken hun eigen taal, kiezen
hun eigen vorm en hebben hun eigen humor. Erik van Lieshout
is bij uitstek een kunstenaar kenmerkend van deze tijd en van
zijn generatie.

Met dit boek en de tentoonstelling 'Naughty by Nature' in het
Groninger Museum worden we in staat gesteld om deel te hebben aan de taal, de uitingen en de levenswereld van de generatie na de tijden van ideologieën en stromingen. De kunstenaar
staat boven deze stromingen, maakt gebruik van alle media en
weet ons daarmee te grijpen.

In tegenstelling tot de eerste indruk die het werk van Van
Lieshout op de beschouwer maakt, spreekt uit zijn oeuvre ook
duidelijk het maatschappelijk engagement doordat hij reageert
op wat er om hem heen gebeurt.
Zijn installaties van afval en alledaagse voorwerpen waarmee
hij sauna's, jacuzzi's en zonnebanken fabriceert leveren een
vrolijke reactie op al die hedonistische geneugten waarmee we
ons plegen te omringen. Het stemt tot nadenken zonder dat er
sprake is van een dwingend moralisme. Wanneer Erik van
Lieshout naar Afrika gaat, de tekst van een bijsluiter bij een
antimalariamiddel (Lariam) rapt en ons in een levensgrote kartonnen medicijndoos laat kruipen om naar de video te kijken,
dan dwingt hij de kijker als het ware letterlijk onderdeel te worden van zijn kunstwerk.
In het werk van Van Lieshout zien we een reactie op de schijn-
schoonheid die ons wordt voorgehouden in de glossy magazines en op de moraal van regimes waar vrouwen verplicht zijn
een burqua te dragen. Van Lieshout weet op onnavolgbare
wijze beide werelden met elkaar te verbinden door meer dan
levensgrote cartooneske tekeningen te maken van wulpse
dames uit dergelijke bladen gekleed in burqua, of getekend met
het hoofd van Bin Laden. Vervolgens worden deze tekeningen
weer bewerkt met gekleurd plakplastic om de hypocrisie van
deze werelden nog sterker te accentueren.
Met zijn tekeningen, collages, installaties en schilderijen voegt
Van Lieshout een persoonlijke dimensie toe aan de hedendaagse kunst.

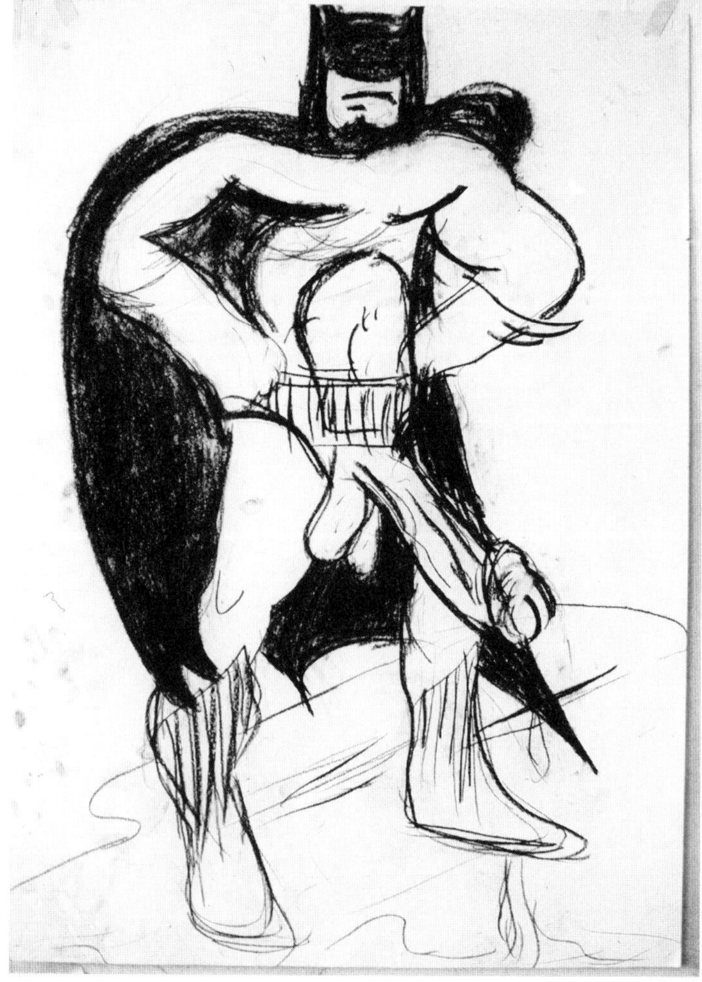

Batman, 1994
conté op papier / conté on paper, 100 x 70 cm
particuliere collectie / private collection

Kees van Twist

Foreword

Up until the 1980s the world appeared to be
quite comprehensible. There was the West,
the East Block and the Third World, and art
also consisted of surveyable movements founded in art history, according to which
artists could also be classified. With the
disappearance of the major ideologies and
the advent of a new generation, the division
of art into streams and movements also seems
to have become redundant.
The latest generation of artists apparently
do not allow themselves to be restricted by
existing codes or the notions of the estab-
lished order. They go their own way, speak
their own language, choose their own forms,
and have their own humour. Erik van Lieshout
is an artist that typifies his generation
and these times par excellence.

With this book and the exhibition 'Naughty
by Nature' in the Groninger Museum, we are
allowed the opportunity to participate in
this generation's language, expressions, and
the experiential world that has arisen after
the era of ideologies and movements. Van
Lieshout transcends these movements, makes
use of all possible media and, in doing so,
succeeds in captivating us.

In contrast to a first impression that Van
Lieshout's work might have on the viewer,
his oeuvre displays a social engagement that
is clearly manifested by his reaction to
what is happening all around him.
His installations of scrap material and
everyday objects that he uses to fabricate
saunas, jacuzzis and solaria produce an
amused response to all these hedonistic
indulgences with which we are glad to sur-
round ourselves. It is food for thought
without an overload of morality. When Erik
van Lieshout goes to Africa, picks up the
text of an information leaflet for an anti-
malaria medicine (Lariam), and gets us to
crawl through a life-size medicine box to
view a video, then he forces us literally to
be a component of his work of art.
   In Van Lieshout's work we see a backlash
to the beauty that is presented in glossy
magazines and to the moral values of regimes
under which women are compelled to wear a
burqa. In an unparalleled way, Van Lieshout
manages to link both worlds by creating
larger-than-life drawings of voluptuous
models from such magazines, dressed in a
burqa or with the head of Bin Laden. These
drawings are subsequently treated with
coloured adhesive plastic to emphasise the
hypocrisy of these worlds to an even greater
degree.
With his drawings, collages, installations
and paintings, Van Lieshout adds a personal
dimension to contemporary art.

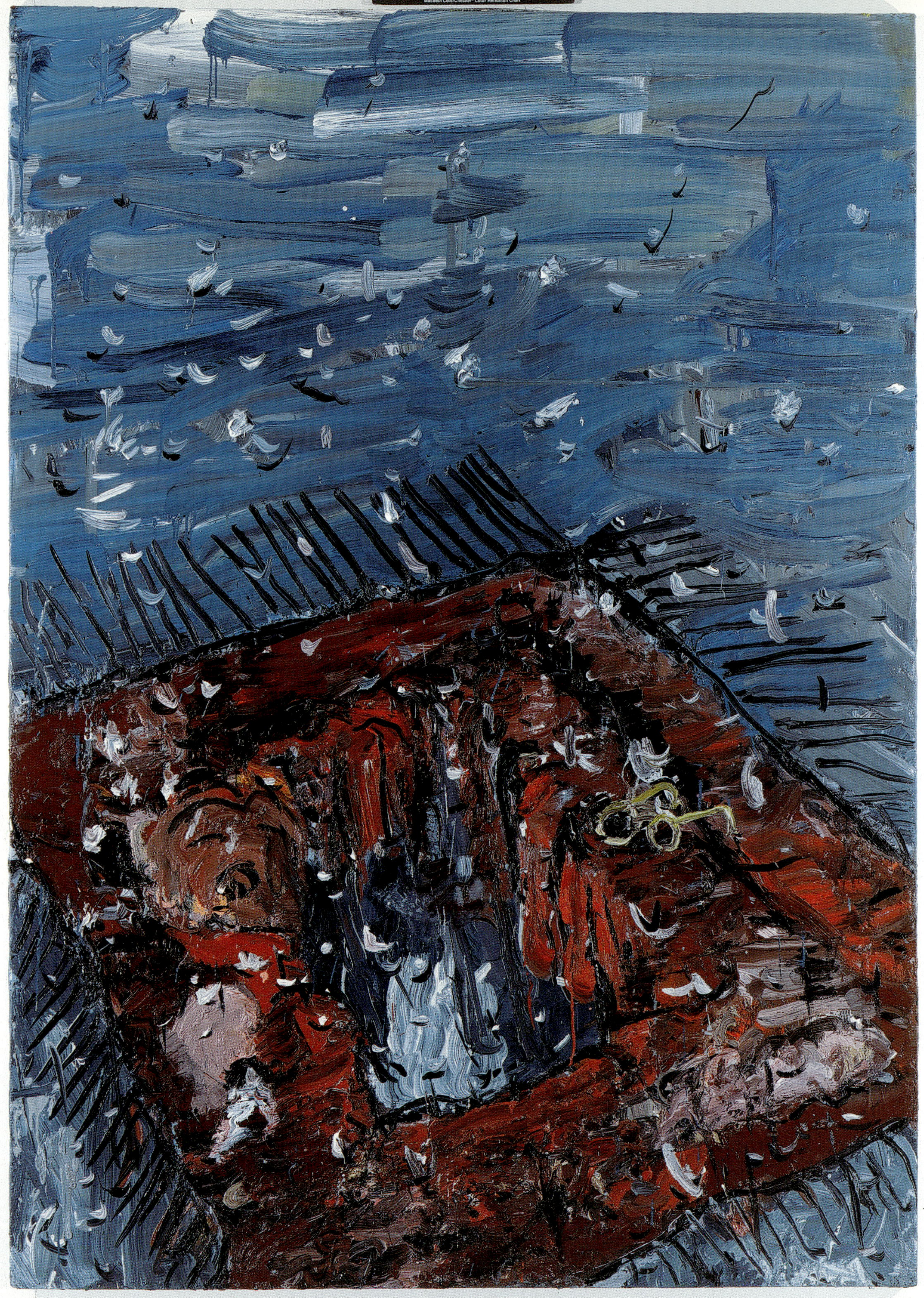

Zonder Turk / No Turk, 1994
olieverf op doek / oil on canvas, 200 x 150 cm
collectie / collection Hank Onrust, Susanne Piët, Wapenveld

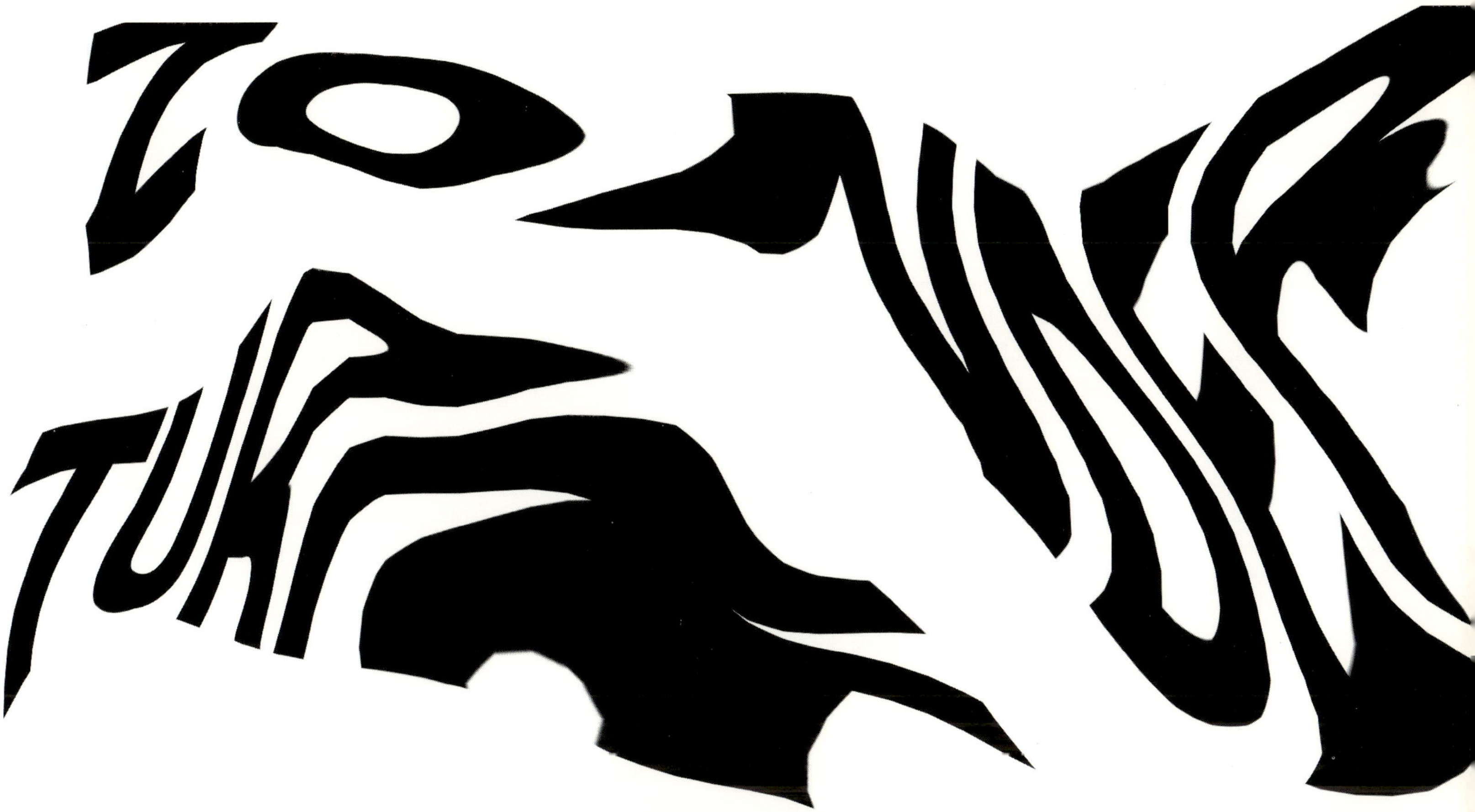

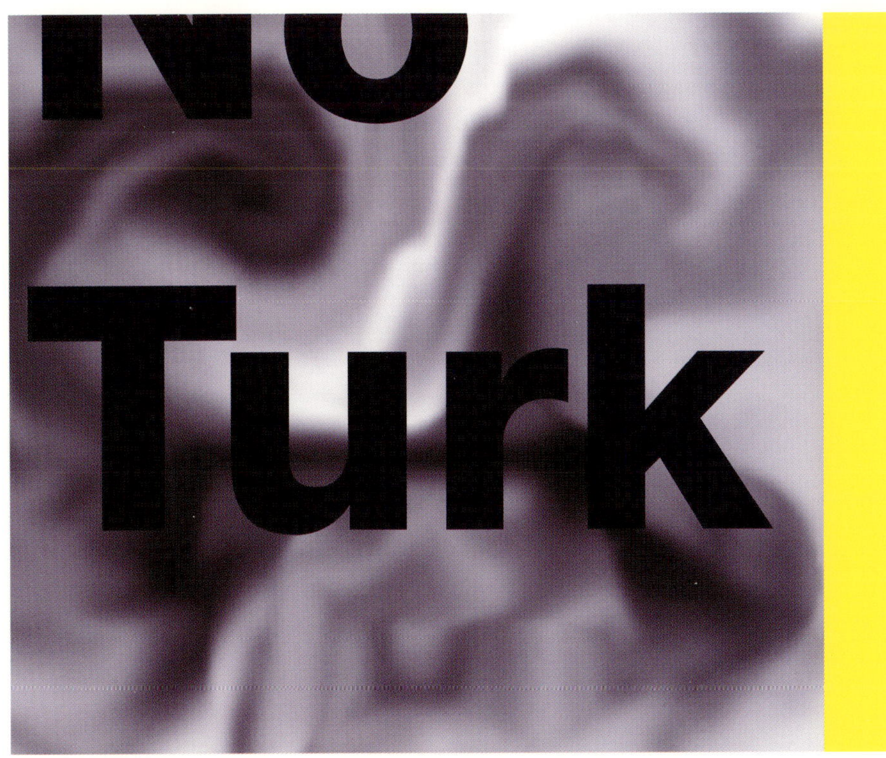

Dominic van den Boogerd

Lof der ledigheid
Pop, pulp en porno in de kunst van Erik van Lieshout

Zonder een beetje vulgariteit is niemand volmaakt.
Raymond Chandler

De eminente kunsthistoricus Ernst Gombrich heeft zich altijd
verzet tegen wat hij de seks- en geweldscultus in de hedendaagse kunst noemde. Ja, de menselijke natuur is rauw, beaamde hij
in een interview, maar het is niet de taak van de kunstenaar te
openbaren wat iedereen al weet. Volgens Gombrich is kunst er
nu juist om verbetering te brengen; haar doel is de veredeling,
de verfijning van de cultuur. Kunst, zei hij, is de belichaming
van waarden en grote kunstwerken maken nobele kwaliteiten
als generositeit, zachtaardigheid en gratie voor iedereen voelbaar.[1]

   Gombrichs pleidooi voor culturele verheffing staat haaks op
de anarchistische geest van talloze kunstenaars uit heden en
verleden die de rol van provocateur hebben aangenomen. Door
de eeuwen heen zijn er schilders, schrijvers en componisten
geweest die, ongehoorzaam aan de goede zaak en zonder een
greintje respect voor traditie, het slechte geweten van de muze
vertegenwoordigen. Vervorming, vergroving en vervlakking
hebben de schone kunsten altijd begeleid; de groteske is van-
daag de dag een vertrouwd verschijnsel. Van Francis Picabia tot
Martin Kippenberger, talrijk zijn de spookrijders van de goede
smaak. Hun werk is een regelrechte aanslag op modernistische
denkbeelden over het transcendentale karakter van de kunst,
haar morele autoriteit en haar sociale verantwoordelijkheid.
Omdat deze zogeheten 'antikunst' goeddeels bestaat bij de gratie van de canon waartegen zij tekeergaat, laat haar aard zich
het beste omschrijven in termen van oppositie. Ze is niet uni-
verseel en onveranderlijk, maar grillig en instabiel. Niet eerbie-
dig en devoot, maar rebels en spotziek. Niet verheven, puur en

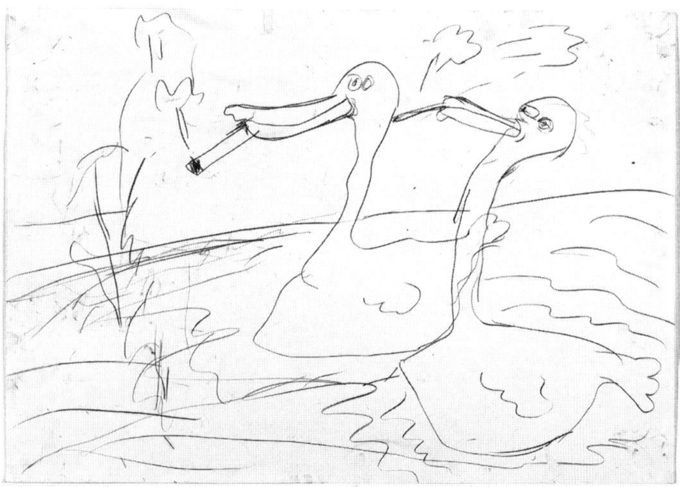

<u>Zonder titel / Untitled (Flying high), 1993</u>
<u>conté op papier / conté on paper, 70 x 100 cm</u>
<u>particuliere collectie / private collection</u>

abstract, maar platvloers, onzuiver en karikaturaal. Waar de
gesanctioneerde moderne kunst wordt bewierookt als de waar-
heid in kwadraat, veracht men haar antipode als onzinnig, min-
derwaardig, belachelijk, kortom, een vernedering van de kunst.
In deze kringen van artistiek antagonisme voelt Erik van
Lieshout zich thuis. Erik van Lieshout is Gombrichs ergste
nachtmerrie. Gedurende de jaren negentig heeft hij zich onder-
scheiden als een enfant terrible. De gewoonte van de jeugd
overal tegenaan te schoppen, heeft hij tot principe verheven.
De opstandigheid die de meeste mensen vroeg of laat afzweren,
heeft hij permanent geprolongeerd. De intellectuele ambities
van de culturele elite heeft hij ingeruild voor kattenkwaad.
Wars van een verantwoorde kunst die koel en steriel is, heeft
hij zich overgegeven aan de verlokkingen van pop, pulp en
porno. Zijn werk vormt een carnavalesk vaudeville, die het
eigentijdse leven van zijn meest vulgaire kanten laat zien.

Van Lieshout maakte naam als schilder, maar is de laatste jaren
ook bekend om zijn sculpturen en videowerken. Hij is een
ongedurig kunstenaar, die zich het ene moment stort op het
tekenen en het volgende op de bouw van een enorme installatie.
Een terugblik op het werk uit de afgelopen tien jaar leert hoe
Van Lieshout zijn scala aan technieken gestaag heeft uitgebreid,
evenwel zonder de ene discipline in te ruilen voor de andere.
De ruggengraat van dit wispelturige oeuvre wordt gevormd door
de tekeningen, een medium dat Van Lieshout goed ligt. Wat de
verschillende groepen werken gemeen hebben, is een onmisken-
bare flair en een onstuimige gedrevenheid die nog het beste
gekenschetst kan worden met het motto 'begint eer ge bezint'.

   Die onbezonnenheid spreekt al uit de tekeningen uit de
vroege jaren negentig. De figuren, ontstaan vanuit een grappige
inval of een speelse associatie, zijn in een mum van tijd op
papier gezet, als graffiti op een wc-deur. Zwervend tussen kunst
en kitsch schooit Erik van Lieshout her en der zijn motieven
bijeen, van schilderijen van Anselm Kiefer tot pornofoto's, van
modebladen tot strips van Robert Crumb en Charles Burns. Of
het nu gaat om de mythes van de populaire cultuur of de hypes
van de highbrow kunstwereld, elk onderwerp verschijnt hier in
zijn meest ridicule gedaante. Schilder Georg Baselitz heeft een
baard die niet omlaag groeit maar naar opzij (*Baselitz*, 1993);
twee eendjes met een jointje in de snavel parodiëren de
Rotterdamse tentoonstellingsmakers Chris Dercon en Gosse
Oosterhof, *Zonder titel* (*Flying High,* 1993), terwijl de opwin-
dende mogelijkheden van de digitale communicatie worden
gedemonstreerd door een juffrouw die geknield voor een beeld-
scherm een virtuele fellatio ten beste geeft (*Virtual Love*, 1994).
In zulke grafische grappen en grollen weerklinkt het puberale
gegrinnik van het tekenfilmduo Beavis & Butthead: soms
geestig, vaak beledigend. De anarchistische humor en de kari-
katurale vertekening heeft het werk gemeen met dat van
Charlotte Schleiffert en David Bade, bevriende kunstenaars
met wie Van Lieshout exposeert.

   De schilderijen waarmee hij voor het eerst naar buiten
treedt, ogen energiek, rauw en impulsief. *Zonder titel* (1992)

Dominic van den Boogerd

A Tribute to Idleness
Pop, Pulp and Porn in the Art of Erik van Lieshout

Without some vulgarity there is no complete man.
Raymond Chandler

The eminent art historian Ernst Gombrich always opposed what he referred to as the sex-and-violence cult in contemporary art. Yes, human nature is crude, he agreed in an interview, but the job of the artist does not involve revealing what we already know. As Gombrich sees it, art is meant to bring about changes for the better; its aim is the elevation, the refinement of culture. Art, he said, is the embodiment of values, and great works of art make noble qualities such as generosity, gentleness and clemency perceptible to all.[1]

Gombrich's plea for cultural elevation is antithetical to the anarchistic spirit of countless artists from the present and past who have assumed the role of the agitator. Throughout the centuries there have been painters, writers and composers who, disobedient to the just cause and without an ounce of respect for tradition, represent the muse's bad conscience. Distortion, crudeness and shallowness have always accompanied the fine arts; to this day the grotesque remains a familiar spectacle. From Francis Picabia to Martin Kippenberger, the artists who have collided head-on with the mainstream of good taste have been innumerable. Their work is an outright assault on modernist ideas as to the transcendental character of art, its moral authority and its social responsibility.

Because this so-called anti-art exists largely as a result of the canon against which it rages, its nature can best be described in terms of opposition. It is not universal and unchanging, but capricious and unstable. Not reverent and devout, but rebellious and mocking. Not lofty, pure and abstract, but vulgar, tainted and caricatural. While sanctioned modern art is adulated as the consummate truth, its opposite is scorned as being senseless, inferior, ridiculous, in short, a degradation of art.

It is in these circles of artistic antagonism that Erik van Lieshout feels at home. Erik van Lieshout is Gombrich's worst nightmare. During the nineties he distinguished himself as an *enfant terrible*. Youth's

custom of lashing out at everything has been raised by him to the level of a principle. The insubordination that most people eventually renounce has been steadfastly prolonged by him. He has opted for mischief instead of the intellectual ambitions of the cultural elite. Averse to well-founded art that is detached and sterile, he has devoted himself to the temptations of pop, pulp and porn. His work is carnivalesque vaudeville that shows the tackiest facets of contemporary life.

Van Lieshout made his name as a painter, but in recent years he has also become known for his sculptures and video works. A fidgety artist, he plunges into drawing one minute and begins constructing an enormous installation the next. Looking back over his work from the past ten years, one sees how Van Lieshout gradually broadened his range of techniques, though without sacrificing one discpline for another. The backbone of this fickle oeuvre is formed by his drawing, a medium that agrees well with Van Lieshout. What the different groups of works share is a distinct flair and an impetuous single-mindedness that can best be characterized with the motto 'act before you think'.

That rashness can already be seen in the drawings from the early nineties. The figures, developed on the basis of a whim or a playful association, are set down on paper in no time, like graffiti on a lavatory door. Drifting between art and kitsch, Erik van Lieshout scrounges here and there for his motifs, from the paintings of Anselm Kiefer to pornographic photographs, from fashion magazines to the comic strips of Robert Crumb and Charles Burns. Whether it involves the myths of pop culture or the hypes of the high-brow art world, each subject appears in its most ridiculous form here. Painter Georg Baselitz has a beard that doesn't grow downward but sideways (*Baselitz*, 1993); two ducks, each 'flying high' with a joint in its bill, parody the Rotterdam exhibition-makers Chris Dercon and Gosse Oosterhof (*Untitled*, 1993), while the exhilarating possibilities of digital communication are demonstrated by a young lady who is kneeling in front of a monitor performing virtual fellatio (*Virtual Love*, 1994). In such graphic buffoonery, one can hear the juvenile sniggering of cartoon duo Beavis & Butthead: occasionally funny, frequently offensive. The anarchistic humor and caricatural distortion resemble that found in work by Charlotte Schleiffert and David Bade, friends of Van Lieshout with whom he exhibits.

Clitopia, 1995
olieverf op doek / oil on canvas, 150 x 200 cm
courtesy Stella Lohaus Gallery, Antwerpen

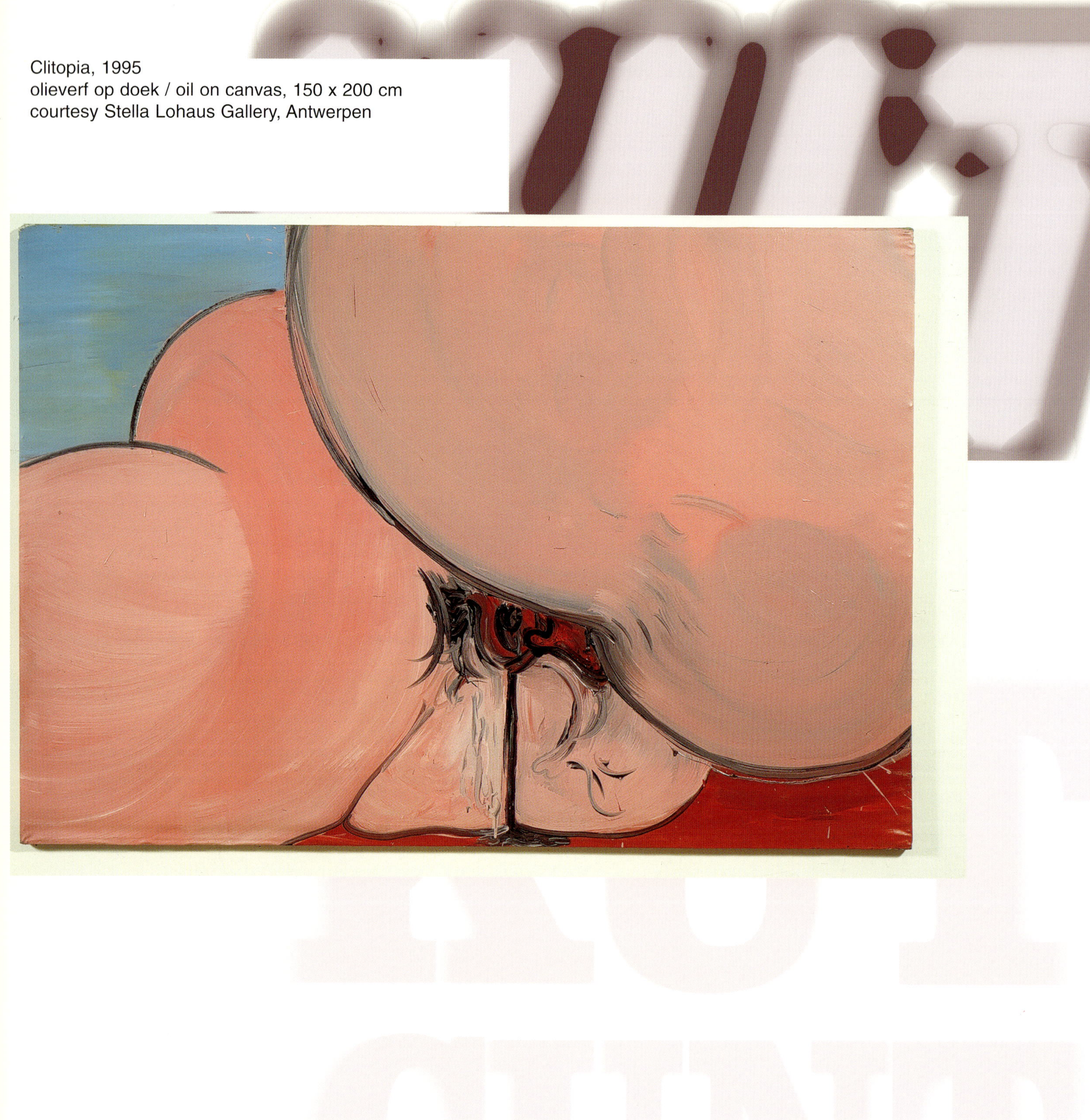

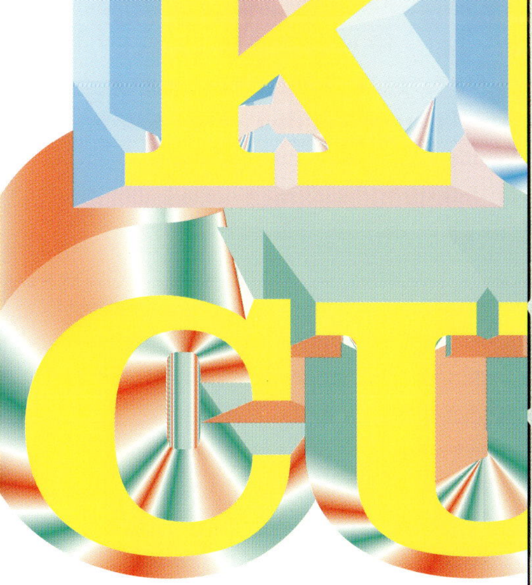

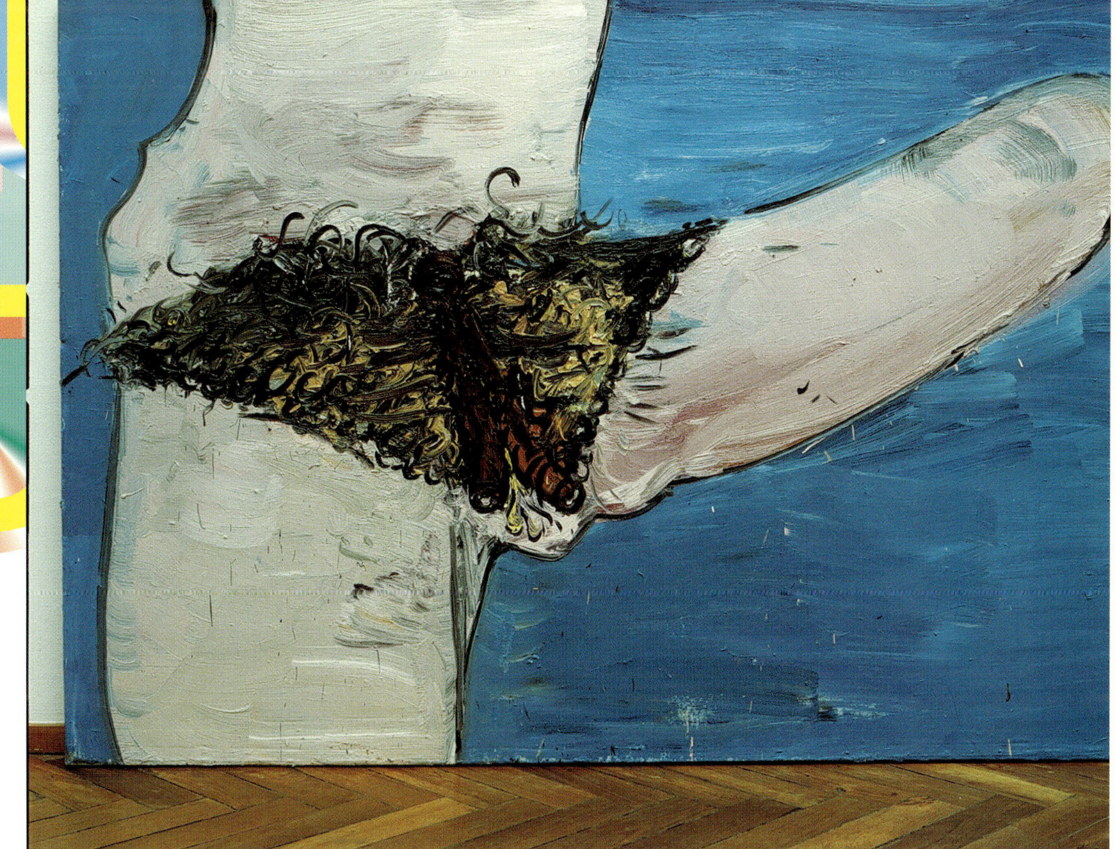

Kut / Cunt, 1994
olieverf op doek / oil on canvas, 110 x 150 cm
particuliere collectie / private collection

Kut / Cunt, 1994
olieverf op doek / oil on canvas,
150 x 200 cm
courtesy Stella Lohaus Gallery,
Antwerpen

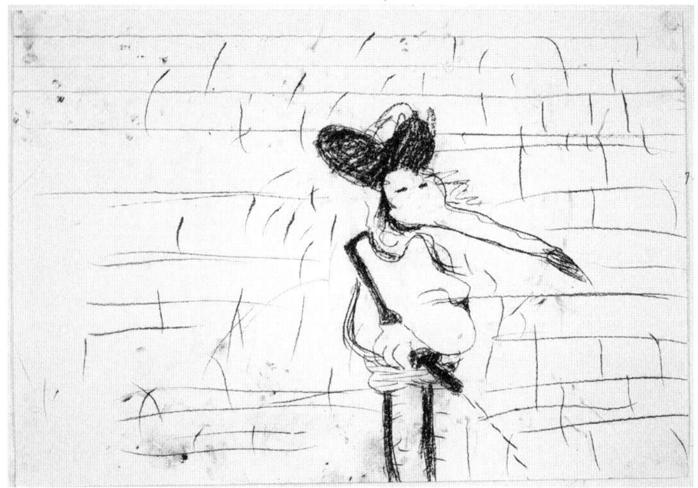

<u>Zonder titel / Untitled, 1992</u>
<u>conté op papier / conté on paper, 70 x 100 cm</u>
<u>particuliere collectie / private collection</u>

bijvoorbeeld toont een rat die het vieze neefje van Mickey Mouse kon zijn, met zijn geslacht in de hand op de wc. De pervertering van Disneys *feel good paradise* herinnert aan de subversiviteit van Paul McCarthy, koning van de viezigheid. Schilderen leerde Van Lieshout van Jan Dibbets; zijn grote voorbeeld was René Daniëls. De ironie van Erik van Lieshout, zijn belangstelling voor allerhande lichaamsafscheidingen en zijn voorkeur voor een verhalende schilderkunst die niet wordt gehinderd door technische vaardigheid, gaan rechtstreeks terug op het neo-expressionisme van de zogeheten Neue Wilden van twintig jaar geleden. De grove schilderwijze, de modderige kleuren en het gebruik van contouren herinneren aan werk van Albert Oehlen en Walter Dahn uit begin jaren tachtig. Vroegere voorlopers zijn de schilderijen van Peter Saul uit 1961-1963 en de zogeheten *peinture vache* van René Magritte uit 1947-1948. Sauls verknipte scènes van moordlustige Donald Duckjes en geëlektrokuteerde zedendelinquenten rekenen af met elke vorm van decorum. Hetzelfde geldt voor Magrittes woest gepenseelde boeren die elkaar verorberen en andere krankjorume voorstellingen, bedoeld om de Parijse kunstelite te sarren. Wat Van Lieshout met deze kunstenaars deelt, is een ongeremd temperament.

De antiautoritaire houding van de schilder botst al snel op normen, gevoeligheden en taboes van zowel morele als esthetische aard. Bovendien is fijnzinnigheid nou niet bepaald de meest in het oog springende karakteristiek van dit werk. Neem bijvoorbeeld het schilderij van een paar borsten dat bekneld is geraakt tussen twee klapdeuren en dat met een leutige woordspeling *Zonder Tieten* (1993) is gedoopt. Gruwelijk? Seksistisch? Niet meer of minder dan klassieke schilderijen van de Heilige Agatha uit Sicilië, wier boezem werd gefileerd ter meerdere eer en glorie van God. Even onbehoorlijk is *Zonder Turk* (1994), dat een vliegend tapijt met gat voorstelt. Zoals de titel correct vermeldt, is er geen Turk te bekennen. Afgaande op het brilletje dat op het vloerkleed is achtergebleven, is het echter niet de muzelman die door zijn eigen sprookje is gezakt,

maar de kunstenaar zelf. Al het werk van Erik van Lieshout is doortrokken van zelfspot, van twijfel aan het eigen kunstenaarschap. Nooit poseert de schilder als genie of vernieuwer, altijd als kwajongen of mislukkeling. Zonder ook maar een moment te hengelen naar sympathie of mededogen haalt hij zichzelf onderuit, als om te beklemtonen dat alles wat hij tekent en schildert slechts één grote grap is, een farce.

Sommige grappen zijn dermate hard en nietsontziend dat het publiek aarzelt of het zal lachen of in woede zal ontsteken. Al jaren woont de kunstenaar in Rotterdam-Zuid, waar hij islamitisch centrum Selefie Qu'wah, videotheek Ceasar ('onbetwist de pornospecialist') en coffeeshop Kingstown tot zijn buren mag rekenen. Van oudsher is dit havenkwartier zo'n warme buurt die Nederland over de grenzen het imago heeft opgeleverd van een land dat van God los is, waar de hoeren voor de ramen staan en de lucht in plakken hasj te snijden is. Deze zelfkant van de verzorgingsstaat verschijnt in alle hevigheid in Van Lieshouts kunst. Seks en geweld zijn favoriete thema's; ranzige stereotypen worden niet geschuwd. Schilderijen van Arabieren in naaiateliers, orthodoxe joden in de metro, geamputeerde ledematen, een bloeddoorlopen oog en een jongetje met een enorm pistool – ze maken Erik van Lieshout tot de Eminem van de beeldende kunst, een grofgebekte *angry young man*, en net als de witte rapper is de schilder meermaals beticht van misogynie en vreemdelingenhaat.

Sommige schilderijen kunnen gemakkelijk worden opgevat als een belediging voor vrouwen, zwarten, joden of moslims. Berucht is bijvoorbeeld *Neger aan het spit* (1993), voorstellende een donker mannetje dat als een speenvarken wordt gegrild. Het motief is een omkering van een racistische gemeenplaats waarmee generaties Nederlanders zijn opgegroeid: de plaatjes in strips en kinderboeken waarin Afrikanen worden afgeschilderd als krompratende kannibalen die blanken in de kookpot stoppen. Van Lieshouts culinaire wraakoefening wordt echter minder komisch wanneer we bedenken dat de term barbecue is gemunt door de Ku Klux Klan, die burgers met een donkere huidskleur bij voorkeur levend verbrandde. Zo'n connotatie maakt dat een schilderij als dit al snel onsmakelijk wordt bevonden.

Waardigheid en gratie, kwaliteiten waar de oude Gombrich over sprak, zijn deze schilderkunst vreemd. Als Van Lieshouts wrange grappen een afspiegeling zijn van de dagelijks realiteit, dan is de werkelijkheid harder, simpeler en lelijker dan we doorgaans bereid zijn te accepteren. Deze groteske, uitzinnige wereld is onze wereld, al zien we liever niet dat de orde die we zelf hebben aangebracht op zijn kop wordt gezet en alle samenhang verliest. De kunstenaar zegt slechts weer te geven wat iedereen in de binnenstad, in de bladen of op commerciële televisiezenders met eigen ogen kan zien. Een intelligent concept of een politieke bedoeling zit er niet achter, zegt hij: 'Ik probeer met een stom idee zo ver mogelijk te komen.'[2]

'Ver' is daar waar het beeld voor zichzelf spreekt, onafhankelijk van een anekdote. Een reeks schilderijen uit 1994, gewijd aan het minder welvoeglijke thema 'kutten en konten', ver-

The paintings with which he makes his debut
have an energetic, raw and impulsive look.
Untitled (1992), for instance, shows a rat
who could be Mickey Mouse's rude cousin,
holding his penis while standing at the toilet. The perversion of Disney's feel-good
paradise is reminiscent of the subversive-
ness of Paul McCarthy, king of filth. Van
Lieshout learned to paint from Jan Dibbets;
his great idol was René Daniëls. The irony
of Erik van Lieshout, his concern for all
sorts of bodily secretions and his preferen-
ce for a narrative type of painting that is
unhampered by technical skill stem directly
from the neo-expressionism of the Neue
Wilden from twenty years ago. The rough way
of painting, the muddy colors and the use of
outlines call to mind the work of Albert
Oehlen and Walter Dahn from the early eight-
ies. Among the earlier forerunners are
paintings by Peter Saul from 1961-1963 and
the *peinture vache* of René Magritte from
1947-1948. Saul's loony portrayals of blood-
thirsty Donald Ducks and electrocuted sex
offenders even the score with any form of
decorum. The same can be said about
Magritte's recklessly painted farmers who
devour each other and various other insane
images intended to needle the elite of the
Paris art world. What Van Lieshout shares
with these artists is a unbridled temperament.

The anti-authoritarian mentality of the
painter quickly clashes with norms, sensibi
lities and taboos of a moral as well as
aesthetic nature. Moreover, subtlety is not
exactly one of the striking characteristics
of this work. Take, for example, the painting of a pair of breasts, squeezed between
two swinging doors, which has been amusingly
named *Zonder Tieten*, (roughly translated:
Untittled) (1993). Ghastly, sexist? No more
than classical paintings of St. Agatha from
Sicily, whose bosom was flayed for the glory
of God. Equally indecent is the work *Zonder
Turk* (No Turk, 1994), which shows a flying
carpet with a hole in it. As correctly
indicated by the title, there is no Turk to
be found. But from the pair of glasses left
behind on the rug, one can conclude that it
is not the Muslim but the artist himself who
has fallen through his own illusions. All of
Erik van Lieshout's work is imbued with
self-ridicule, with a questioning of his own
artistry. Never does the painter pose as a
genius or innovator, always as a rascal or a
misfit. Without the slightest inkling of a
wish for sympathy or compassion, he makes a
fool of himself, as if to stress the fact
that everything drawn by him is simply one
big joke, a farce.

Some jokes are so brutal that the audience
cannot decide whether to burst into laughter
or into a rage. For years the artist has
lived in Rotterdam's southern district,
where the Islamic center Selefie Qu'wah, the
Ceasar video rental store (porn specialist
par excellence) and the 'Kingstown coffeeshop' are among his neighbors. This harbor
area has always been one of those places
that has given the Netherlands its reputa-
tion for being a godforsaken country, where
whores stand in the windows and the air is
stiff with hashish. That seamy side of the
welfare state appears at its full intensity
throughout Van Lieshout's art. Sex and violence are his favorite themes; sordid stereo-
types are not shunned. Paintings of Arabs in
sweatshops, Orthodox Jews in the subway,
amputated limbs, a bloodshot eye and a boy
holding a enormous pistol – they make Erik
van Lieshout the Eminem of visual art, a
foul-mouthed angry young man; and like the
white rapper, the painter has frequently
been accused of misogyny and xenophobia.

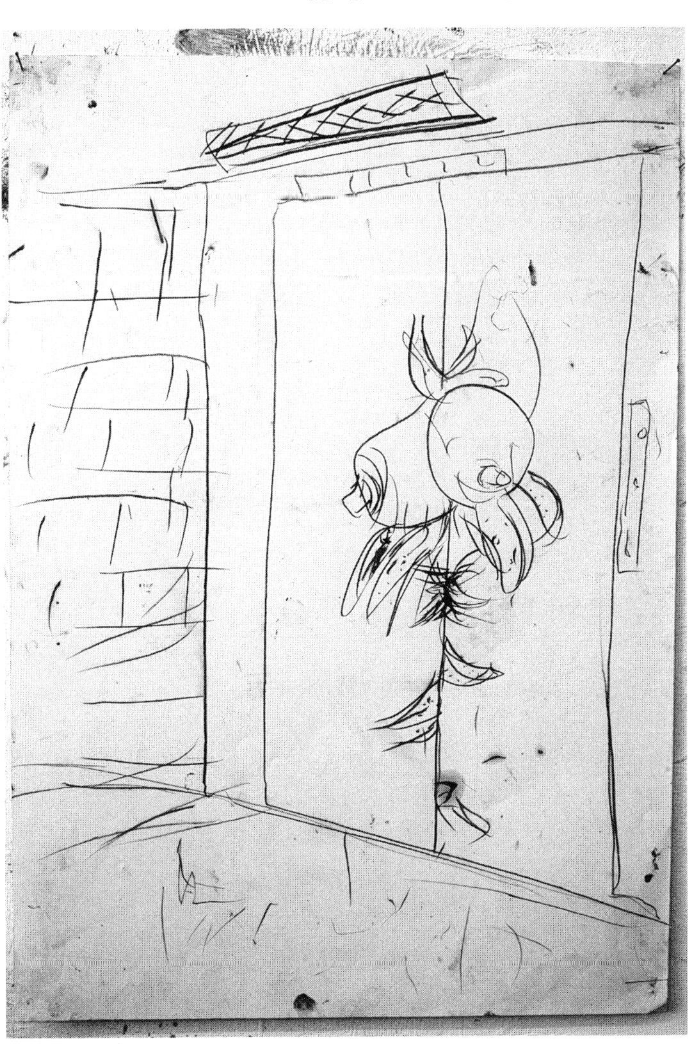

Zonder tieten / Untittled, 1993
conté op papier / conté on paper, 100 x 70 cm
collectie / collection Elly Stegeman

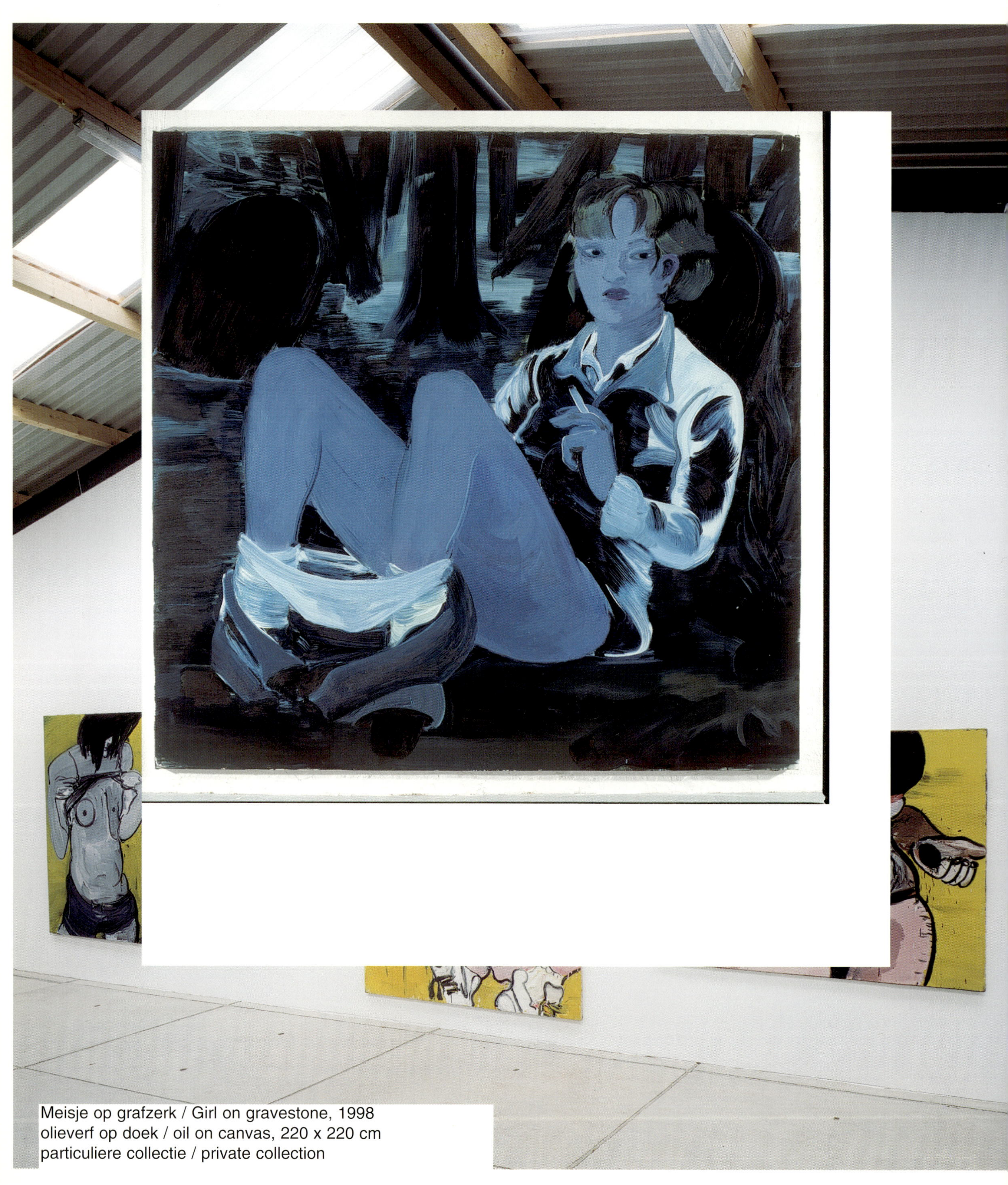

Meisje op grafzerk / Girl on gravestone, 1998
olieverf op doek / oil on canvas, 220 x 220 cm
particuliere collectie / private collection

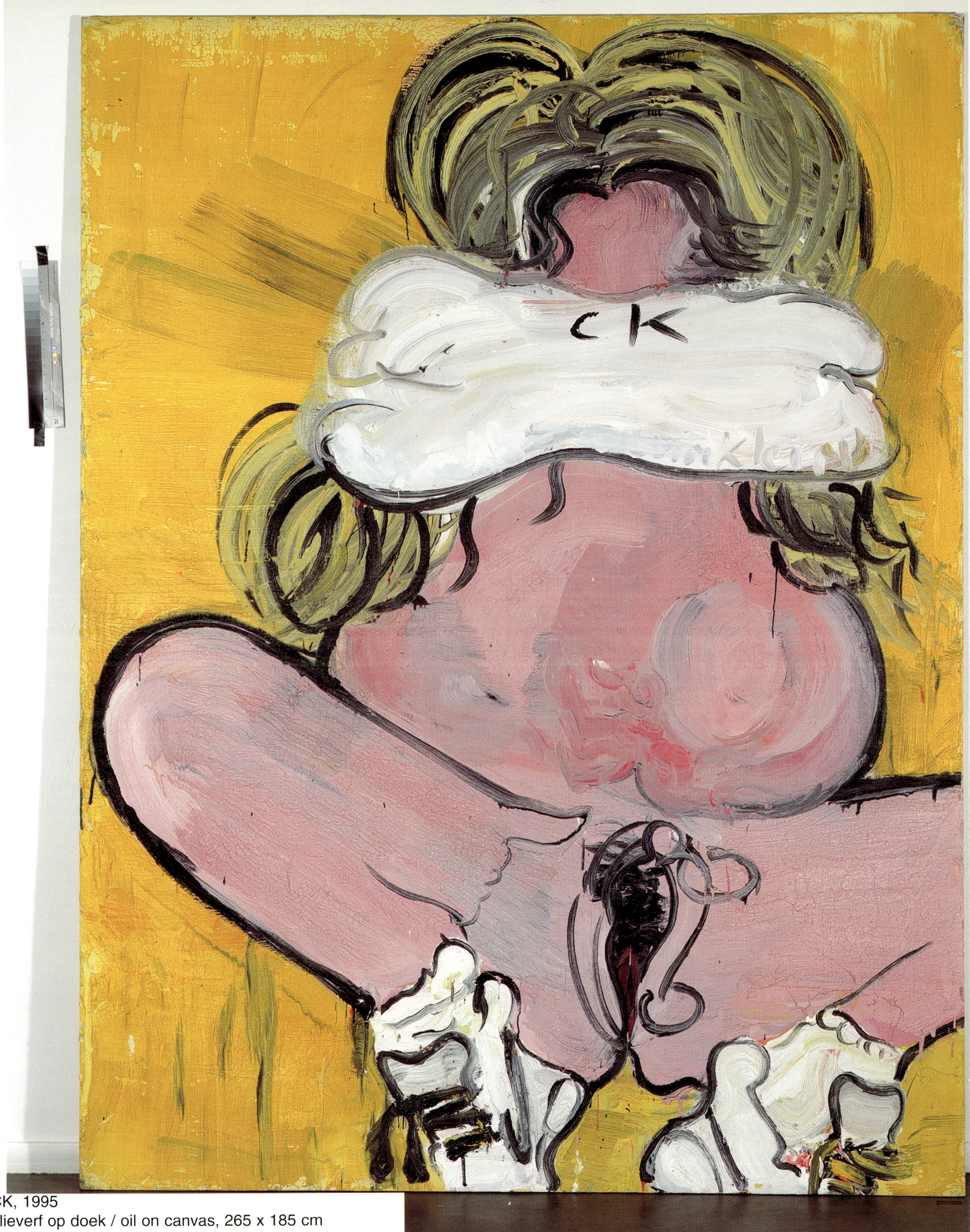

CK, 1995
olieverf op doek / oil on canvas, 265 x 185 cm
particuliere collectie / private collection

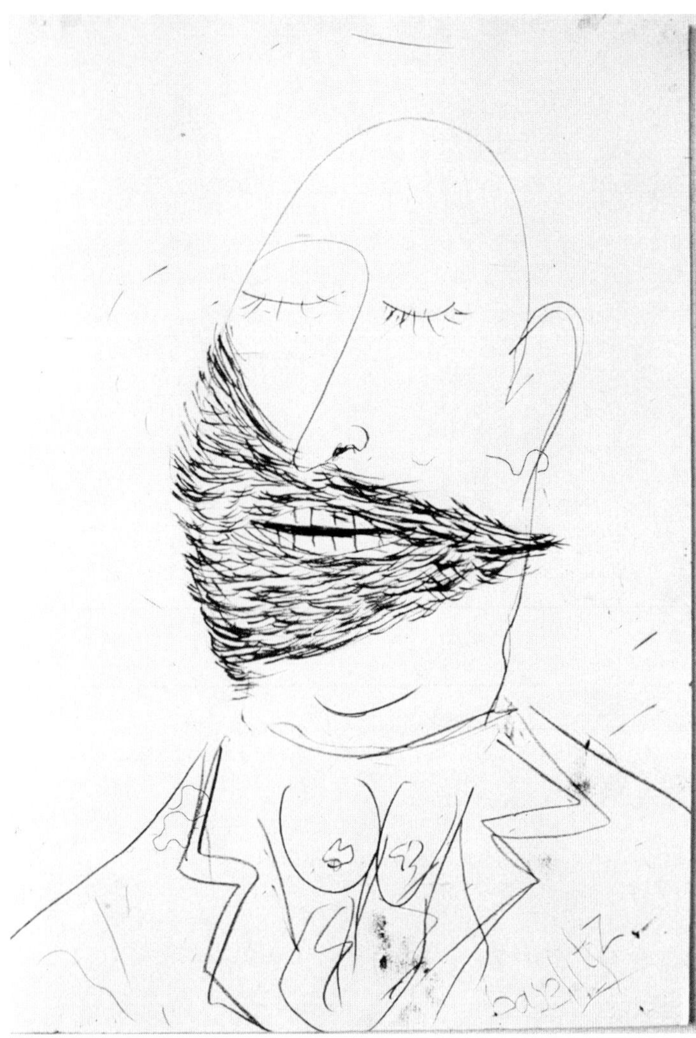

<u>Baselitz, 1993</u>
<u>conté op papier / conté on paper, 100 x 70 cm</u>
<u>courtesy Stella Lohaus Gallery, Antwerpen</u>

duidelijk om welke beeldende kwaliteiten het gaat. De morsige schildertrant heeft in deze serie plaatsgemaakt voor een heldere, tekenachtige stilering, terwijl het palet van diarreekleuren is vervangen door hemelsblauw, fel geel en babyroze. De voorstellingen winden er geen doekjes om. *Zonder titel* (1994) wordt gevuld door twee pokdalige billen, de aars gekroond met een aambei zo groot als een mandarijn. In het schilderij met de treffende titel *Kut* (1994) bieden gespreide dijen zicht op een fors behaarde venusheuvel. Hoogtepunt is *Clitopia* (1995), een close-up van twee vuurrode vagina's die knus tegen elkaar aanschurken. Het schilderij oogt uitbundig, bijna feestelijk, al ziet het natte geslacht er schrikwekkend uit. *Clitopia* is een pornografische variatie op sublieme schoonheid.

De ontwikkeling naar een schilderkunst die het effect sorteert van een foute mop zet zich voort in enkele doeken uit 1996, die vlak na een verblijf van een half jaar in New York zijn ontstaan. Deze schilderijen van naakte of half ontklede dames, gebaseerd op ondergoedreclames en porno, bespotten de Amerikaanse obsessie voor lichamelijke gezondheid, jeugdigheid en schoonheid, zoals die vooral door de reclame wordt geëxploiteerd. Het beeld van de vrouw zonder linkerborst is

wel eens geïnterpreteerd als een nachtmerrie over borstkanker, maar kan evengoed een zieke grap over lekkende siliconen zijn. Een ander schilderij toont een voluptueuze mevrouw die bij wijze van fitnesstraining probeert een walnoot te kraken met haar buikspieren. Op een derde doek figureert een meisje dat, te oordelen aan het Calvin Klein-logo op haar hemd, verstrikt is geraakt in de laatste mode. Hoe cartoonesk dit beeld ook oogt, details als bijvoorbeeld de sportschoenen zijn geraffineerd geschilderd met superieure nonchalance, waarbij de zwierige, tekenachtige lijntjes een beeldbepalende rol spelen.

In hetzelfde jaar ontstaat ook *Interieur* (1996), een schilderij dat de voorafschaduwing is van nieuwe ontwikkelingen. Het grote, panoramische doek, direct en nonchalant geschilderd, toont een houten schuur of, zoals de kunstenaar zegt, 'de schuilplaats van een seriemoordenaar die er zojuist vandoor is gegaan'.[3] De smeulende sigaret en het brilletje suggereren dat de verdwenen misdadiger de kunstenaar zelf is. De hoofdrolspeler is verdwenen, een handeling ontbreekt, wat rest is het decor. De verdwijning van de hoofdpersoon uit het schilderij loopt vooruit op de ontsnapping van de kunstenaar aan de restricties van de schilderkunst. *Interieur* vormt namelijk de opmaat voor *Interieur/Reconstructie* (1997), een houten bouwwerk dat een driedimensionale reconstructie is van de imaginaire ruimte op het schilderij. Dit gammele gevaarte, inmiddels verloren gegaan, vormt het scharnier tussen de schilderijen die het leeuwendeel van Van Lieshouts artistieke productie tot 1998 uitmaken en de ruimtelijke installaties die sindsdien zijn tentoonstellingen domineren.[4]

De ontwikkeling van het ruimtelijk werk krijgt een krachtige impuls in 1998-1999, tijdens een werkverblijf aan het Künstlerhaus Bethanien in Berlijn. Onvrede met het schilderen speelt daarbij een rol. In Duitsland raakt Van Lieshout onder de indruk van de romantische schilderkunst van Caspar David Friedrich en de obscure mythologische fantasieën van Arnold Böcklin. Onwillekeurig worden zijn schilderijen steeds somberder en melodramatisch, met scherpe contrasten tussen licht en donker. *Zonder titel* (1998) bijvoorbeeld is een apocalyptisch visioen van een menigte die het water aan de lippen staat. Een ander werk uit hetzelfde jaar toont een meisje dat 's nachts op een kerkhof tegen een boom zit te roken met haar slipje op de enkels. Beide desolate voorstellingen getuigen van onverholen *Endzeit*-gevoelens; ze ontberen de tinteling van eerder werk. De wending tot de sculptuur betekende een tijdelijke lastenverlichting van schilderkunstige tradities en het herstel van onbevangenheid. Niet dat de kunstenaar het schilderen heeft opgegeven, integendeel, maar in plaats van zich te verliezen in allerlei schilderkunstige experimenten heeft hij zijn arsenaal aan media simpelweg uitgebreid.

De eerste ruimtelijke bouwsels zijn gemaakt met speels gemak. Ze zijn losjes gemodelleerd naar een sauna, een zonnebank, een bubbelbad, luxueuze voorzieningen die het lichamelijk leven moeten veraangenamen. De beelden representeren niet zozeer objecten als wel een ruimte, een plaats van hande-

Some paintings can easily be regarded as insults to women, blacks, Jews or Muslims. A notorious example is *Neger aan het spit* (Negro on the spit, 1993), depicting a dark-skinned man being grilled like a suckling pig. The motif is a reversal of a rascist cliché that generations of Dutch people have grown up seeing in comic strips and children's books: Africans portrayed as jabbering cannibals who put the white people in boiling cauldrons. Van Lieshout's culinary act of revenge becomes less comical, however, when we realize that the term 'barbecue' was used by the Ku Klux Klan with respect to burning alive dark-skinned citizens. Such a connotation quickly causes a painting like this to be considered distasteful.

Dignity and grace, qualities praised by Sir Gombrich, are foreign to this type of painting. If Van Lieshouts nasty jokes are a reflection of the day-to-day reality, then reality is harsher, simpler and uglier than we are generally prepared to accept. This grotesque, frenzied world is our world, even if we do prefer not to see that the order which we ourselves have imposed on it has been overturned and has lost all coherence. The artist says that he is only portraying what everyone can see with his own eyes in the cities, in the magazines or on commercial television. There is no intelligent concept or political intention underlying this, he says: 'I try to get as far as I can with a stupid idea.'[2]

'Far' is where the image speaks for itself, independent of an anecdote. A series of paintings from 1994, dedicated to the less becoming theme 'cunts and asses', clarifies what visual qualities are at hand. The unkempt painterly style has given way in this series to a clear, drawing-like stylization, while the palette of diarrhea hues has been replaced by sky blue, bright yellow and soft pink. The images get straight to the point. *Untitled* (1994) is occupied by two pockmarked buttocks, crowned with a hemorrhoid the size of a tangerine. In the painting aptly titled *Kut* (Cunt, 1994) spread thighs offer a view to a rather overgrown mount of Venus. The highpoint is *Clitopia* (1994), a closeup of two crimson vulvas snuggled up against each other. The painting has an exuberant, almost festive look, despite the horror of the wet genitalia. *Clitopia* is a pornographic variation on sublime beauty.

The development toward a type of painting that has the effect of a tasteless joke continues in several canvases *Neges* from 1996, which came about after a half-year spent in New York. These paintings of nudes or semi-nude ladies, based on lingerie ads and pornography, ridicule the American obsession with physical health, youth and beauty, as it is exploited particularly by the advertising world. The image of the woman without a left breast is sometimes interpreted as a nightmare about breast cancer, but it can just as easily be a sick joke about leaking silicon. Another painting shows a voluptuous woman who is trying to crack a walnut on her abdominal as a kind of fitness training. In a third painting, there is a girl who, judging by the Calvin Klein logo on her shirt, has become 'caught up' in the latest fashion. As cartoonish as this image may appear to be, details such as the sport shoes, for instance, have been painted in refined manner with superior nonchalance, causing the graphic lines to determine the look of the image.

That same year gave rise to *Interieur* (Interior, 1996), a painting that foreshadows new developments. The large panoramic canvas, painted in a direct and nonchalant manner, shows a wooden shed or, as the artist puts it, 'the hideout of a serial killer who's just absconded.'[3] The smouldering cigarette and the pair of glasses suggest that the fugitive criminal is the artist himself. The main character has vanished, the action is missing; what remains is the setting. The disappearance of the principal figure from the painting signals the artist's escape from the restrictions of painting. *Interieur* is namely the prelude to *Interieur/Reconstructie* (1997), a wooden sculpture which is a three-dimensional reconstruction of the imaginary space of the painting. This rickety contraption, no longer in existence, constitutes the

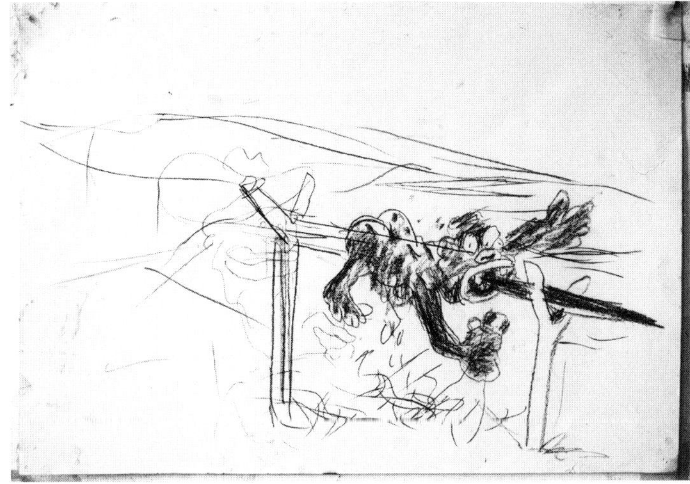

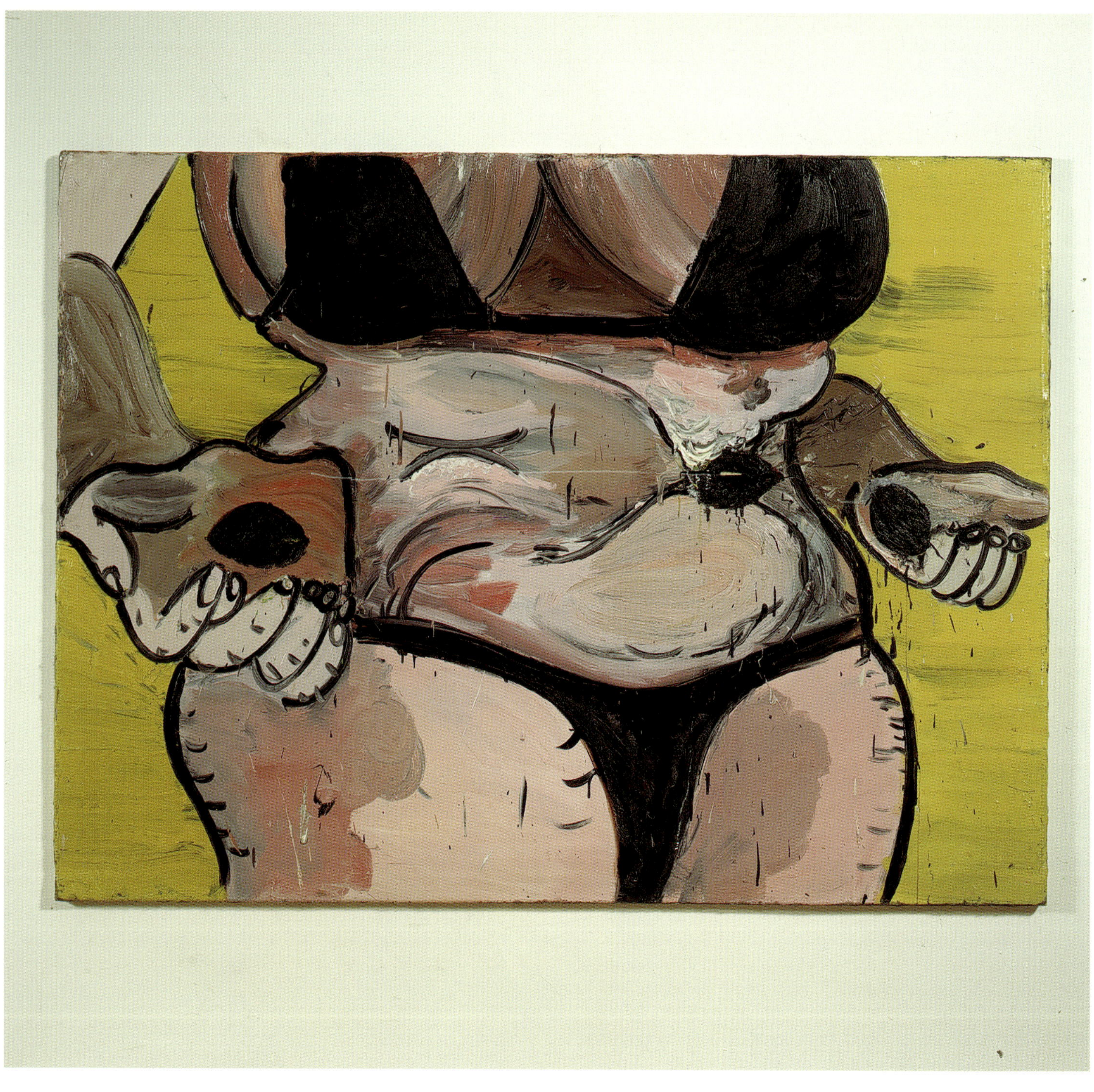

Zonder titel / Untitled, 1995
olieverf op doek / oil on canvas, 150 x 200 cm
particuliere collectie / private collection

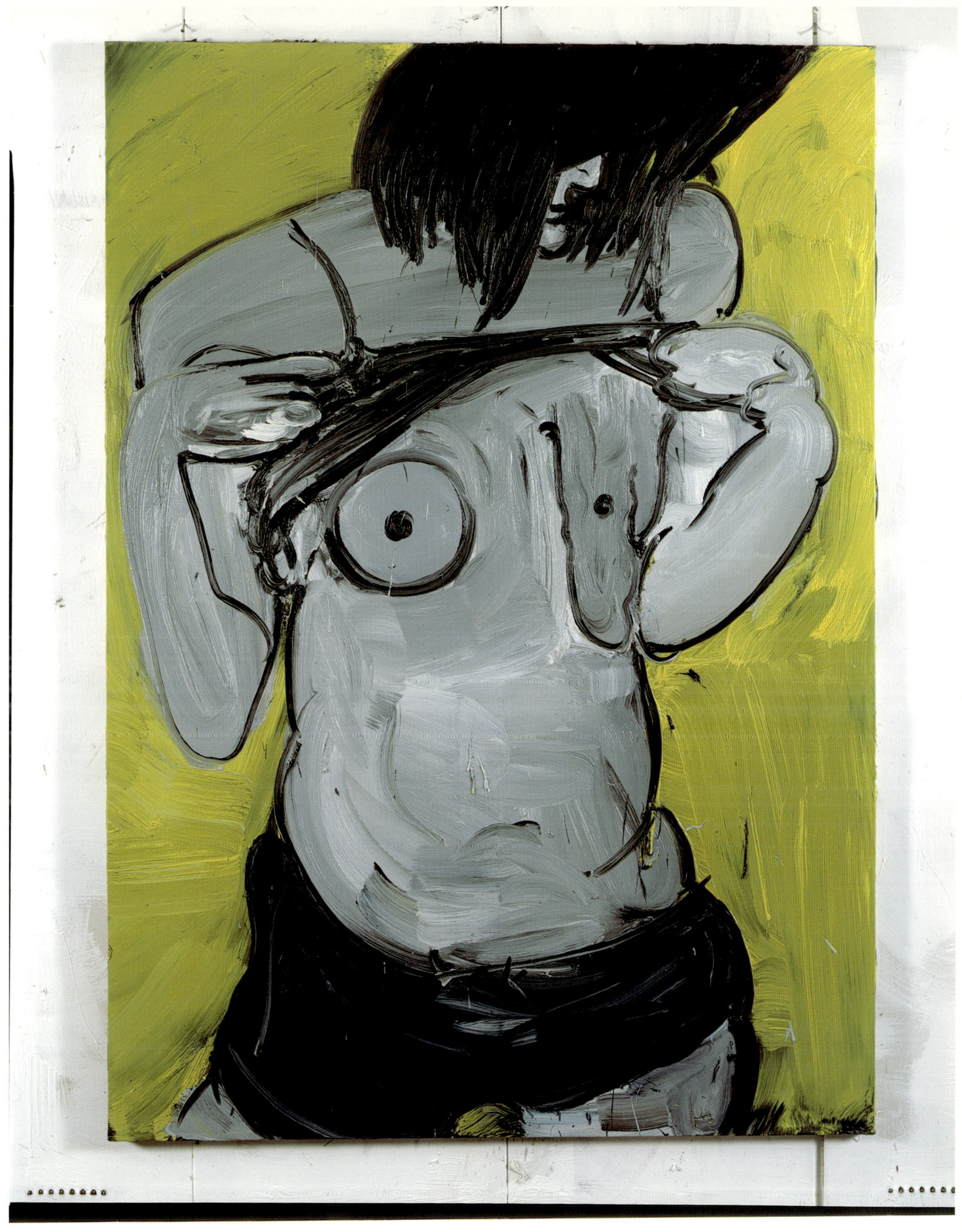

Zonder titel / Untitled, 1996
olieverf op doek / oil on canvas, 200 x 150 cm
particuliere collectie / private collection

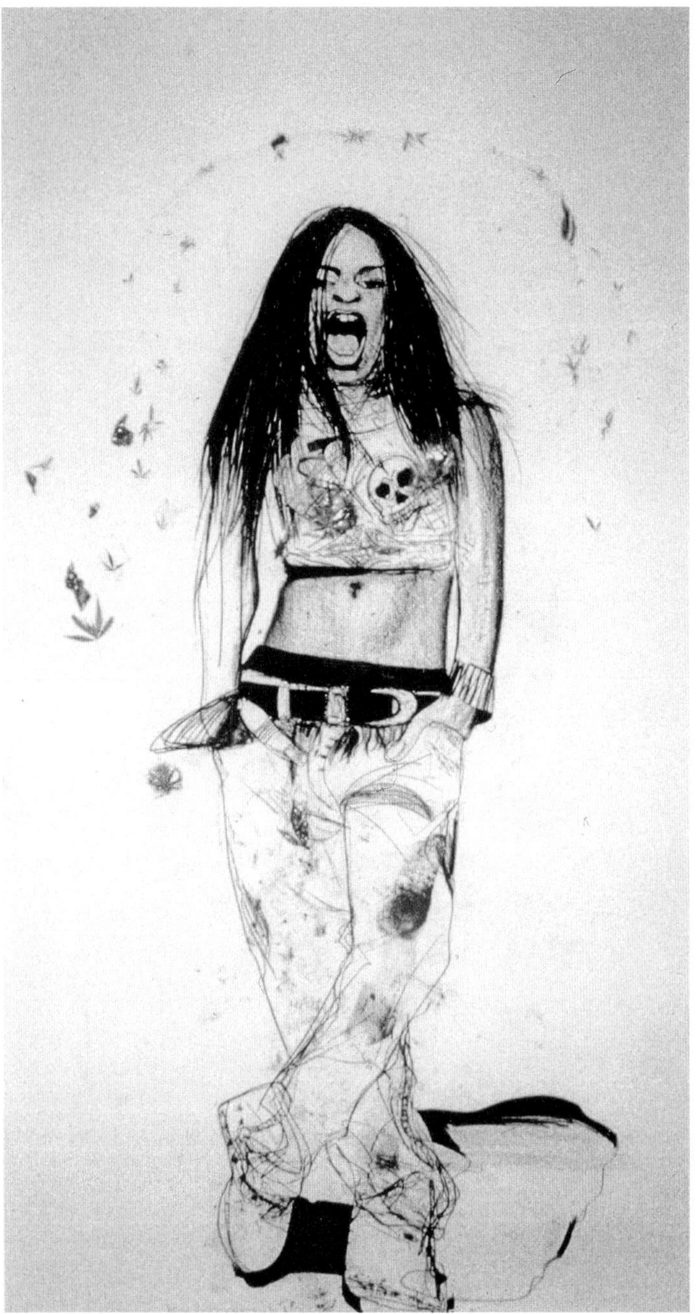

<u>Ahliyah, 2000</u>
<u>conté, olieverf en weedbladeren op papier / conté, oil and</u>
<u>cannabis leaves on paper, 298 x 150 cm</u>
<u>courtesy Stella Lohaus Gallery, Antwerpen</u>

ling. *Sauna* (1998) bijvoorbeeld, een provisorisch optrekje van
hout en glaswol, is daadwerkelijk als zodanig te gebruiken.
Toen dit werk voor het eerst werd getoond in Stella Lohaus
Gallery, op een koude januariavond, werd het vuurtje flink
opgestookt, zodat de Antwerpse galerie al snel veranderde in
een naar eucalyptus geurende broeikas. *Jacuzzi* (2000), gemaakt van twee oude stofzuigers, een metalen container en
afvalhout, werd ingewijd op de opening van de door Van
Lieshout samengestelde groepsexpositie 'Hey, International
Competition Style' in Tent. Rotterdam. De kunstenaar en enkele
van zijn gasten namen ter plekke een verkwikkend bad, totdat
lekkages de badvreugde beëindigden.[5]

Wat de schilderkunst niet kan, kunnen deze installaties als de
beste: ze nodigen uit tot fysieke deelname van de bezoekers en
maken de presentatie van het kunstwerk tot een unieke gebeur-
tenis. Daarin zijn deze bouwsels schatplichtig aan werken van
Hélio Oiticica en Paul Thek uit de vroege jaren zestig, die
mede dankzij tentoonstellingen in het Rotterdamse Witte de
With door jongere kunstenaars als Van Lieshout in de jaren
negentig werden herontdekt. Wat de installaties toevoegen aan
het repertoire is een openbare, zichtbare handeling, een productie in letterlijke zin, waarin het werk zogezegd tot leven komt.
De ingebruikname is een vorm van inwijding die veel gemeen
heeft met spel, wat het ludieke aspect van dit werk onder-
streept. Nadelig is misschien dat het feest van korte duur is.
Anderzijds is de eenmaligheid een effectieve ondermijning van
eventuele eeuwigheidswaarde en bovendien een prima middel-
tje tegen geestdodende herhaling.

Opvallend is dat veel van de bouwsels uitnodigen tot ver-
strooiing en vermaak, tot niksnutten en genieten.[6] Het is alsof
dit werk zegt: vergeet de kunst, ontspan. In zijn klassieke studie
Homo Ludens wees historicus Johan Huizinga op de waarde
van *diagoge* (letterlijk 'tijd-doorbrenging'), 'omdat de natuur
zelve vereist dat wij niet alleen goed kunnen arbeiden, maar
ook goed ledig kunnen zijn. Want de ledigheid is het beginsel
van alles. Ledigheid is verkieselijk boven arbeid en het doel
van dezen.'[7] In Van Lieshouts hedonistische installaties klinkt
de lof der ledigheid. Zijn illegale hennepkwekerij bijvoorbeeld,
compleet met instructievideo over de verwerking van cannabis,
dient geen ander doel dan de totale geestelijke beneveling
(*Growshop*, 2000).

Hoewel gemaakt vanuit een zeker pragmatisme, is het daadwerkelijk functioneren van bubbelbad, zonnebank, sauna of
kwekerij niet gegarandeerd. Dienstverlening is niet het oog-
merk van de kunstenaar. Van de broedmachine voor duizend
eieren, samengesteld uit oude matrassen, sloophout en lampen
(*Zonder titel*, 1999) tot het basketbalbord op een berg klimrek-
ken (*Zonder titel*, 2002), de fabricage van deze semi-functione-
le bouwsels is niet meer dan knutselwerk. Juist dit dilettantisme
werkt in Van Lieshouts voordeel. De schilder James Ensor heeft
ooit verkondigd dat gebrekkigheid superieur is aan technische
perfectie, omdat een fout veelzijdig is, 'het weerspiegelt de per-
soonlijkheid van de kunstenaar en zijn karakter; het is mense-
lijk, het is alles, het zal het werk redden'.[8] Van Lieshouts esthetiek van het gebrek herinnert aan werk van Georg Herold,
Sarah Lucas en Thomas Hirschhorn, kunstenaars die hij zeer
bewondert. Technische onvolkomenheden en sjofele materialen
zijn wapens in de strijd tegen gladde perfectie.

Sinds de kunstenaar niet langer alleen tekeningen en schilderij-
en maakt maar ook sculpturen en installaties, zijn zijn tentoonstellingen veranderd in een mise-en-scène van uiteenlopende
werken die elkaar aanvullen en versterken. In *Selbstentzünderer*
(1999) bijvoorbeeld vormde een beklaagdenbank van houten
plankjes een bijna symbiotische eenheid met de omringende
tekeningen van vrouwen. De vrouwen hebben allen iets te

hinge between the paintings that were the major part of Van Lieshout's artistic production until 1998 and the spatial installations which have dominated his exhibitions since then.[4]

The development of the spatial work is given a powerful impulse in 1998-1999, during a working period spent at the Künstlerhaus Bethanien in Berlin. Dissatisfaction with painting plays a role in this. In Germany, Van Lieshout is struck by the romantic painting of Caspar David Friedrich and the obscure mythological fantasies of Arnold Böcklin. His paintings inadvertently become increasingly somber and melodramatic, with sharp contrasts of light and dark. *Zonder titel* (Untitled, 1998), for instance, is an apocalyptic vision of a crowd standing up to its ears in water. Another work from the same year depicts a girl sitting against a tree in a cemetery, smoking a cigarette, with her underpants down around her ankles. Both of these desolate images attest to undisguised doomsday sentiments; they lack the sparkle of previous work. The switch to

sculpture signified a temporary release from the burden of painterly traditions and the restoration of uninhibitedness. Not that the artist gave up painting-on the contrary; but rather than losing himself in all sorts of painterly experiments, he simply broadened his arsenal of media.

The first spatial constructions are made with playful ease. They have been loosely modelled after a sauna, a soLariam, a jacuzzi, luxurious facilities meant to add comfort to physical life. The images represent not so much objects as spaces, sites of activity. *Sauna* (1998), a makeshift shed of wood and fiberglass, can actually be used as such. When this work was shown for the first time at the Stella Lohaus Gallery on a cold evening in January, temperatures soared, so that the Antwerp gallery soon became a eucalyptus-scented greenhouse. *Jacuzzi* (2000), made from two old vacuum cleaners, a metal container and scrap wood, was christened at the opening of the group exhibition organized by Van Lieshout, 'Hey, International Competition Style', at Tent. Rotterdam. The artist and several of his guests took a

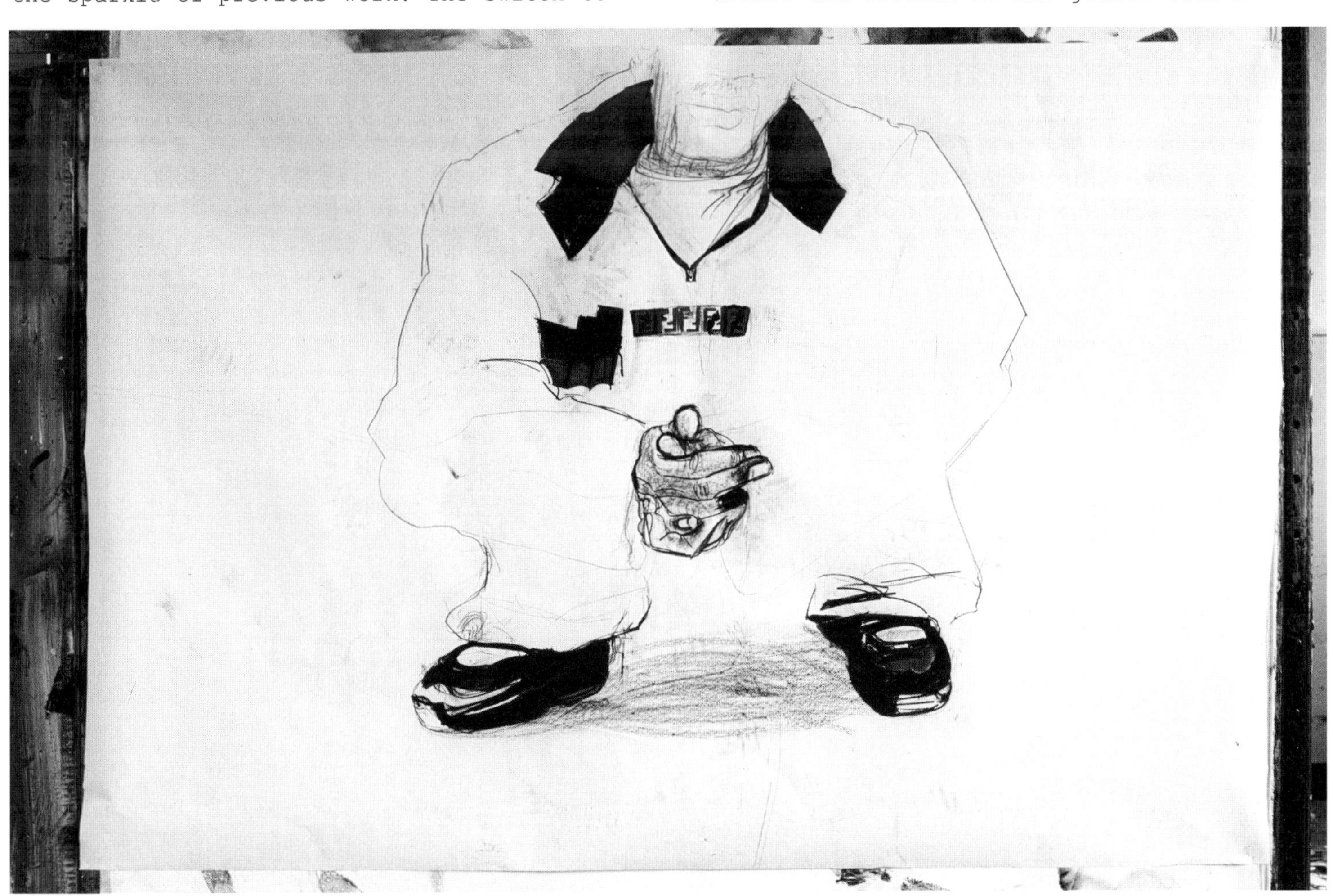

Zonder titel / Untitled, 2001
conté op papier / conté on paper, 150 x 200 cm
courtesy Stella Lohaus Gallery, Antwerpen

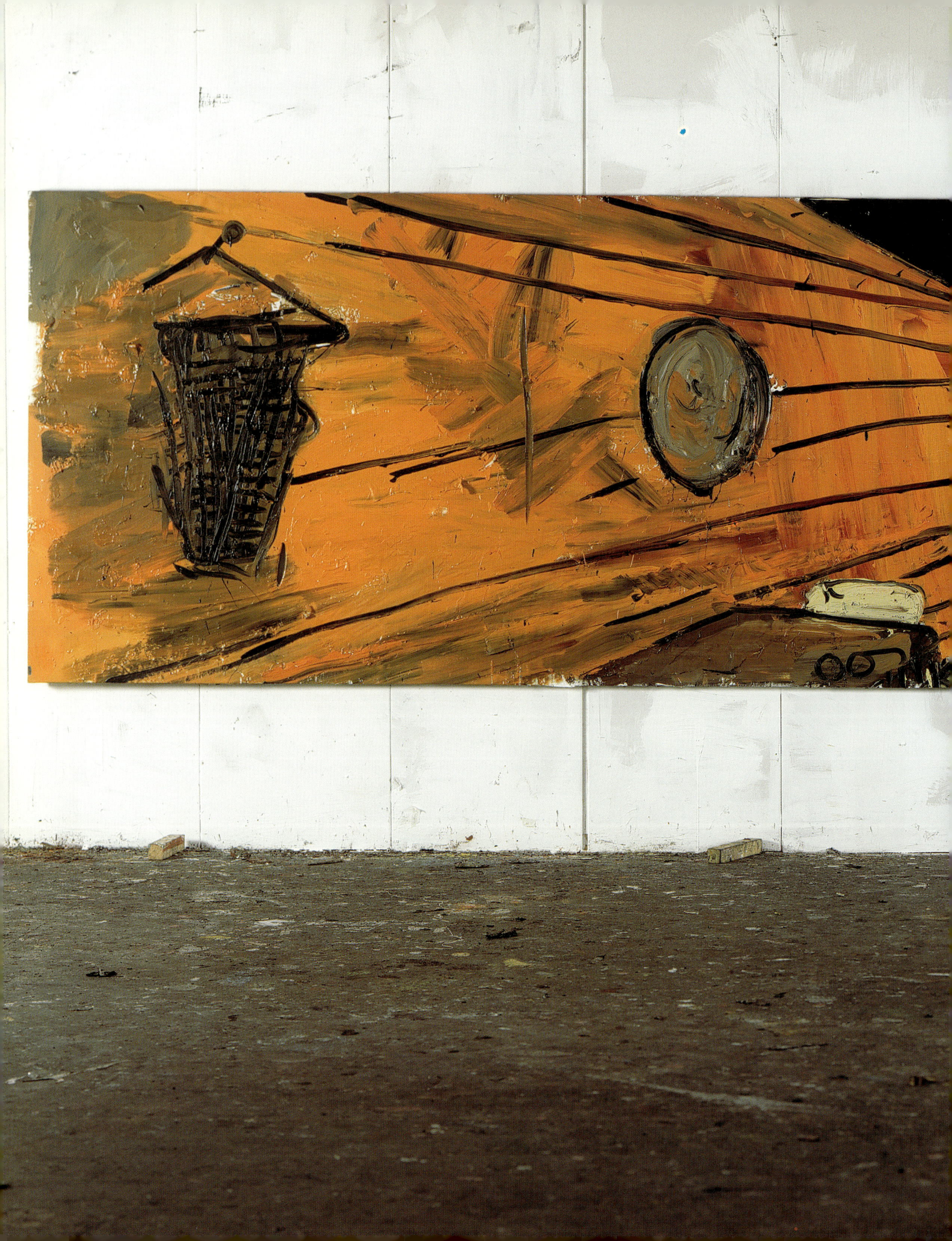

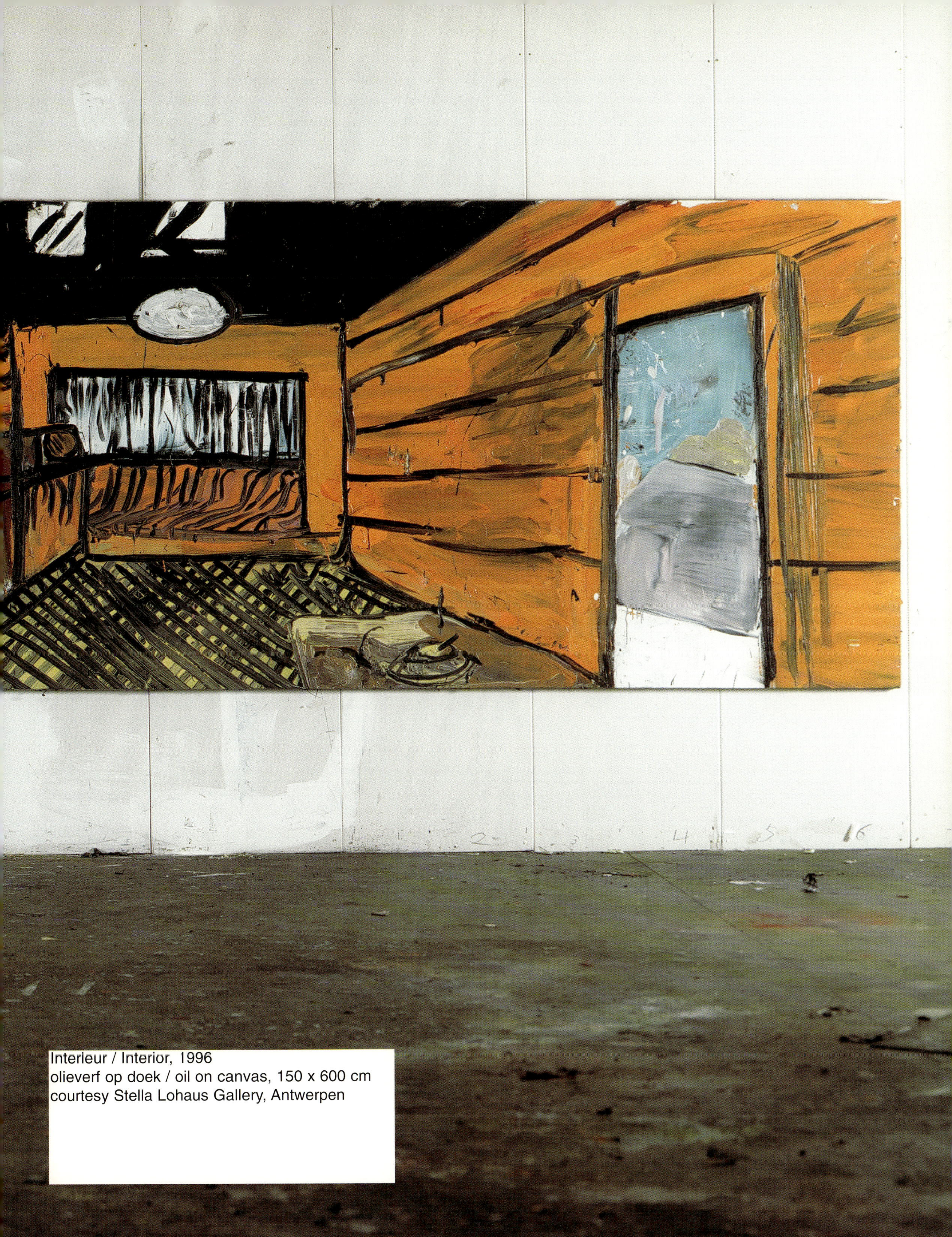

Interieur / Interior, 1996
olieverf op doek / oil on canvas, 150 x 600 cm
courtesy Stella Lohaus Gallery, Antwerpen

maken met wet en recht: een mishandeld meisje met een blauw oog, gewapende strijdsters die al rokend en drinkend een complot beramen, twee halfblote meiden die strafregels schrijven (één schrijft: 'Ik ben een object', de ander: 'Ik ook'). De verdachte die hier bij verstek wordt veroordeeld, is natuurlijk de kunstenaar zelf, de man achter 'onduldbare' schilderijen als *Pussy Forever* (1998). Van Lieshouts disciplinaire kruisbestuiving is een cabareteske verdediging tegen aanhoudende beschuldigingen van vrouwonvriendelijkheid.[9]

Het stoere imago van de vrijgevochten rebel die de omgangsvormen en fatsoensnormen van de burgermaatschappij aan zijn laars lapt, is overigens een pose die door Van Lieshout nu eens wordt bevestigd en dan weer ontkracht. Neem *Schilderij met ballen* (1999), dat een speelveld toont, bezaaid met lekke basketballen. Het tafereel is vlot en ogenschijnlijk moeiteloos geschilderd, alsof het hier geen doek van bijna vijf meter breed betreft maar een klein schetsje. Hoewel weerge-

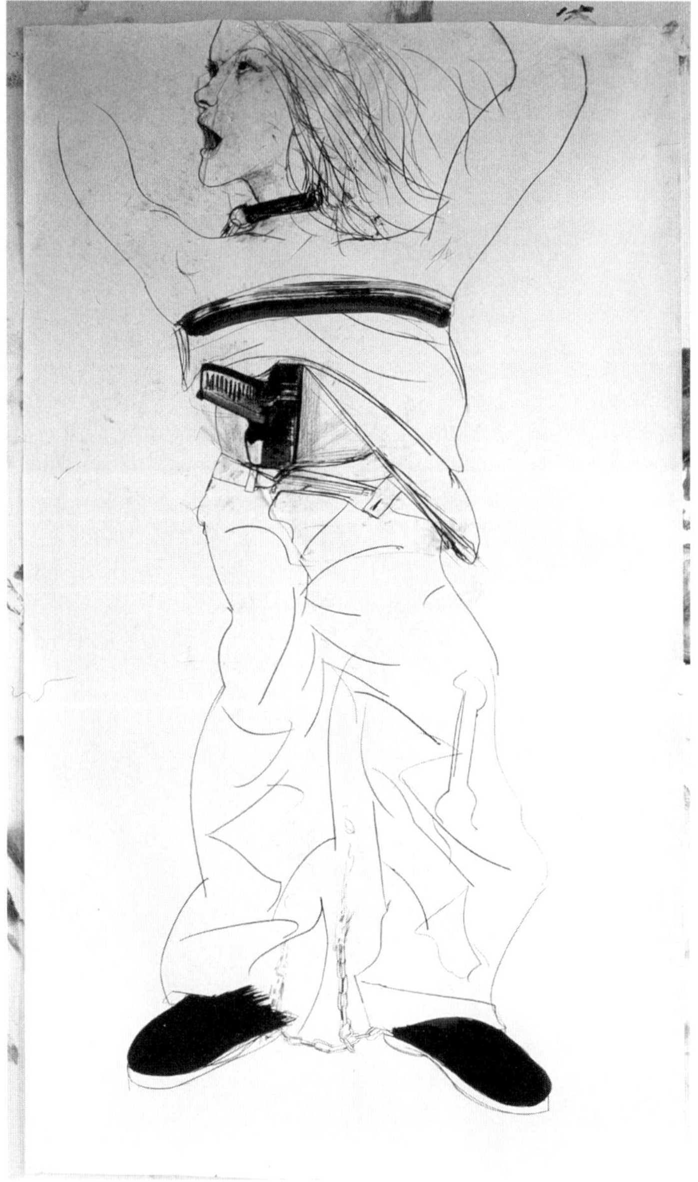

Zonder titel / Untitled, 2001
conté op papier / conté on paper, 280 x 150 cm
collectie / collection Stedelijk Museum, Amsterdam

geven in fris geel, oranje en paars, heeft het iets treurigs, deze vloer vol futloos speelmateriaal. In de ironische titel van het schilderij weerklinkt *Painting with Two Balls* (1960), een doek van Jasper Johns, geschilderd in abstract-expressionistische stijl, dat over de volle breedte is opengesneden, waardoor twee onaanzienlijke balletjes worden blootgelegd – een knipoog naar de destijds wijdverbreide vooronderstelling dat echte kunst wordt gemaakt door echte mannen. In *Schilderij met ballen*, waar de verticale dynamiek van de basketbalsport geheel ontbreekt, is alle opgefokte masculiniteit doorgeprikt in een visioen van impotentie.

De carrousel van misverstanden draait vrolijk door in de videowerken die de laatste jaren tot stand zijn gekomen. Ditmaal gaat de verwarring niet over vermeend seksisme of machismo, maar over etnisch-culturele authenticiteit, een ander heet hangijzer in tijden van politieke correctheid. De video's houden het midden tussen een muziekclip en een roadmovie en staan in het teken van het spel, het doen alsof. In *EMMDM* (1999) poseren Van Lieshout en zijn vrienden Marinus Jans en DJ Wooldrik als de groep EMMDM, een fictieve band die niet veel meer is dan een alibi voor allerlei ongein.[10] De camera volgt twee jongemannen die met papieren zakken over hun hoofd in een oude Mercedes door de stad rijden. Ze rijden een andere auto klem, dwingen de twee donkere inzittenden hun kleren af te staan en vervolgen hun weg, nu zwart geschminkt, cool gekleed en voorzien van enorme afrokapsels – alles begeleid door heftige hiphop. De video kan worden geïnterpreteerd als parodie op de witte toeëigening van zwarte cultuur, zoals die al decennialang, van Elvis tot Eminem, plaatsvindt in de popmuziek. Hiphop, eens de straatcultuur van de zwarte jeugd in Amerikaanse binnensteden, is inmiddels een wereldwijd stijlfenomeen dat vooral weerklank vindt bij jongeren van de blanke middenklasse. Van Lieshouts strooptocht naar de zwarte muziek waar hij van houdt, is niet alleen slapstick maar ook helemaal 'fout', als een hedendaagse *black and white minstrel show*. De farce wordt nog eens benadrukt door het kinderlijke honk van kartonnen dozen, waar toeschouwers zittend op een bierkratje de video kunnen bekijken.

Ook *Lariam* (2001) is een soort videoclip en ook deze wordt getoond in een kartonnen bouwsel, ditmaal een flinke uitvergroting van een doosje medicijnen tegen malaria. De beelden doen verslag van een trip naar Ghana, waar Van Lieshout met hulp van plaatselijke musici probeert te rappen op de bijsluiter van het geneesmiddel. 'Er zijn gevallen van zelfmoordneigingen gemeld, maar de relatie met Lariam kon niet worden vastgesteld', klinkt het keer op keer, maar een ritmische rap wil het niet worden. Sinds het succes van hiphop zijn talloze videoclips in Ghana gedraaid. De gangstarappers die daarin figureren zijn inmiddels allang geen verschoppelingen meer die het afrobewustzijn prediken, maar miljonairs die in hun Californische villa's de godganse dag computerspelletjes spelen. In *Lariam* steekt Van Lieshout de draak met de pretenties van de muziekindustrie; hij ontluistert de magie van de videoclip en spaart daarbij zichzelf niet. Zijn klungelige optreden

refreshing bath on the spot, until leaks brought an end to their enjoyment.[5]

That which painting fails to do is done with flying colors by these installations: they invite the visitor to participate physically and make the presentation of the artwork a unique event. From that point of view, these constructions are indebted to works of Hélio Oiticica and Paul Thek from the early sixties which, partly due to exhibitions at Rotterdam's Witte de With, were rediscovered during the nineties by younger artists such as Van Lieshout. What these works add to his repertoire is a public, visible act, a production in the theatrical sense, in which the work seems to come alive. The use of these installations is a form of initiation which has a great deal in common with play, thus underscoring the ludicrous aspect of this work. The disadvantage is perhaps that the party doesn't last long. On the other hand, the one-time-only nature of it effectively undermines any 'eternal' value and moreover prevents monotonous repetition.

Strikingly, many of the constructions are conducive to absent-mindedness and diversion, to idleness and enjoyment.[6] It is as though this work is saying: forget art, relax. In the classic study *Homo Ludens*, historian Johan Huizinga pointed out the value of *diagoge* (literally 'the passing of time') 'as nature itself demands that we are not only able to labor well, but are also just as able to be idle. For idleness is the rudiment of everything. Idleness is preferable to labor and is the aim of this.'[7] Van Lieshout's hedonistic installations resound with praise for idleness. His illegal hemp nursery, for instance, complete with video instructions on processing cannabis, serves no other purpose than that of total befuddlement (*Growshop*, 2000).

Though produced on the basis of a certain pragmatism, the actual functioning of his jacuzzi, solarium, sauna or nursery is not guaranteed. Service is not the artist's goal. From the incubator for a thousand eggs, comprised of old mattresses, scrap wood and lightbulbs (*Untitled*, 1999) to the basketball backboard atop a mountain of climbing racks (*Untitled*, 2002), the manufacture of these semi-functional constructions is no more than a kind of tinkering. It is this very dilettantism which works to Van Lieshout's advantage. The painter James Ensor once proclaimed that defectiveness is superior to technical perfection, because a flaw is versatile: 'It reflects the personality, the character of the artist; it is human, it is everything, it will redeem the work.'[8] Van Lieshout's aesthetics of defectiveness are reminiscent of work by Georg Herold, Sarah Lucas and Thomas Hirschhorn, artists whom he admires a great deal. Technical inadequacies and shabby materials are weapons in the battle against slick perfection.

Since the artist has been producing not only drawings and paintings but also sculptures and installations, his exhibitions have turned into stagings of various sorts of works that complement and reinforce each other. In *Selbstentzünderer* (1999), for example, a courtroom dock of wooden slats constituted a virtually symbiotic entity with the surrounding drawings of women. The women all have something to do with law and justice: an assaulted girl with a black eye, armed militants plotting a scheme over cigarettes and drinks, two half-naked girls writing, for punishment, the lines 'I am an object' and 'Me too.' The suspect, sentenced in absentia here, is of course the artist himself, the man behind such 'intolerable' paintings as *Pussy Forever* (1998). Van Lieshout's cross-breeding of disciplines is a cabaret-like rebuttal to persistent accusations of misogyny.[9]

The macho image of the lawless rebel who ignores middle-class etiquette and standards of decency is a pose, though, which is alternately confirmed and negated by Van Lieshout. Take *Schilderij met ballen* (Painting with Balls, 1999), which shows a playing field littered with leaky basketballs. The scene has been painted in a fluent and apparently effortless manner, as if this were merely a little sketch and not a canvas of nearly five meters in width. Though rendered in perky yellow, orange and purple, there is something sad about this floor full of lifeless sporting equipment. The ironic title of the painting echoes *Painting with Two Balls* (1960), a work by Jasper Johns painted in an abstract-expressionist style and cut open across its entire width, thus exposing two inconsequential little balls - a stab at the then widespread presumption that real art was made by real men. In *Schilderij met ballen*, where the vertical dynamics of the game of basketball is entirely missing, all overblown masculinity is deflated in a vision of impotence.

The carousel of misunderstandings continues to spin merrily away in the video works that have come about in recent years. Here the confusion is not about alleged sexism or machismo, but about ethnic/cultural authen-

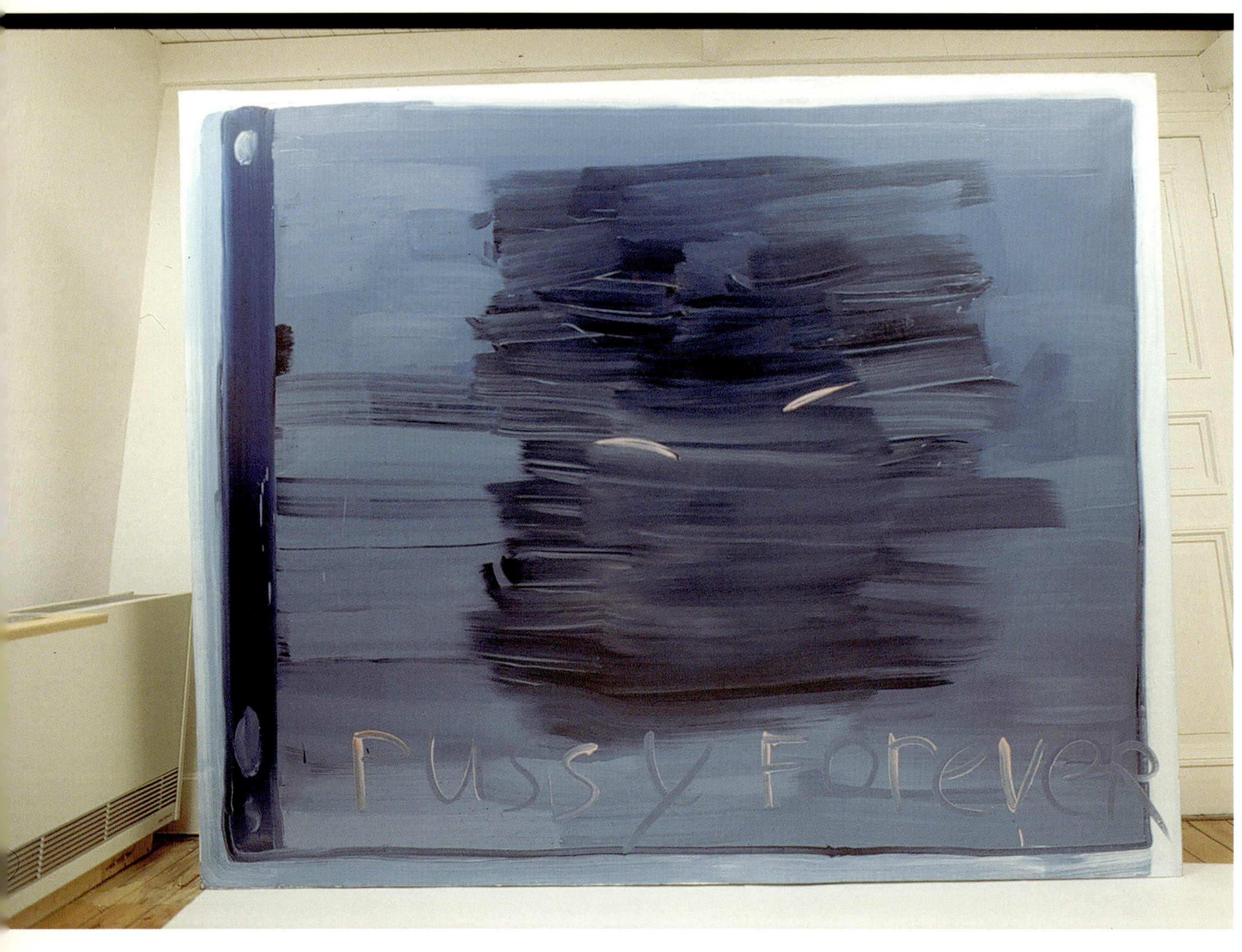

Pussy Forever, 1997
olieverf op doek / oil on canvas, 200 x 245 cm
courtesy Stella Lohaus Gallery, Antwerpen

Zonder titel / Untitled, 1998
olieverf op doek / oil on canvas, 210 x 450 cm
collectie / collection ABN AMRO

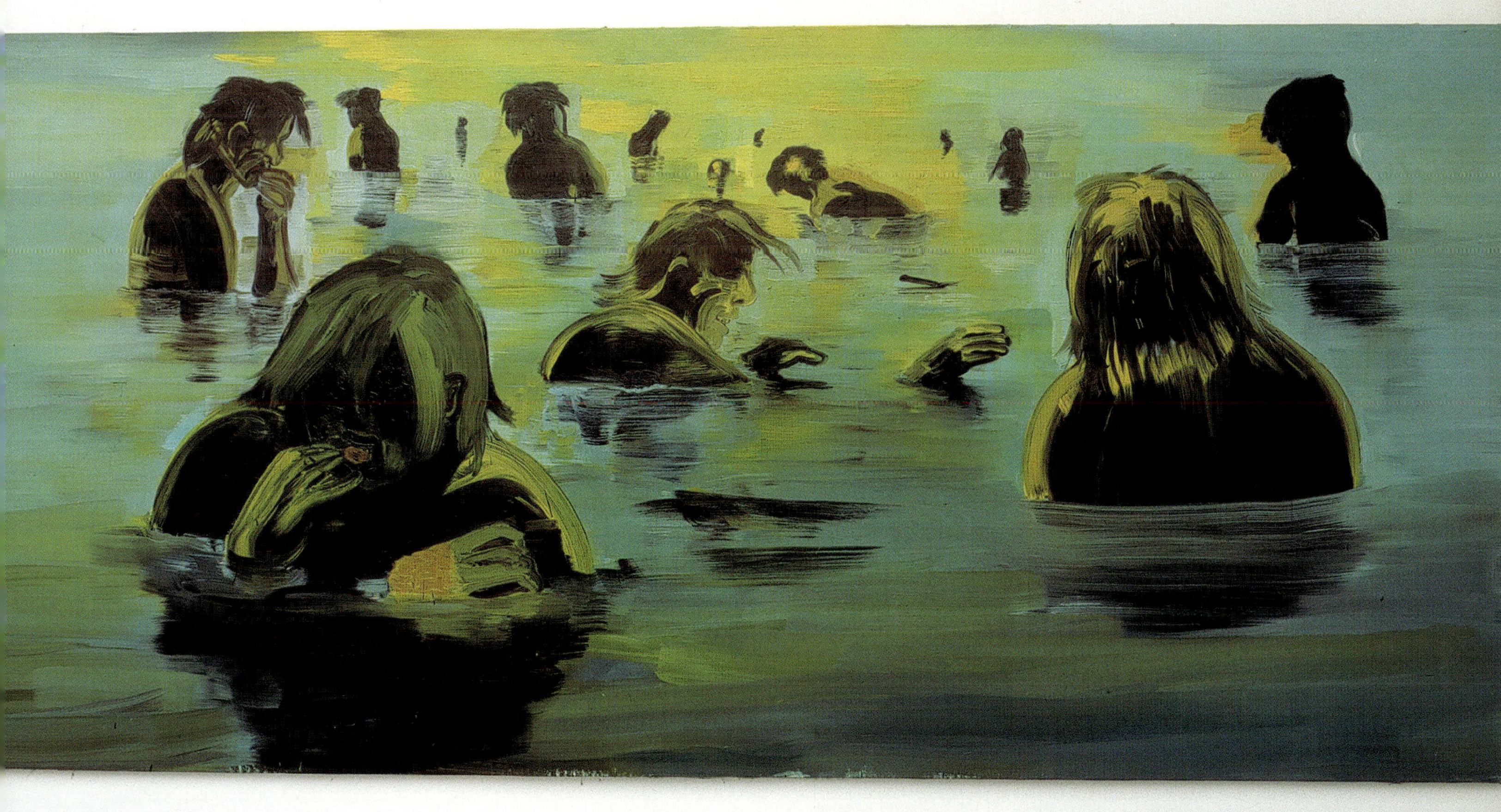

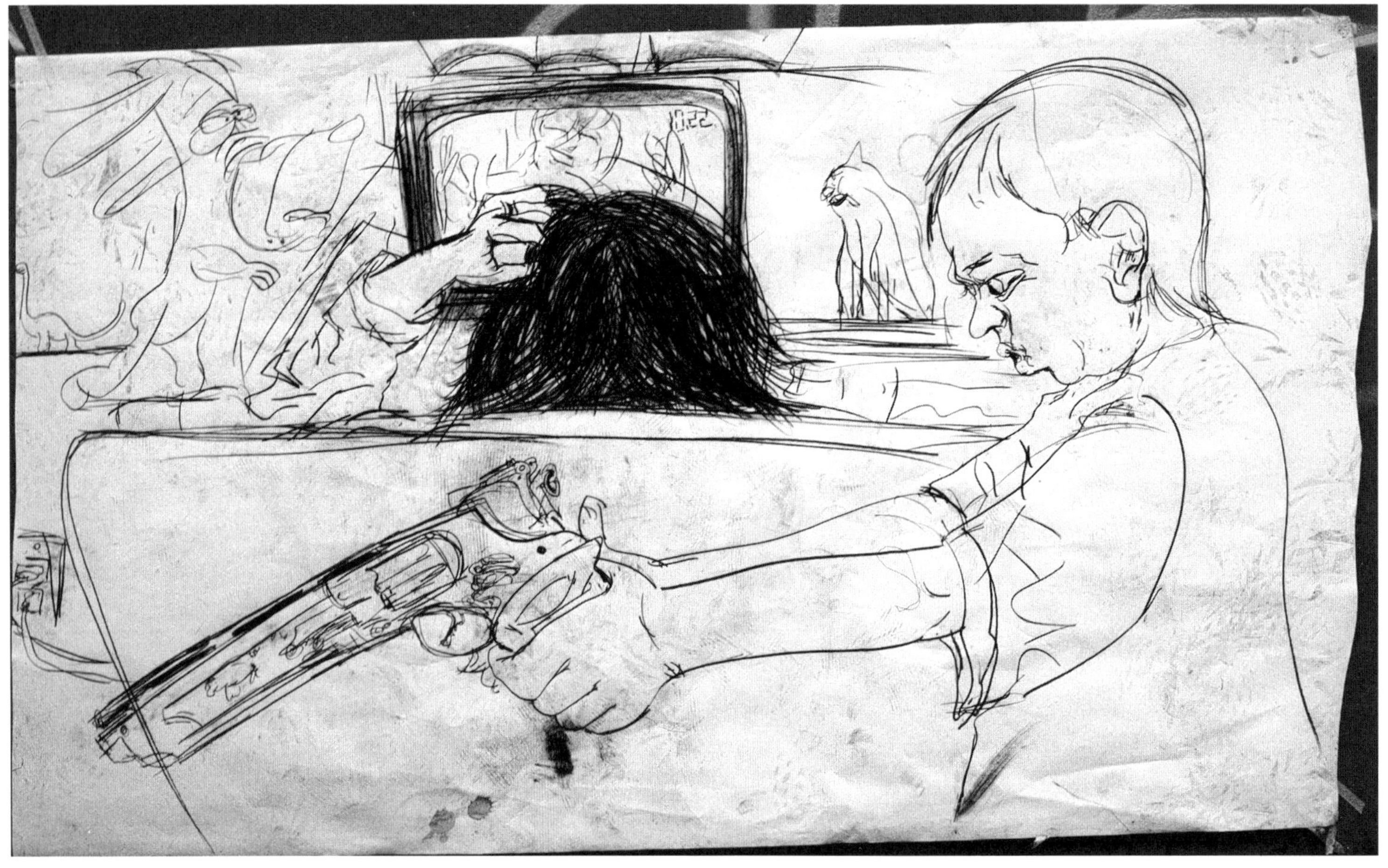

verjaagt elke zweem van glamour en het resultaat is al even tenenkrommend als BZN op Ibiza. De Brabantse tongval werkt op de lachspieren, de breakdance is een hilarische stuip en de boomcar wil niet starten, zodat de auto door de straten van Accra moet worden aangeduwd. In weinig werken staat de kunstenaar zo te schutteren als in deze video.

Videowerken als *EMMDM* en *Lariam* worden getoond in speciaal daartoe ontworpen ruimtes. Met deze aanpassingen van de expositieruimte toont Erik van Lieshout zijn aversie tegen de steriliteit van de witte toonzaal, een 'vijandige omgeving', zoals Paul Thek die noemde, waar het licht verblindend is en de kunstwerken erbij hangen alsof ze gedesinfecteerd moeten worden.[11] Erik van Lieshout wil het sacrale aura van de kunsttentoonstelling vernietigen door de expositieruimte te modelleren naar een alledaagse omgeving waar het publiek min of meer bekend mee is, zoals de sauna (*Mit Heizung*, 1998), de rechtbank (*Selbstentzünderer*, 1999) of de kwekerij (*Growshop*, 2000). Daarmee wil hij het gewone niet tot iets buitengewoons maken, maar het buitengewone dat alle kunst aankleeft ontkrachten. Zijn tentoonstellingen nodigen niet zozeer uit tot aandachtige beschouwing als wel tot creatief vertier, alsof de utopieën over zelfbeschikking en creatieve ontplooiing die in de jaren zestig bon ton waren (denk aan Oiticica's *Cosmococa* en het recht op luiheid) weer levensvatbaar zijn verklaard. De

anarchistische geest en de ambitie een alternatief te creëren voor de voorspelbare conventies waarbinnen kunst wordt getoond en bekeken, heeft dit werk gemeen met dat van naam- en stadgenoot Joep van Lieshout, die met zijn medewerkers de vrijstaat AVL-Ville oprichtte. Zowel Erik van Lieshout als Joep van Lieshout is een kunstenaar die in een overgereguleerde en tot in de kleinste details ontworpen samenleving, waar verbieden en gedogen hand in hand gaan, als vanzelf de limieten opzoekt van de hier te lande tot bijna mythische proporties opgeblazen tolerantie.

De verwarring over wat nou wel kan en wat niet en wie nu welk recht van spreken heeft, vindt een voorlopige apotheose in een serie metershoge tekeningen uit 2002. De figuren zijn getekend met conté, terwijl de achtergronden zijn beplakt met plakfolie in harde, synthetische kleuren. Daardoor hebben de tekeningen de signaalwerking van vlaggen, spandoeken en affiches, media overigens waarmee de kunstenaar, opgegroeid in een milieu van links-activisten, van kindsbeen af vertrouwd is.[12] De figuren zijn samengesteld op basis van verschillende foto's, afkomstig uit modetijdschriften, pornobladen en kranten. In sommige tekeningen figureren stereotiepe lustobjecten, zoals dat heet (masturberende meisjes, een hitsige Kylie Minogue); andere dames, zoals de denkbeeldige vrouw van Osama bin Laden, ogen als vervaarlijke amazones (*Talibaan Study's Wife*, 2001). Ronduit ontregelend zijn de *she-males* en *he-girls*, figuren die geslachtskenmerken van beide seksen verenigen. Een naakte pornoactrice met een zwarte baard lijkt een feminiene

ticity, another hot potato in times of political correctness. The videos are a cross between music clips and road movies, and they deal with the idea of pretending, with the make-believe. In *EMMDM* (1999) Van Lieshout and his friends Marinus Jans and DJ Wooldrik pose as the group EMMDM, a fictitious band which is no more than an alibi for all sorts of antics.[10] The camera follows two young men who are driving through town in an old Mercedes with paper bags over their heads. They force another car to a halt, make its two dark-skinned occupants hand over their clothes and continue on their way, now with blackened faces, cool garb and Afro hair styles – all of this to the tune of heavy hiphop. The video can be interpreted as a parody of the white appropriation of black culture, as it has taken place for decades in pop music, from Elvis to Eminem. Hiphop, once the street culture of black youth in American inner cities, has now become a worldwide style phenomenon which is particularly well-received among white middle-class youth. Van Lieshout's raid on the black music that he likes is not only slapstick but also far from politically correct, something to the effect of a present-day black-and-white minstrel show. The farce is further emphasized by the childlike hut of cardboard boxes, where viewers can watch the video while sitting on a beer crate.

Lariam (2001) is also a kind of video clip, and it, too, is shown in a cardbard construction, this one being a considerable enlargement of a box of anti-malaria medicine. The images provide an account of a trip to Ghana, where Van Lieshout attempts to rap to the pharmaceutical information with the help of local musicians. 'Instances of suicide have been communicated, but a link with Lariam could not be demonstrated,' can be heard time and again (in Dutch), but try as they may, a rhythmic rap just doesn't get off the ground. Since the success of hiphop, many video clips have been made in Ghana. The gangsta rappers who appear in these are no longer outcasts who preach African awareness, but millionaires who play computer games in their California mansions all day. In *Lariam* Van Lieshout pokes fun at the pretensions of the music industry; he taints the magic of the video clip and does not spare himself in doing so. His bungling performance dispels any suggestion of glamour, and the result is as mortifying as Dutch 'folk rock' on Ibiza. The Brabant accent touches the funny bone, the breakdance is a hilarious fit, and the boom car

won't start – it has to be pushed through the streets of Accra. There are few works in which the artist fumbles so much as in this video.

Video works such as *EMMDM* and *Lariam* are shown in specially designed spaces. With these adaptations to the exhibition space, Erik van Lieshout demonstrates his aversion to the sterility of the white display room, a 'hostile environment', as Paul Thek called this, where the light is blinding and the artworks look as though they ought to be disinfected.[11] Erik van Lieshout wishes to destroy the sacred aura of the art exhibition by modelling the exhibition space after an ordinary environment with which the public is more or less familiar, such as the sauna (*Mit Heizung*, 1998), the courtroom (*Selbstentzünderer*, 1999) or the nursery (*Growshop*, 2000). By doing so, he does not aim to transform the ordinary into something extraordinary, but to negate the extraordinariness connected with all art. His exhibitions prompt not close observation so much as creative amusement, as though the utopias on self-determination and creative development that thrived during the sixties (think of Oiticica's *Cosmococa* and the right to laziness) have been declared viable once again. The anarchistic spirit and the ambition to create an alternative to the predictable conventions within which art is shown and seen is an aspect of this work which is shared with that of fellow Rotterdam artist and namesake Joep van Lieshout, who founded

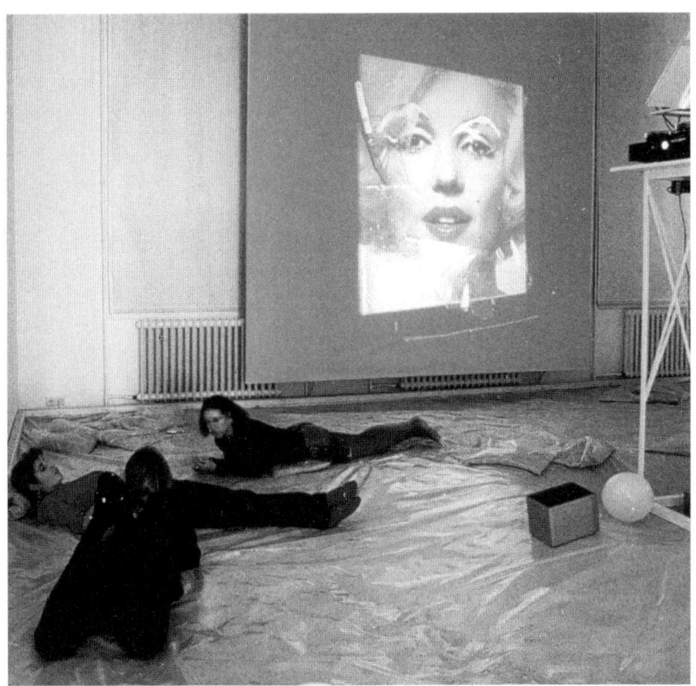

<u>Hélio Oiticica, Cosmococa, 1973</u>
<u>(Witte de With, Center for Contemporary Art,</u>
<u>1992)</u>

High and Mighty, 2000
olieverf op doek / oil on canvas, 250 x 210 cm
collectie / collection Museum Boijmans Van Beuningen, Stadscollectie Rotterdam

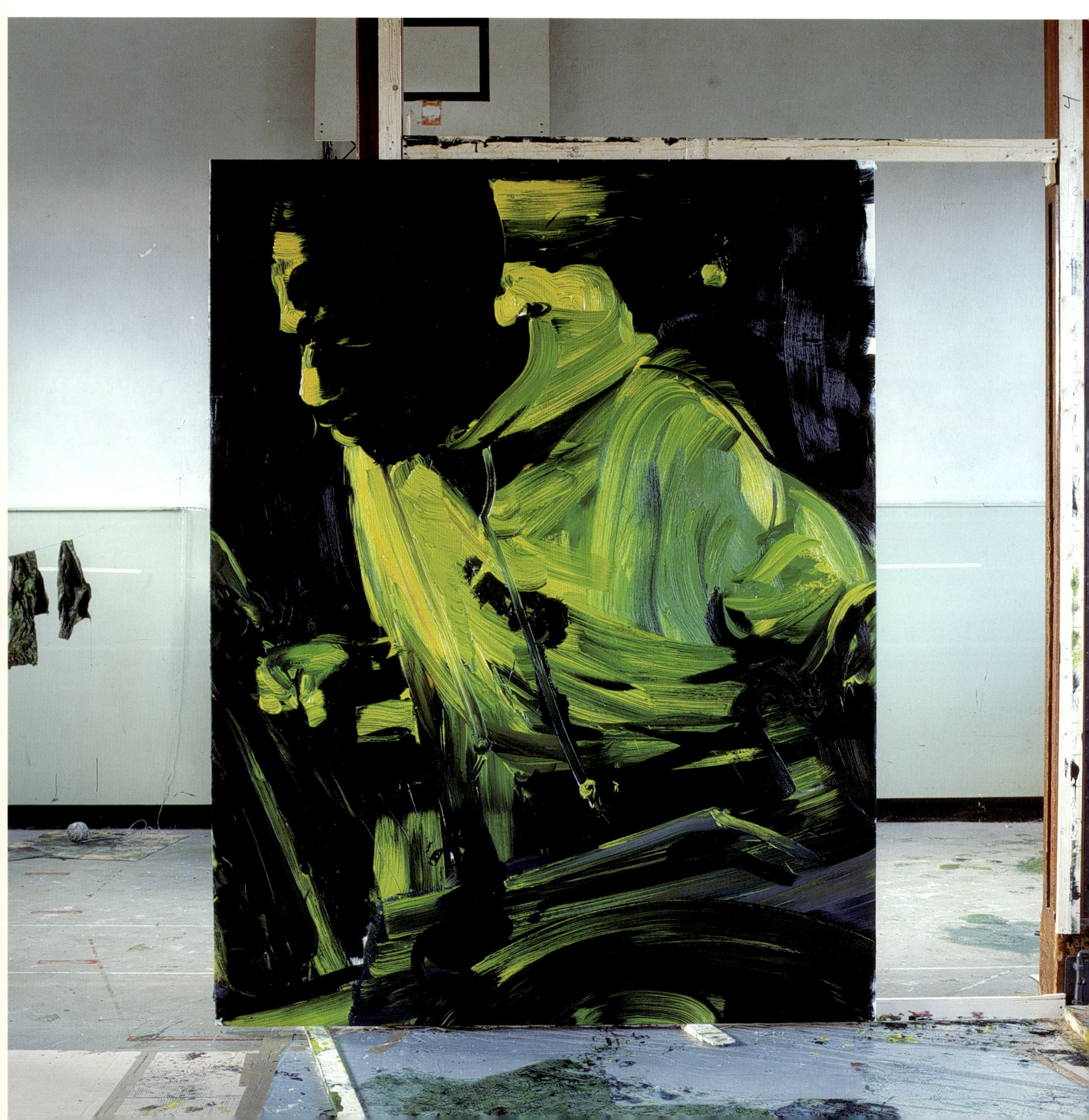

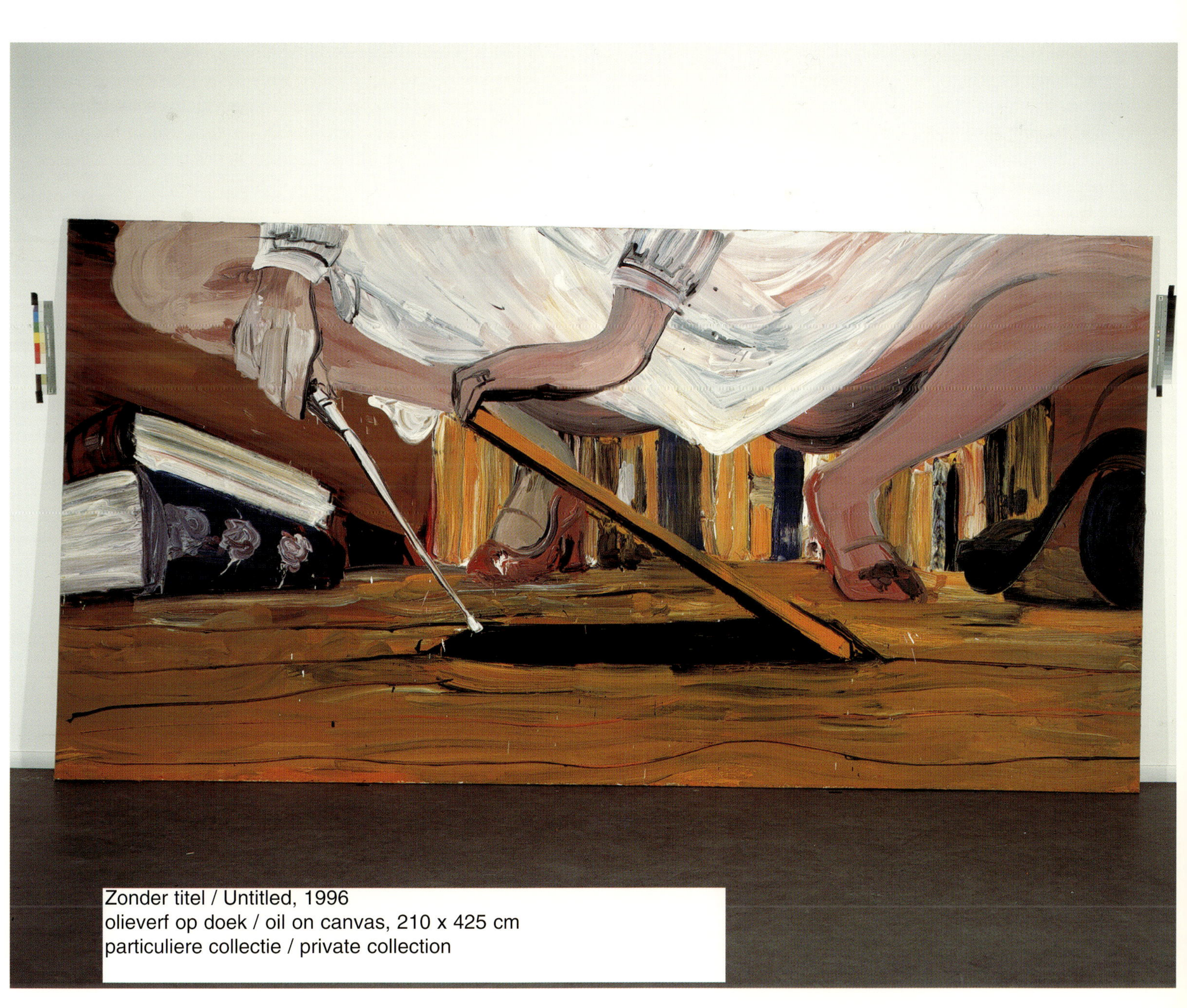

Zonder titel / Untitled, 1996
olieverf op doek / oil on canvas, 210 x 425 cm
particuliere collectie / private collection

versie van de Amerikaanse Taliban John Walker. Hij/zij staat erbij als een Christusfiguur, de ogen ten hemel opgeslagen, de tong met piercing uit de open mond (*John Walker*, 2002). Krachtige, indringende beelden zijn het, alleszins opgewassen tegen de commerciële visuele cultuur waaruit deze misbaksels zijn voortgekomen.

Erik van Lieshout is geen leverancier van eeuwige schoonheid, geen zegsman in existentiële vraagstukken, geen voorbeeldig vernieuwer van de kunst. Maar evenmin is hij erop uit het publiek te beledigen of te bruuskeren. Zijn werk, grof in zowel technische als thematische zin, wil niets anders tonen dan de keerzijde van de kunst die hem dierbaar is. Deze schaduwzijde, de 'slechte kunst', staat voor de omkering aller waarden, waar schoonheid dienares is van het afstotelijke en verheven idealen ondergeschikt zijn aan de banaliteiten van de straat. In navolging van Asger Jorn gaat het Van Lieshout niet om kunst omwille van de provocatie – dat zou snel vervelen – maar om provocatie omwille van de kunst. Zijn welbewuste uitglijers zijn geslaagd te noemen, wanneer ze doen lachen om de academische ernst, om de eigenwaan van de muze en haar zelfverklaarde onfeilbaarheid. Zo draagt de kunst van Van Lieshout weinig of niets bij aan de verfijning van de cultuur, en veel aan de verspreiding van een goed humeur.

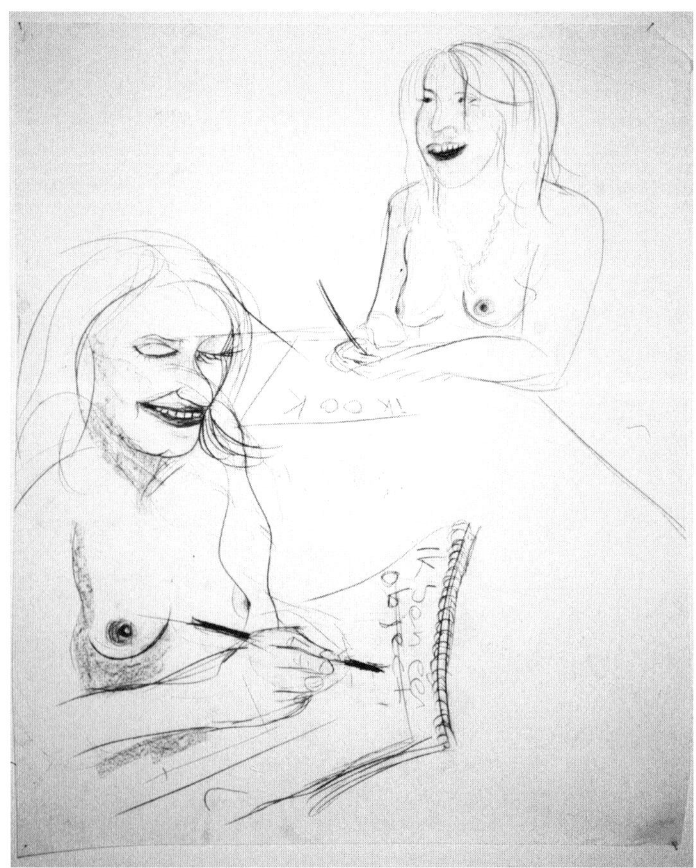

Zonder titel / Untitled, 1997
conté op papier / conté on paper, 150 x 100 cm
particuliere collectie / private collection

1. Zie het interview met Sir Ernst Gombrich door Janneke Wesseling, 'Het onverwachte is triviaal', *NRC Handelsblad*, 28 oktober 1994.
2. De kunstenaar in gesprek met de auteur, Rotterdam, 22 december 2001.
3. Idem.
4. In 1994 had Erik van Lieshout al eens een eigenhandig gefabriceerde boksring geëxposeerd in het Paleis voor Schone Kunsten te Brussel, maar lange tijd bleef deze sculptuur een incident.
5. In het hierboven aangehaald gesprek zegt Van Lieshout: 'De jacuzzi was ook een reactie op de Duitse kunstenaars en hun politieke kritiek op de stadsontwikkeling van Berlijn en Deutsche Bank en Nike. Ik had zoiets van: flikker toch op met je politiek, ik ga gewoon in bad zitten.'
6. De idee van kunst als vermaak ligt ook ten grondslag aan *Boomcar* (2001). Voor de Willem Arntszhoeve, een psychiatrische instelling in Den Dolder, bouwde de kunstenaar een tweedehands Mazda om tot een rijdende geluidsinstallatie, waarin hij patiënten meenam voor een tochtje door het park.
7. Johan Huizinga, *Homo Ludens* (1938), Uitgeverij Contact, Amsterdam 1997, p. 207.
8. James Ensor, uit een toespraak gehouden in Oostende, 1923, gepubliceerd in: Herschel B. Chipp, *Theories of Modern Art. A Source Book by Artists and Critics*, University of California Press, Berkeley/Los Angeles 1968, p. 112.
9. De titel *Selbstentzünderer* is geïnspireerd op een rechtszaak die tegen Van Lieshout werd aangespannen naar aanleiding van een brand op zijn Berlijnse atelier. Het vuur ontstond door zelfontvlambare chemicaliën die de kunstenaar gebruikte. Meerdere schilderijen gingen verloren; de huiseigenaar claimde drie ton schadevergoeding en de zaak liep met een sisser af.
10. Voor een jongerenblad over kunst maakte Van Lieshout bij wijze van parodie op een fanzine de fotostrip 'emmdm shout outs', in: *The Dummy Speaks*, nr. 3, 2000.
11. Zie Richard Flood, 'Paul Thek: Real Misunderstanding', in: tent. cat. *Paul Thek: The wonderful world that almost was*, Witte de With, Center for Contemporary Art, Rotterdam 1995, p. 111.
12. Zie Rutger Pontzen, 'Kunst, seks en sauna's. Fucking real shit van Erik van Lieshout', *Vrij Nederland*, 9 december 2000.

the free state AVL-Ville with his co-work-
ers. Both Erik van Lieshout and Joep van
Lieshout are artists who, in an overregula-
ted society whose every detail is designed,
where prohibition and permissiveness go hand
in hand, automatically seek the limits of
its tolerance, which has been inflated to
almost mythical proportions.

The confusion as to what is allowed and
what is not, as to what people have any
right to speak, reaches a tentative apotheo-
sis in a series of drawings, meters in
height, from 2002. The figures have been
drawn with conté, while the backgrounds have
been covered with stick-on vinyl in harsh,
synthetic colors. Because of this, the drawings have the signalling effect of flags,
banners and posters, media which the artist
has known since childhood, having grown up
among left-wing activists.[12] The figures are
assembled on the basis of various photographs, taken from fashion magazines, pornography and newspapers. In some drawings
there are the stereotypical objects of lust,
as these are called (masturbating girls, a
hot Kylie Minogue); other ladies, such as
the imaginary wife of Osama Bin Laden, look
like warrior queens (*Talibaan Study's Wife*,
2001). Utterly jolting are the she-males and
the he-girls, figures in which characteristics of both sexes are combined. A naked
porn actress with a black beard seems to be
a feminine version of the American Taliban
John Walker. He/she is standing there like a
Christ figure, eyes cast toward heaven, the
pierced tongue visible in an open mouth
(*John Walker*, 2002). These are powerful,
monstrous images, able to hold their own in
a confrontation with the commercial visual
culture from which they have arisen.

Erik van Lieshout is not a purveyor of eternal beauty, not an authority on existential
matters, not an exemplary innovator of art.
But nor does he intend to insult or to snub
the public. His work, crude from a technical
as well as a thematic point of view, intends
to show nothing other than the flip side of
the art that he admires. This dark side, the
'bad art', stands for the reversal of all
values, where beauty serves that which is
repugnant and where lofty ideals are subordinate to the banalities of the street. Like
Asger Jorn, Van Lieshout is not concerned
with art for the sake of provocation – that
would soon become tedious – but with provocation for the sake of art. His deliberate
blunders could be called successful when
they cause one to laugh at academic serious-
ness, at the conceitedness of the muse and

her self-proclaimed infallibility. As such,
the art of Van Lieshout contributes little
or nothing to the refinement of culture and
a great deal to the diffusion of good
spirits.

1. See the interview with Sir Ernst Gombrich
by Janneke Wesseling 'Het onverwachte is
triviaal', *NRC Handelsblad*, October 28,
1994.
2. The artist in conversation with the
author, Rotterdam, December 22, 2001.
3. Idem.
4. Erik van Lieshout had once, in 1994, ex-
hibited a boxing ring that he had built himself at the Palais des Beaux-Arts in
Brussels, but for a long time this sculpture
remained an incident.
5. In the conversation mentioned above, Van
Lieshout says, 'The jacuzzi was a response
to the German artists and their political
criticism of the urban development of Berlin
and the Deutsche Bank and Nike. I felt like
saying: get lost with your politics – I'm
just going for a soak in the tub.'
6. The idea of art as diversion also lies at
the heart of *Boomcar* (2001). For the Willem
Arntzhoeve, a psychiatric institution in Den
Dolder, the artist converted a secondhand
Mazda into a mobile sound installation, in
which he took patients for a spin through
the park.
7. Johan Huizinga, *Homo Ludens* (1938),
Uitgeverij Contact, Amsterdam 1997, p. 207.
8. James Ensor, from a speech held in
Oostende, 1923, published in: H.B. Chipp,
Theories of Modern Art, University of
California Press, 1968, p. 112.
9. The title *Selbstentzünderer* is inspired
by a lawsuit against Van Lieshout in connec-
tion with a fire in his Berlin studio. The
fire was caused by the spontaneous com-
bustion of chemicals used by the artist.
Several paintings were lost; the owner of
the building demanded 300,000 guilders in
damages, and the case subsided.
10. For a youth magazine on art, Van
Lieshout produced, as a parody of a fan
magazine, the photo comic strip 'emmdm shout
outs', in: *The Dummy Speaks*, no. 3, 2000.
11. See Richard Flood, 'Paul Thek: Real
Misunderstanding', in exhib. cat. *Paul Thek:
The wonderful world that almost was*, Witte
de With, Center for Contemporary Art,
Rotterdam, 1995, p. 111.
12. See Rutger Pontzen, 'Kunst, seks en
sauna's. Fucking real shit van Erik van
Lieshout', *Vrij Nederland*, December 9, 2000.

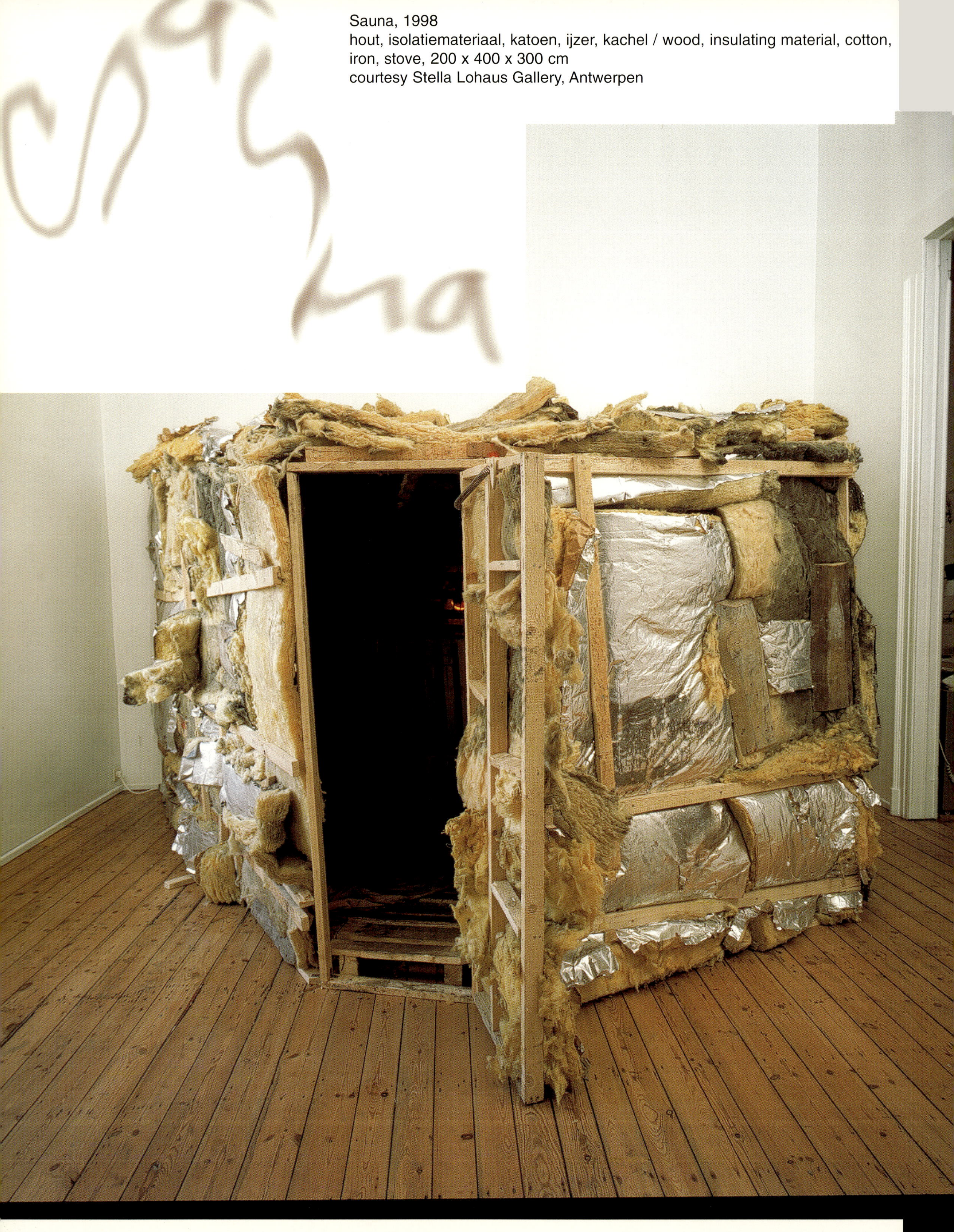

Sauna, 1998
hout, isolatiemateriaal, katoen, ijzer, kachel / wood, insulating material, cotton, iron, stove, 200 x 400 x 300 cm
courtesy Stella Lohaus Gallery, Antwerpen

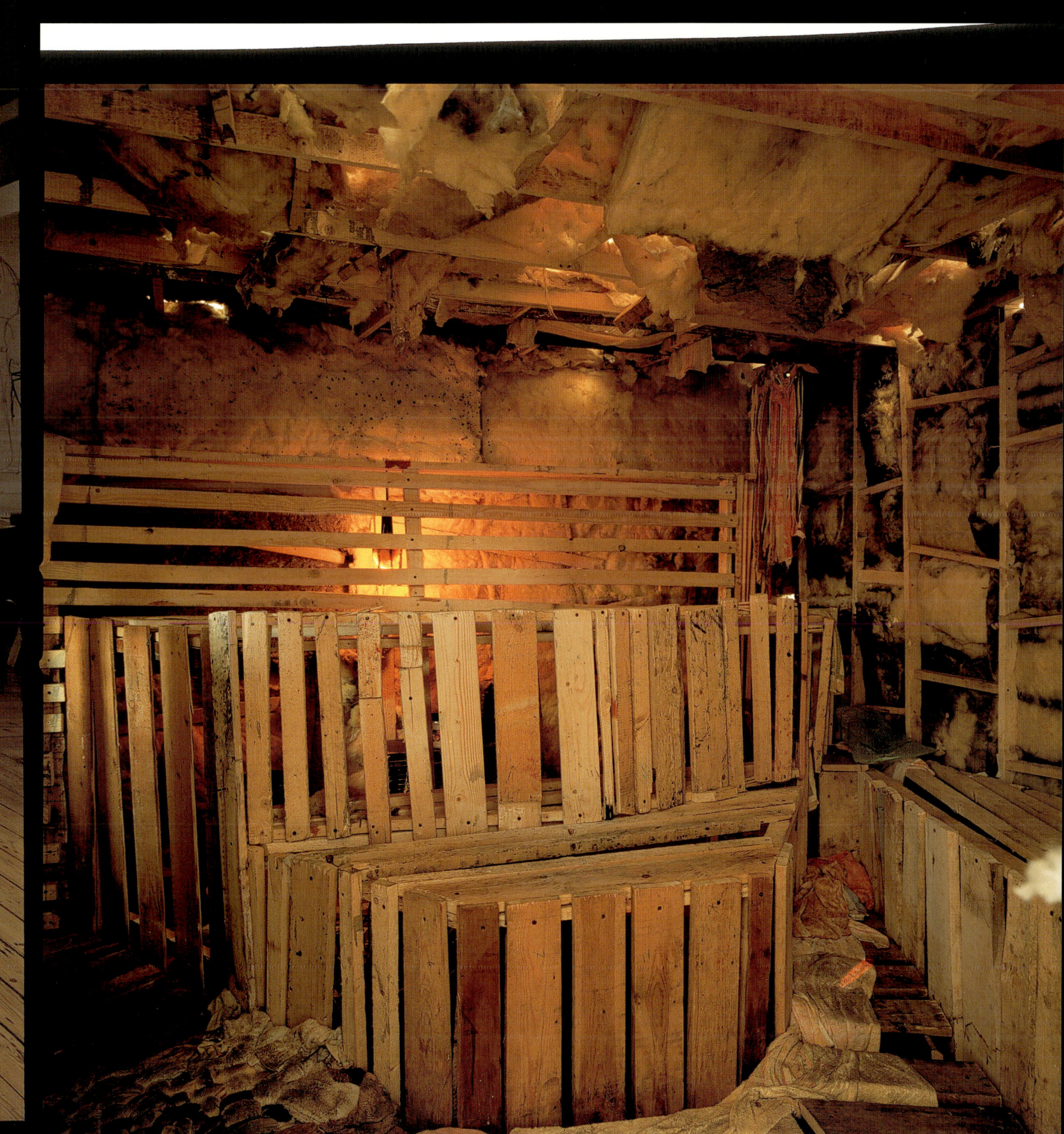

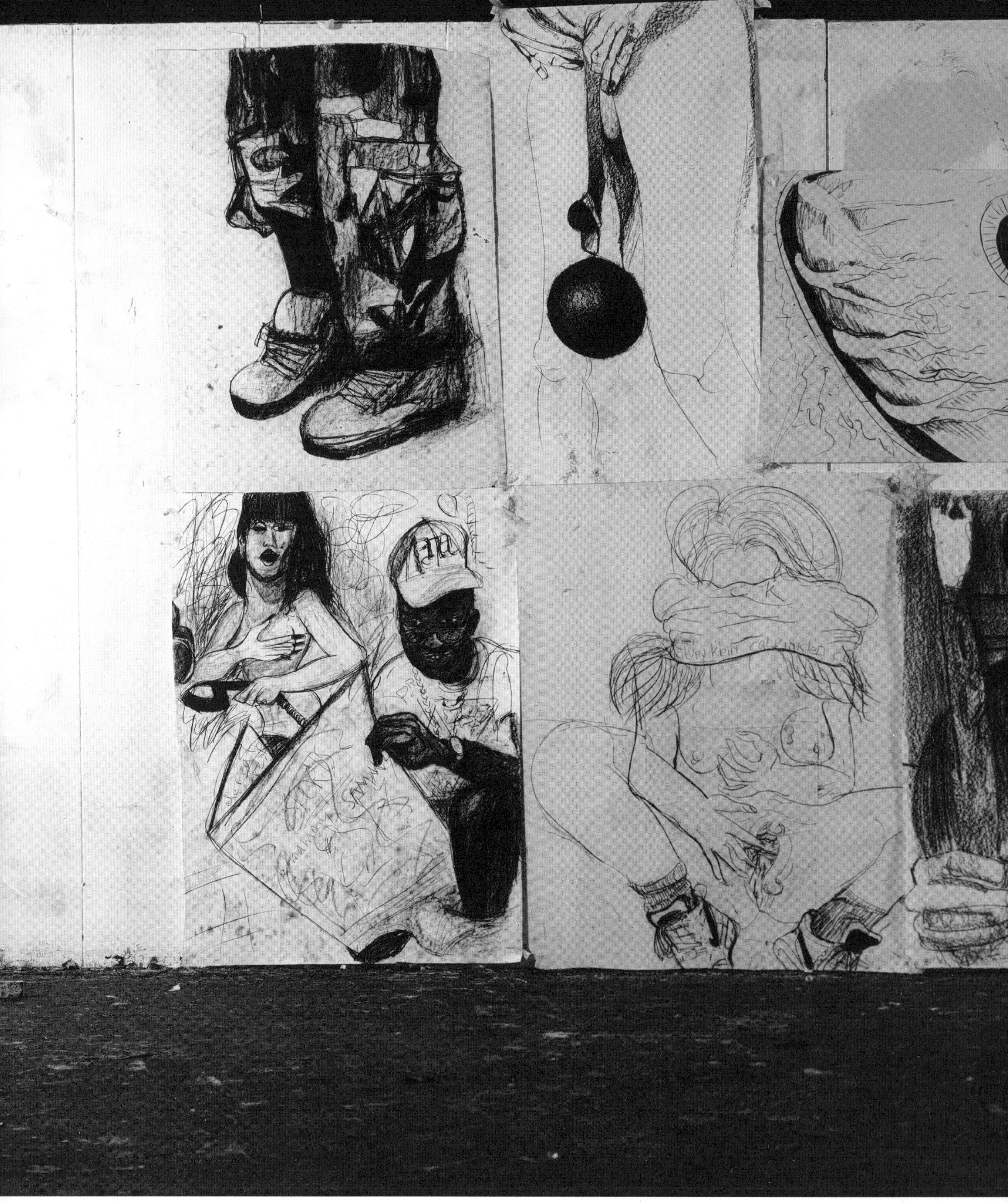

Atelier, 1995

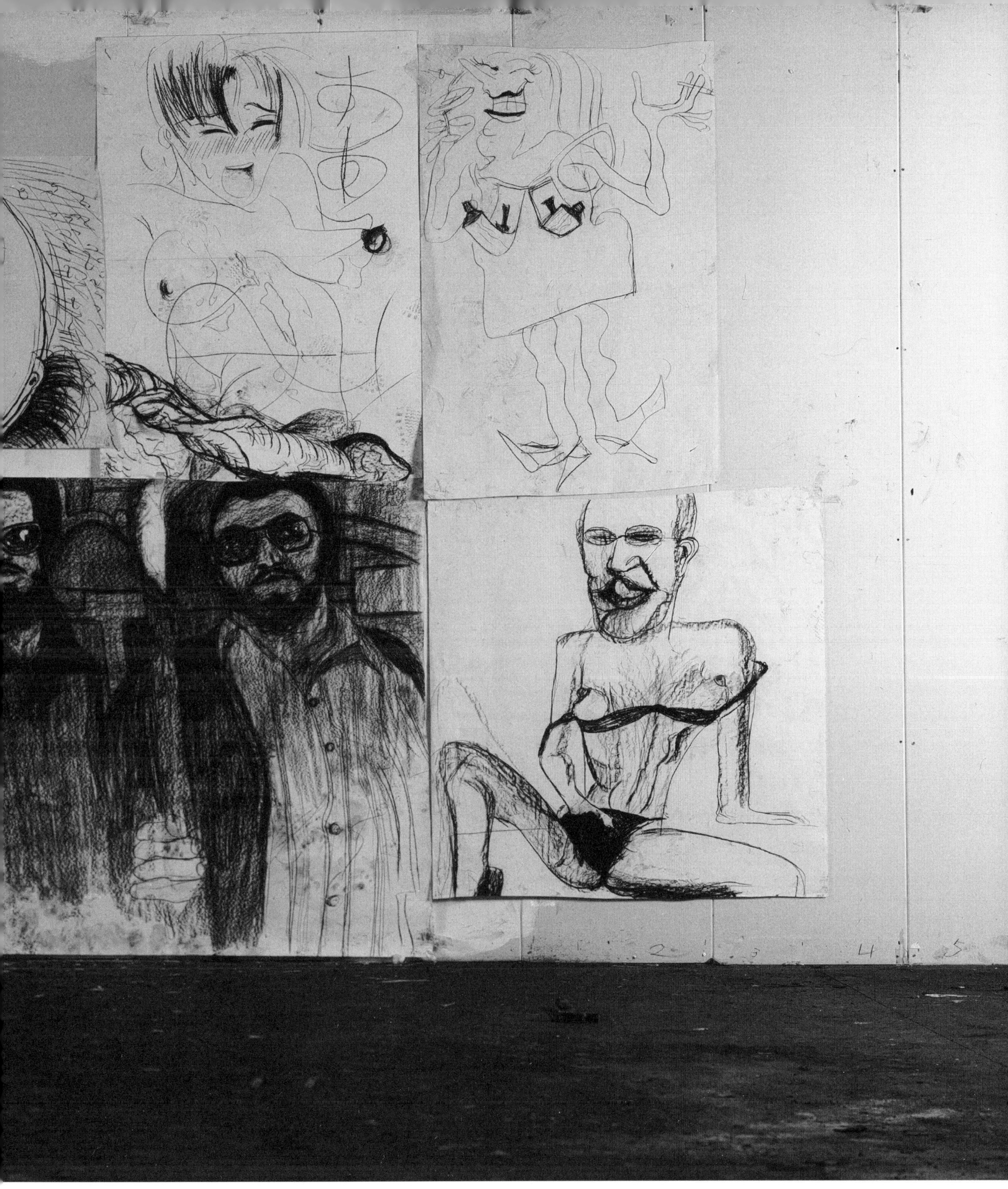

Studio, 1995

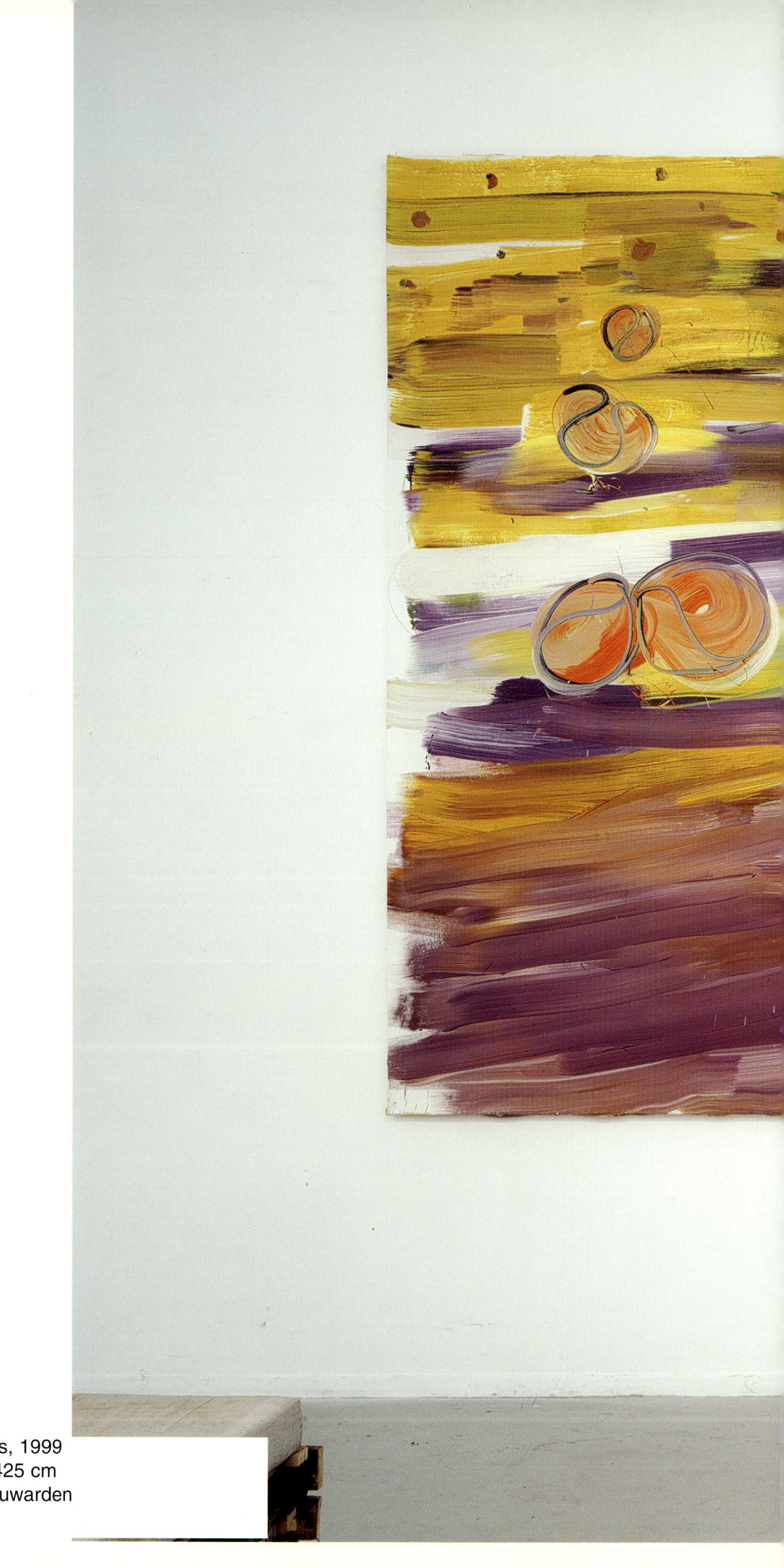

Schilderij met ballen / Painting with Balls, 1999
olieverf op doek / oil on canvas, 210 x 425 cm
collectie / collection Fries Museum, Leeuwarden

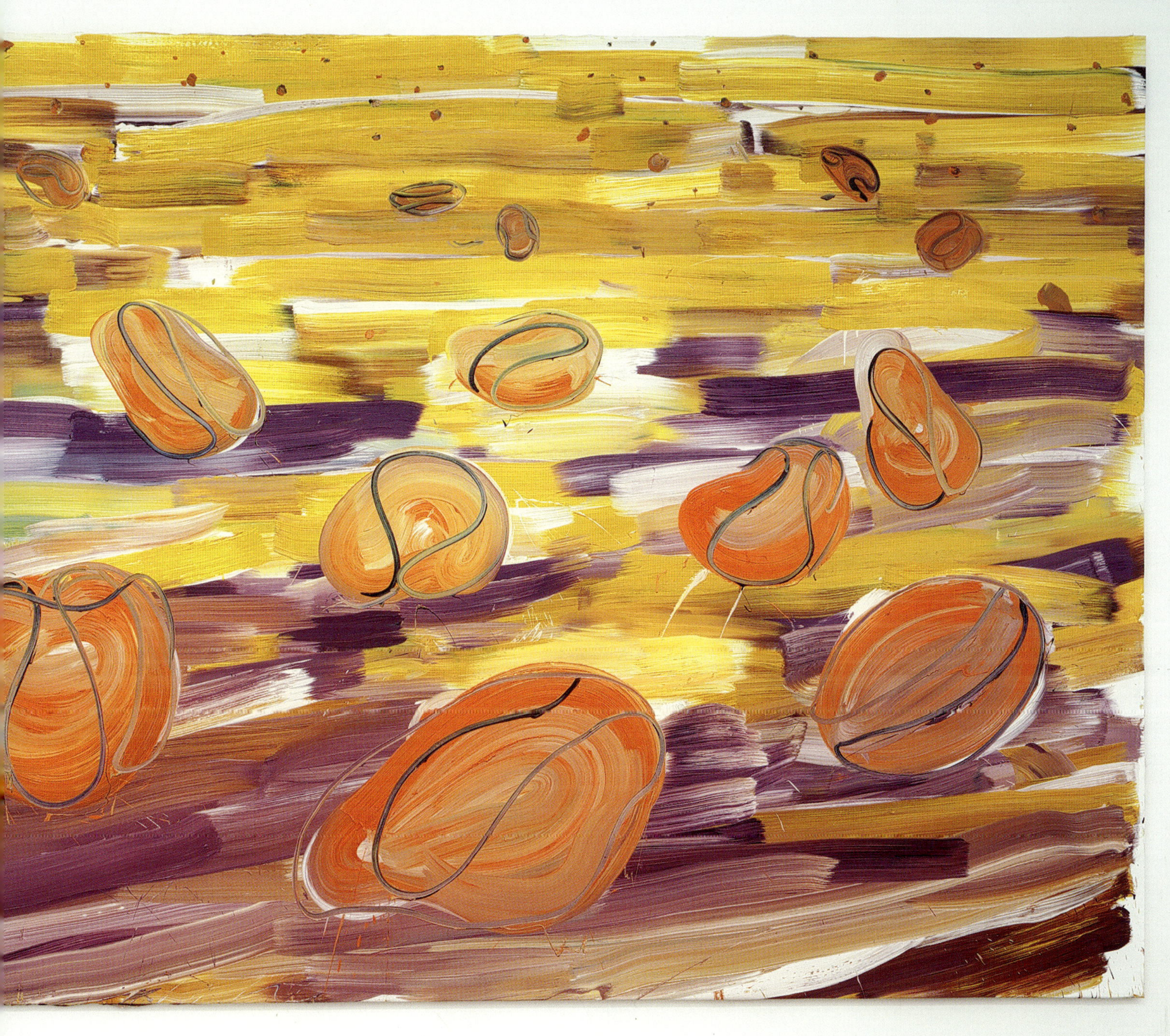

Xander Karskens

Abstract Gangsterism
Erik van Lieshout en hiphopcultuur

Voor degenen die niet bekend zijn met het fenomeen hiphop,
volgt hier een citaat van Ice Cube, de legendarische frontman
van één van de eerste echt grote acts uit het genre, West Coast
gangstarappers NWA (Niggaz with Attitude). Het is afkomstig
uit hun essentiële track *Gangsta Gangsta*: 'Life ain't nothin'
but bitches and money'. Dit was 1988, het jaar dat het genre
volwassen werd (ja, echt), met mijlpaalalbums van het New
Yorkse Public Enemy en Boogie Down Productions en, aan de
zonnige, sexy westkust van de VS, *Straight Outta Compton* van
de eerdergenoemde Niggaz With Attitude. Grof taalgebruik,
cartooneske geweldsuitbarstingen, machobravoure en ongege-
neerd hedonisme – de muziek, kortom, waarvoor de moraalrid-
ders in de VS de 'parental advisory'-stickers hebben uitgevon-
den. Dat zo veel expliciete vrouwonvriendelijkheid, zo veel
woede over *police brutality* en onderdrukking van de getto-
bevolking door het establishment zulke krankzinnig-fantasti-
sche platen opleverde is niet zo vreemd (de energie die goede
hiphop overbrengt is ongeëvenaard), opvallend is wel de enorme aandacht die de typisch zwarte Amerikaanse straatcultuur
wereldwijd sindsdien ten deel is gevallen – vooral onder rela-
tief welgestelde blanke jongeren. Zwart en getto zijn synoniem
geworden voor *cool, streetwise* en flamboyant. En wees eens
eerlijk, wie wil dat nou niet zijn?

Toch blijft het wennen, blanken die zich bezighouden met
typisch zwarte populaire cultuur. Wie zich Vanilla Ice nog herinnert, weet hoe schrijnend het kan mislopen. Eminem doet het
goed: hij beroept zich wel op zijn straatverleden, is authentiek,
maar gebruikt bijvoorbeeld nooit het woord 'nigga' in zijn raps
– binnen het zwarte hiphop-idioom toch zo ongeveer de meest
gebezigde term. De dogma's binnen hiphop zijn dwingend en
de scheidslijn tussen wat wel en wat niet kan is dun, zeker voor
de buitenstaander. Als je één keer niet funky danst, is het over
en sluiten.

'You like to exaggerate, dream and imaginate'
– Rakim, *I Ain't No Joke* (1986)

Ik ken niemand die deze grens behendiger bewandelt dan Erik
van Lieshout. De relatie die zijn werk aangaat met de hiphopcultuur is vaak impliciet, maar nooit ver weg. Sommige van
zijn schilderijen en tekeningen doen sterk denken aan de
schreeuwerige advertenties uit tijdschriften als *The Source*,
waarin rappers hun kilo's sieraden steevast nog even door
Photoshops fonkelfilter gooien en hun blik op ultrastoer zetten:
helemaal het mannetje, maar vaak zó het mannetje dat ze erbij
staan als een parodie op de representatie van de stoere gangster
die ze voor ogen hadden. Aan de ene kant serieus, clownesk
aan de andere, geslaagd en mislukt tegelijkertijd. Het is precies
deze schizofrenie die altijd, als een intrinsieke kwaliteit, in Van

Lieshouts werk zit opgesloten. De mislukking is bij hem een
onderdeel van het succes van een werk.

Ook letterlijk schizofreen, zoals Kool Keith van rol wisselt
als Dr. Octagon, Mr. Gerbik, of Dr. Dooom, is Van Lieshout net
zo makkelijk een MC in Ghana, een R&B-ster in Mexico, of
een gangstarapper die een auto *jackt* in de straten van Berlijn.
Hiphop is een rollenspel, een toneelstuk waarin identiteitswis-
selingen en megalomane overdrijving het uitgangspunt vormen;
een complexe context van dubbelzinnigheden en omkeringen
waarbinnen Van Lieshout zonder enige moeite zijn weg vindt,
als een stuiterende *lowrider* in de straten van Long Beach of de
getto's van Compton. Subversief, puberaal en politiek incorrect,
maar ook liefdevol, toegewijd en *true to the game*. Hij reali-
seert zich dat hij de underdog is, het blanke ventje uit Brabant
dat zich de exotische cultuur toeëigent, en gebruikt deze positie
om te spelen met de stringente codes en conventies die hiphop
kenmerken. Al plagend en provocerend morrelt hij aan de fun-
damenten, legt de clichés onder een vergrootglas en saboteert
op vaak hilarische wijze voor de hand liggende interpretaties.
De krakkemikkige *boomcar* in *Lariam*, de lullige verkleedpartij
in *EMMDM*, schilderijen en tekeningen van een net niet helemaal flitsende Puff Daddy of andere coryfeeën: de context en
referenties zijn duidelijk. Door de *deadpan* humoristische
manier waarop Van Lieshout zijn onderwerpen uitwerkt en de
constante reflectie ten opzichte van zijn rol, relativeert hij de
realness-claims van de hiphoppers; zijn authentieke enthousias-
me voor de muziek zorgt ervoor dat hij hen nooit ridiculiseert.
Juist deze relativering ontbreekt bij het gros van de MTV-

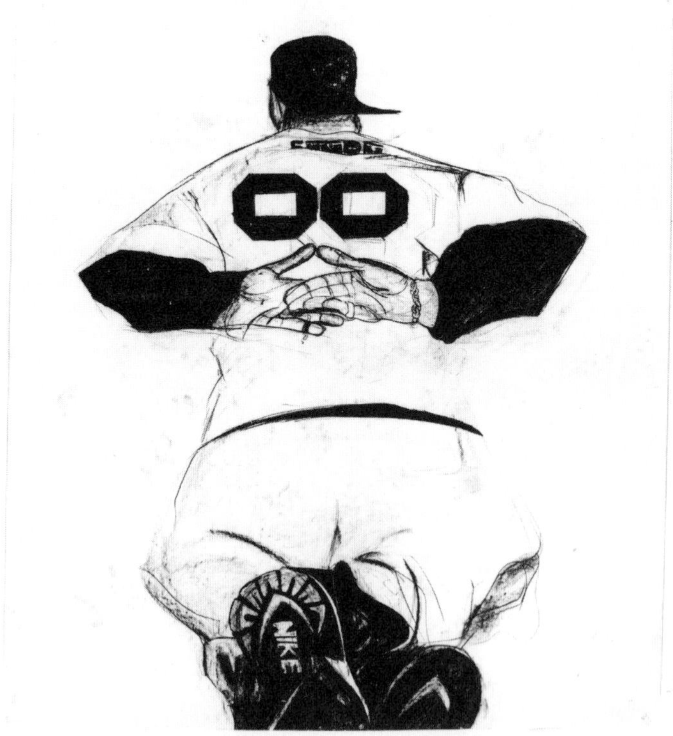

<u>EMMDM, 1999</u>
<u>conté op papier / conté on paper, 200 x 150 cm</u>
<u>collectie / collection Museum Boijmans Van Beuningen,</u>
<u>Stadscollectie Rotterdam</u>

Xander Karskens

Abstract Gangsterism
Erik van Lieshout and Hip-Hop Culture

For those of you who aren't familiar with the phenomenon of hip-hop, here is a quote from Ice Cube, legendary front man of one of the genre's earliest success stories, the popular West Coast gangsta rappers NWA (Niggaz With Attitude). It comes from the group's essential track *Gangsta Gangsta*: 'Life ain't nothin' but bitches and money.' This dates from 1988, the year that the genre reached a plateau of maturity with landmark albums from New York rappers Public Enemy and Boogie Down Productions, and *Straight Outta Compton* by NWA from sunny, sexy LA. With crude language, cartoony outbreaks of violence, macho bravura and unabashed hedonism, it is, in short, the music for which the moral guardians in the US came up with the 'parental advisory' sticker. It is not so unusual that so much explicit misogyny, so much rage about police brutality and the establishment's oppression of the ghetto population produced such highly charged tracks (the energy that good hip-hop conveys is unmatched); what is surprising is the enormous global following that this typically black American street culture has gained since then – primarily among relatively well-off white youngsters. Black and ghetto have become synonymous with cool, streetwise and flamboyant. And let's be honest: what youngster doesn't want to be like that?

The notion of whites following this typically black popular culture still takes some getting used to. Anyone who still remembers the fated white rapper Vanilla Ice, knows how it can go embarrassingly wrong. Eminem, on the other hand, seems to have the right idea: he exploits his own street background, he is legitimate, and he never uses words like *nigga* in his raps – just about the most common term within the black hip-hop idiom. The dogmas within hip-hop are law, and the dividing line between what is acceptable or not is a thin one, especially for the outsider. If you don't dance funky enough just once, then it's all over.

'You like to exaggerate, dream and imaginate'
– Rakim, *I Ain't No Joke* (1986)

There is nobody who treads this borderline more skilfully than Erik van Lieshout. The relationship that his work enters into with hip-hop culture is often implied, but it is never far away. Some of his paintings and drawings are strongly reminiscent of the flashy adverts in magazines like *The Source*, in which rappers invariably toss their pounds of jewelry through a Photoshop 'sparkle' filter and fix their expression on ultra-tough: the real man, but often so much a real man that they look like a parody of the representation of the tough gangster that they had in mind. On the one hand it is serious, clownesque; on the other, a simultaneous success and failure. It is precisely this schizophrenia that is always implicit in Van Lieshout's work, like an intrinsic quality. For him the fiasco is a component of the success of a work.

It is also schizophrenic in a literal sense, in the same way that rapper Kool Keith changes character into Dr. Octagon, Mr. Gerbik or Dr. Dooom, Van Lieshout just as easily transforms himself into an MC in Ghana, an R&B star in Mexico, or a gangsta rapper who *jacks* a car in the streets of Berlin. Hip-hop is theatre, a staged performance in which changes of identity and megalomaniac rantings are the fundament; a complex context of ambiguities and inversions through which Van Lieshout wends his way without the slightest difficulty, like a bouncing *low-rider* on the streets of Long Beach or the ghettos of Compton. He is subversive, juvenile and politically incorrect, but also affectionate, dedicated and *true to the game*. He realizes that he is the underdog, the white guy from the Dutch countryside who has appropriated an exotic culture, and he takes advantage of this position to play with the stringent codes and conventions that are hip-hop's signature. Teasing and provocative, he tampers with the fundamentals, places the clichés under a magnifying glass and sabotages the obvious interpretations in an often hilarious fashion. The rickety *boom-car* in Van Lieshout's *Lariam* video, the ridiculous fancy-dress party in his *EMMDM*, paintings and drawings of a not quite completely dazzling Puff Daddy or other stars: the context and references are obvious. Thanks to the deadpan, humoristic manner in which Van Lieshout works up his subject matter and the constant reflection regarding his own role, he puts the realness claims of the hip-hoppers in perspective; his authentic enthusiasm for the music ensures that he never ridicules them. It is this very perspective that is lacking in the bulk of MTV's hip-hop videos, which are primarily intriguing for their aesthetic and thematic homogeneity – what a breath of fresh air it would be were just

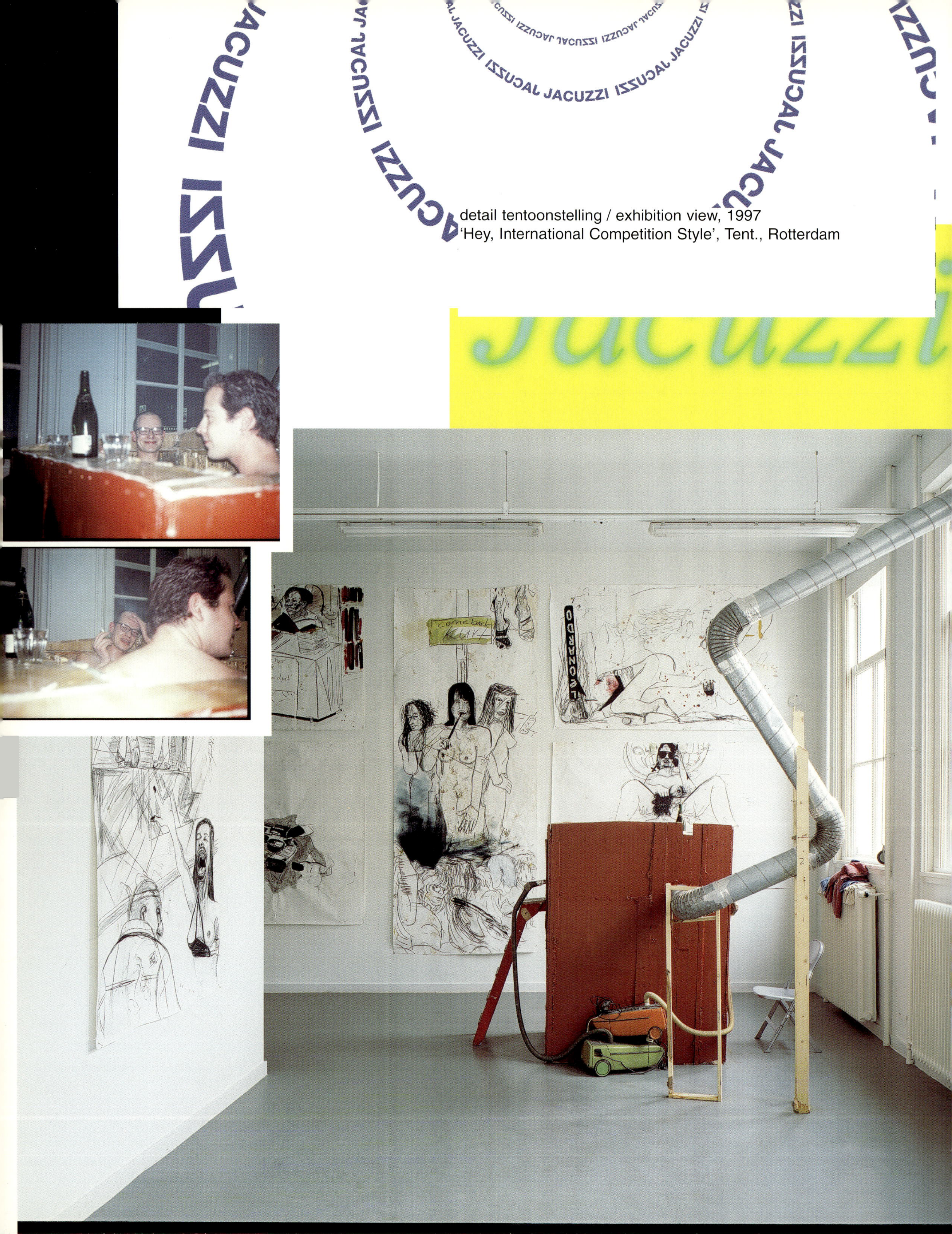

detail tentoonstelling / exhibition view, 1997
'Hey, International Competition Style', Tent., Rotterdam

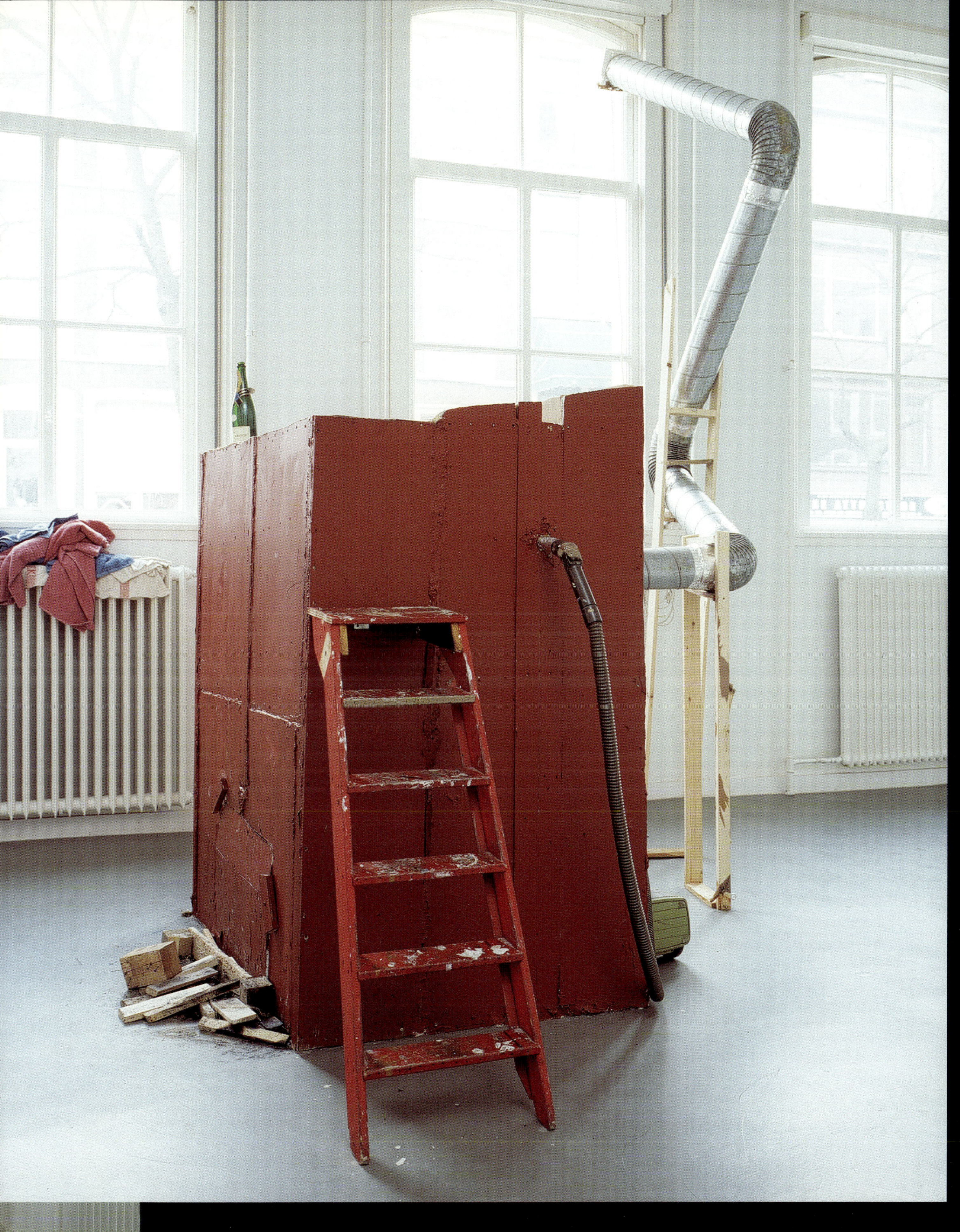

hiphopclips, die vooral fascineren door hun esthetische en thematische homogeniteit – wat zou het een verademing zijn tussen dit oogstrelende gladgestreken geweld een van Van Lieshouts video's te zien langskomen.

'And up in yo bitch is where you might find me'
– Snoop Doggy Dogg, *Who Am I ?* (1993)

Binnen de hiphopcultuur spelen vrouwen een grote rol. Of een grotendeels ondergeschikte rol, het is maar hoe je het bekijkt: het getto kent een strikte hiërarchie, waarin de mannen de dienst uitmaken. De *dawgs* bevechten elkaar op uiterlijk vertoon, mannelijkheid en territoriumdrift, hun *bitches* zijn de prijs voor de verworven macht en status. Zet op een willekeurig moment MTV eens aan: grote kans dat je midden in een champagne-Lexus-tieten-hiphopclip valt waarin de rapper aanbeden wordt door een leger schaarsgeklede vrouwen. *Big pimpin' y'all*. Hiphop, macht en seks zijn op een even basale als onlosmakelijke manier met elkaar verweven. De grens met pornografie wordt zo nu en dan overschreden; rapper Sun Doobie startte begin jaren negentig een carrière als pornoacteur, en ook Snoop Dogg bracht onlangs zijn eerste pornofilm uit (overigens niet als acteur, maar als *host*).

De pornografische invloeden in het oeuvre van Erik van Lieshout hebben de funk, het ritme, de energie van een pompende Westcoast-*banger*. Zijn vrouwen zijn net als de vrouwen in de gemiddelde hiphopclip zowel cool als opwindend, ongeïnteresseerd en aantrekkelijk tegelijk. Van Lieshout laat hen doen wat je hen stiekem op de achterbank van die limousine zou willen zien doen, of aan de rand van dat zwembad bij die belachelijk grote villa. Hij geeft vorm aan wat eigenlijk niet mag, stelt de grenzen van de goede smaak op de proef; hij meet zich brutaal de rol van *player* aan en doet wat hij wil. De onaantastbare 'fuck you'-houding van de hiphopper. Uitstraling is alles, saaiheid de grootste zonde. Ook in deze werken brengt Van Lieshout een eenduidige uitleg aan de hand van hiphop-esthetiek aan het kantelen. Zijn vrouwen zijn vaak *bitches* in de hiphop-betekenis, maar zonder de gebruikelijke formele gladheid: *jiggy* op een rauwe manier, voorzover dat mogelijk is. Boven alles is het de identificatie met de hiphopmentaliteit die uit Van Lieshouts werk naar voren komt. Tegendraads en uitdagend, barstensvol energie, enigszins verongelijkt, altijd prikkelend. Zoals goede hiphop je hoofd onweerstaanbaar op en neer doet knikken, overrompelt de kunstenaar de beschouwer met humoristisch, brutaal werk, waarin het gevoel-van-de-straat altijd aanwezig is. *Keeping it real* met een knipoog, een gangstarapper met een klappertjespistool.

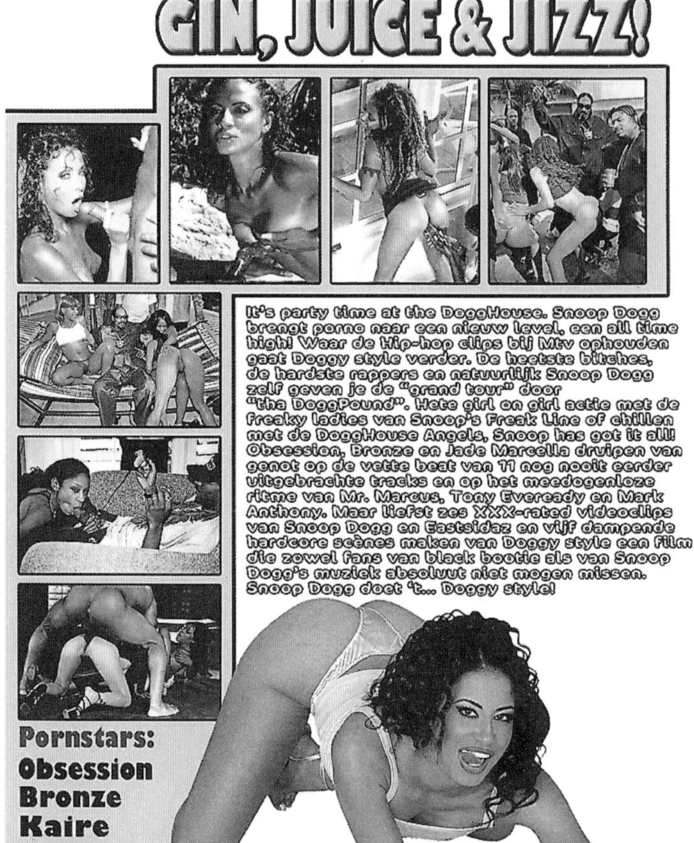

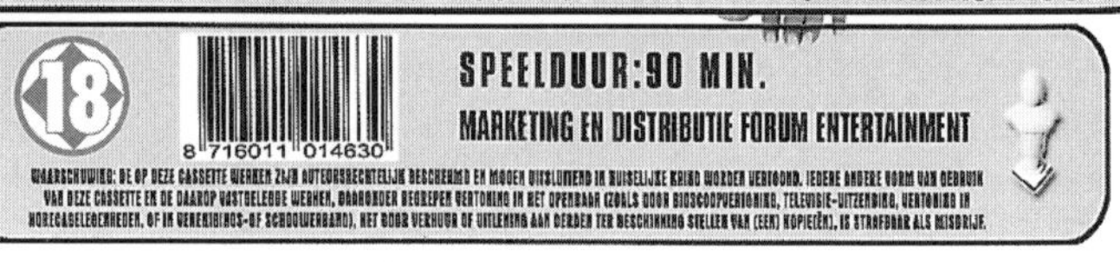

one of Van Lieshout's videos to be played in the midst of this slick, eye-candy violence.

'And up in yo bitch is where you might find me'
- Snoop Doggy Dogg, *Who Am I ?* (1993)

Women play a big role within hip-hop culture. Or a predominantly subordinate role, depending on how you look at it: the ghetto is ruled by a strict hierarchy within which it is men who call the shots. The *dawgs* fight with each other with their ostentatious posturing, manliness and territorial claims; their *bitches* are the prize for the power and status gained. Switch to MTV at any random moment: there is a big chance that you will fall into a champagne-Lexus-tits and hip-hop video clip, the rapper being worshipped by a bevy of scantily clad women. *Big pimpin' y'all*! Hip-hop, power and sex are bound up with each other in a way that is as basic as it is inextricable. The threshold with pornography is occasionally

crossed: in the early 1990s, rapper Sun Doobie set out on a career as a porn actor, and Snoop Dogg recently released his first porn film (acting as 'host', not as an actor).

The pornographic influences in the work of Erik van Lieshout have the funk, the rhythm and the energy of a pumping West Coast *banger*. Just like the women in the generic hip-hop video, the women Van Lieshout portrays are cool and provocative, disinterested and attractive, at one and the same time. He has them act out what you might like to see them doing surreptitiously on the back seat of that limousine, or on the edge of that swimming pool next to that ridiculously massive villa. He gives form to what is in fact beyond the pale, putting the bounds of good taste to the test; he brazenly assumes the role of *player* and does whatever he wants. He adopts the unassailable 'fuck you' attitude of the hip-hopper: attitude is everything, dullness the biggest sin. Van Lieshout also brings into question an unambiguous reading of the hip-hop aesthetic in these 'pornographic' paintings and drawing. His women are often *bitches* in the hip-hop sense, but without the usual formal slickness: *jiggy* and raw, to the extent that is possible.

The identification with the hip-hop mentality is what stands out in Van Lieshout's work. It is contrary and defiant, brimming with energy, slightly aggrieved, and always provocative. In the same way as you cannot stop your head nodding up and down in time with good hip-hop, the artist overwhelms the viewer with humorous, brazen work that always captures the feel of the street. *Keeping it real* with a wink, a gangsta rapper with a toy pistol.

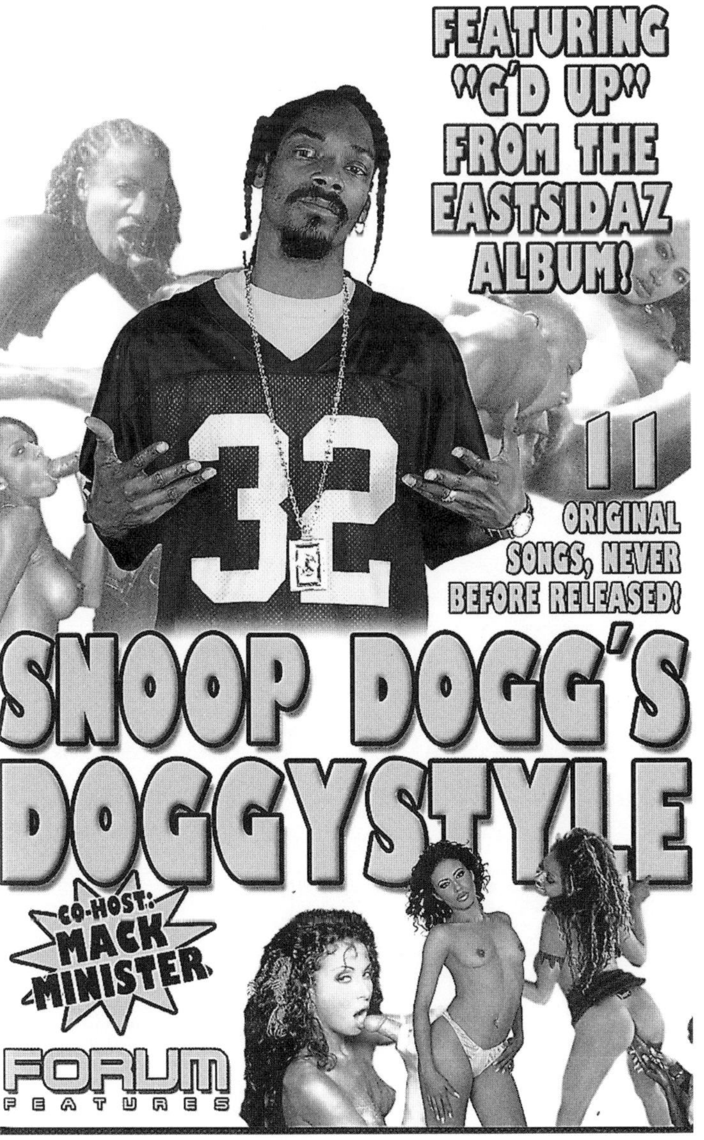

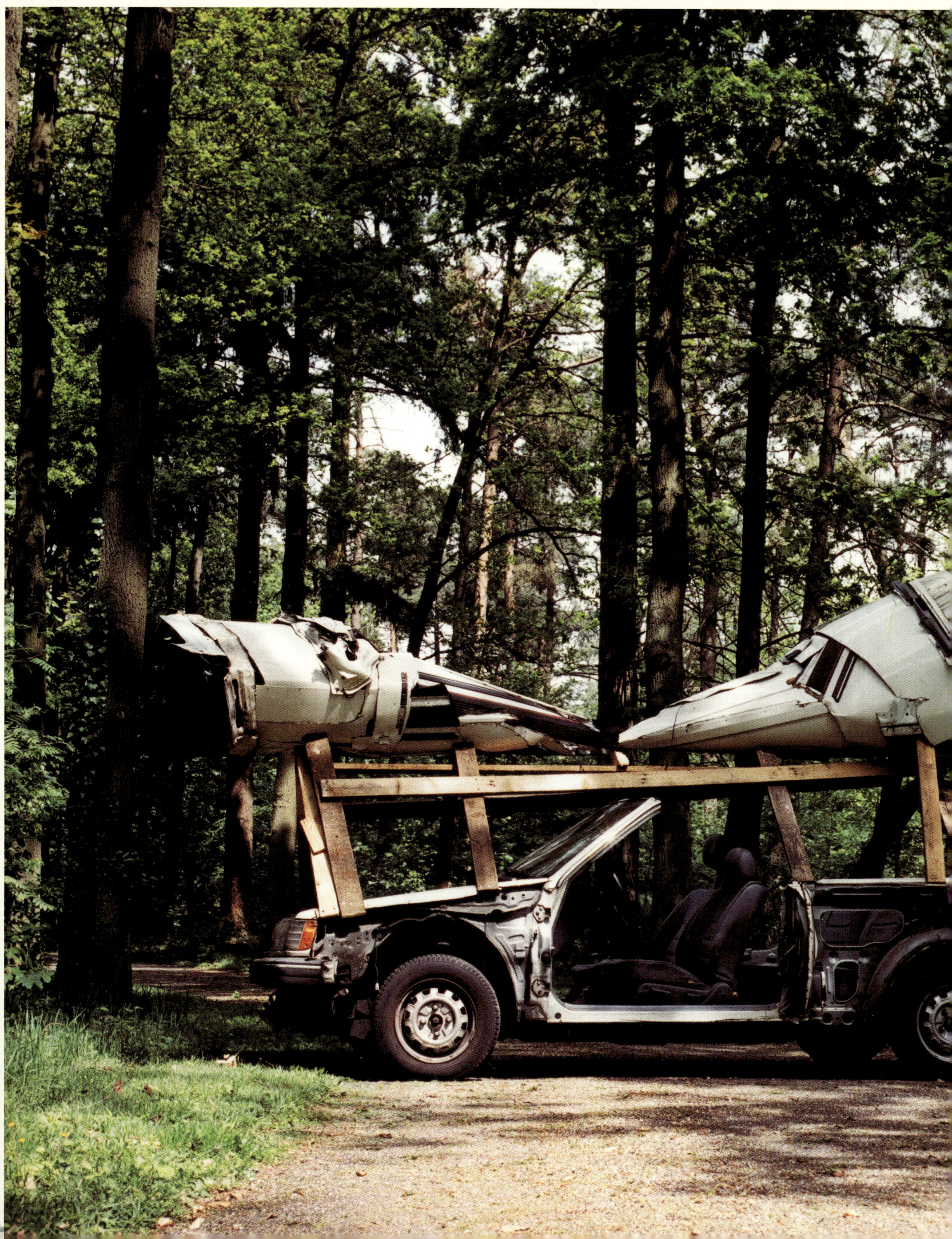

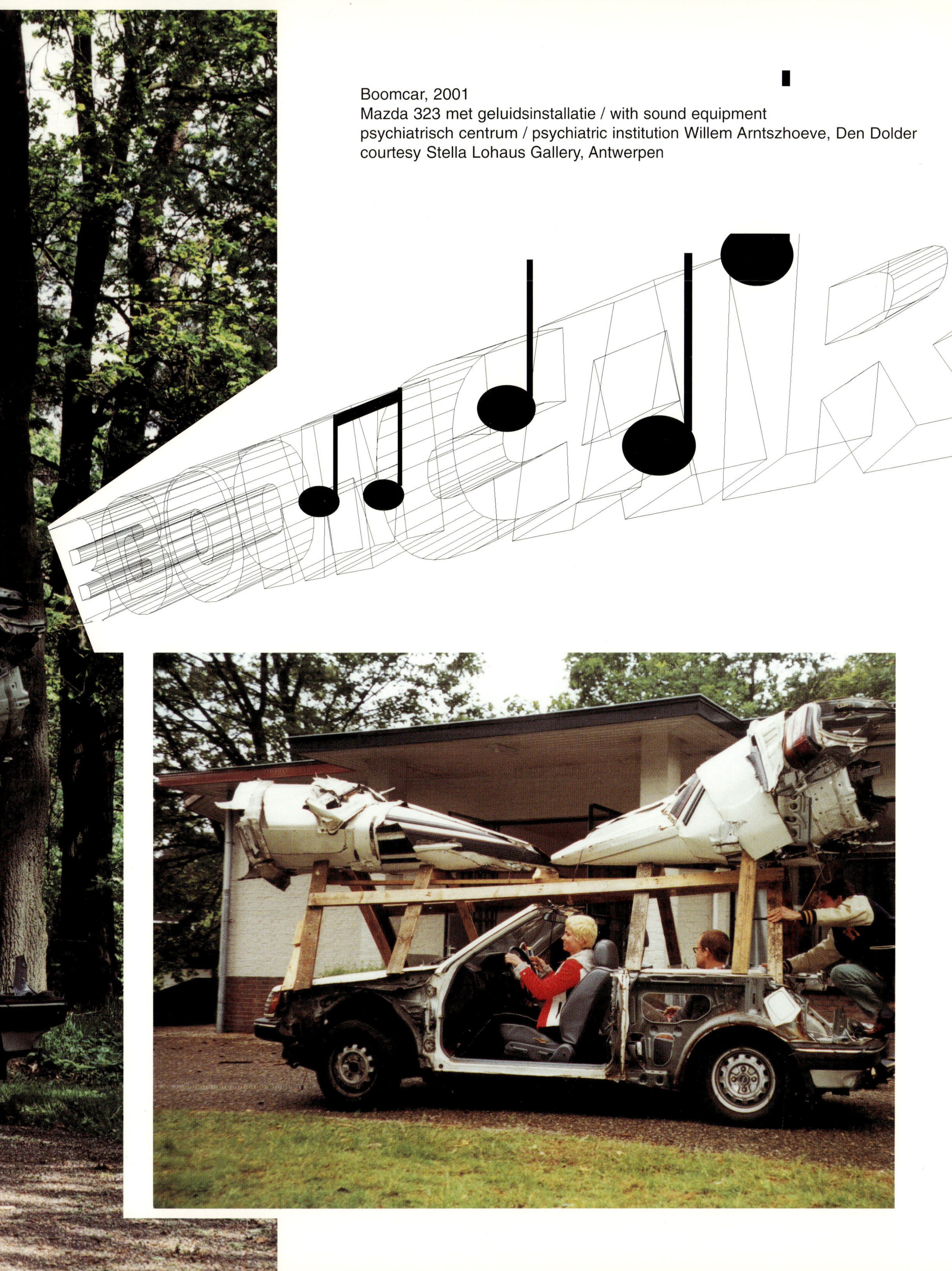

Boomcar, 2001
Mazda 323 met geluidsinstallatie / with sound equipment
psychiatrisch centrum / psychiatric institution Willem Arntszhoeve, Den Dolder
courtesy Stella Lohaus Gallery, Antwerpen

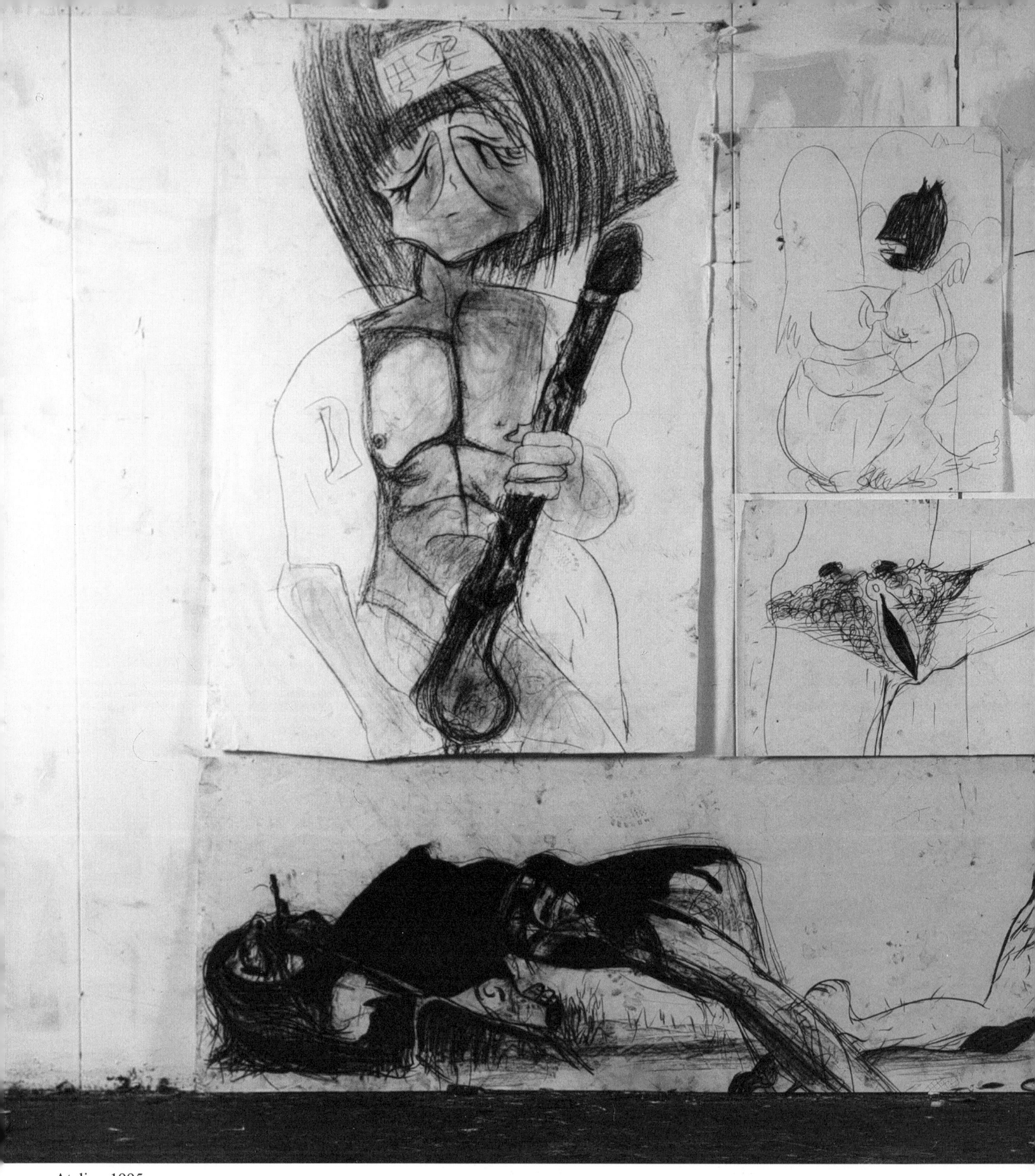

Atelier, 1995

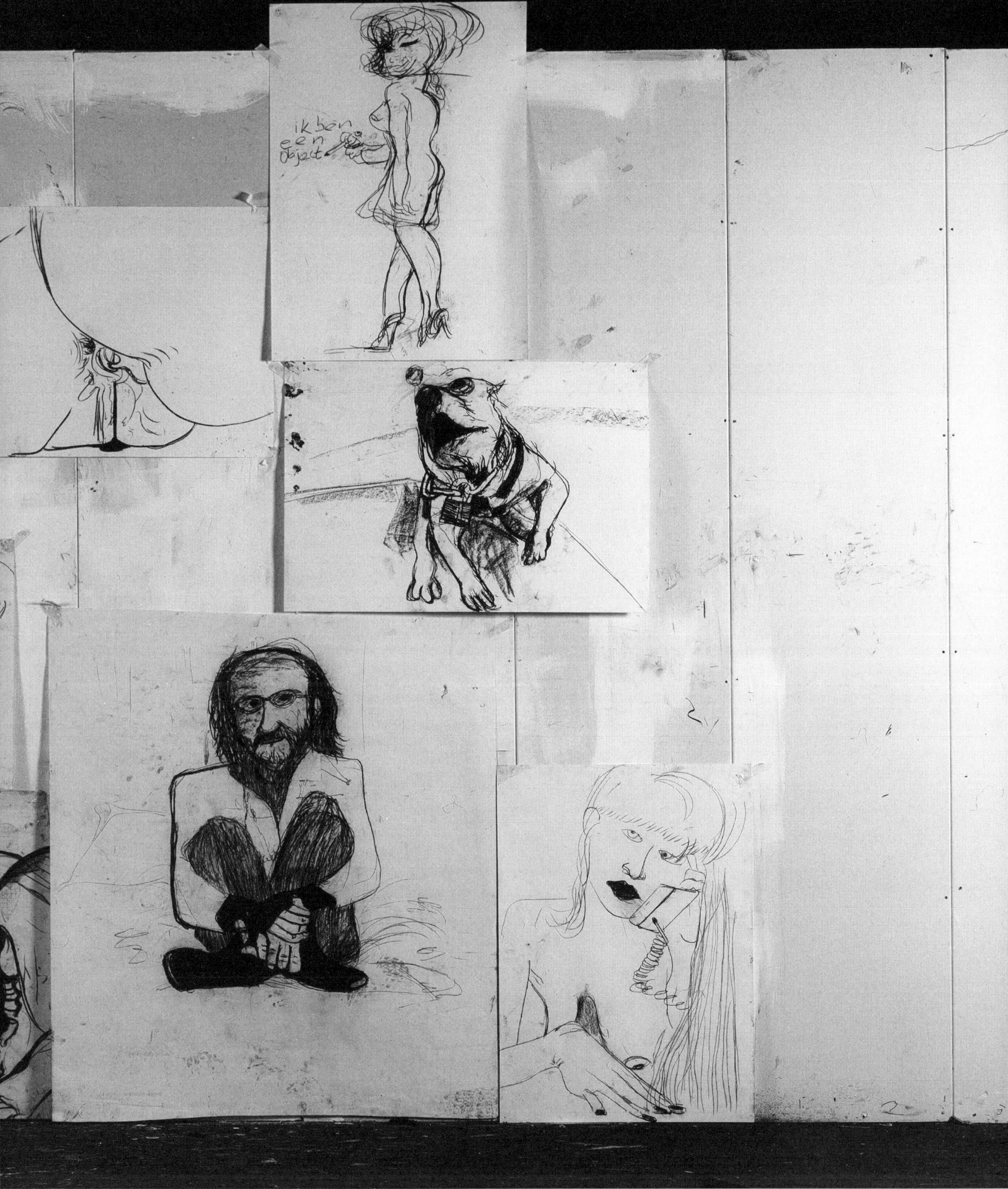

Studio, 1995

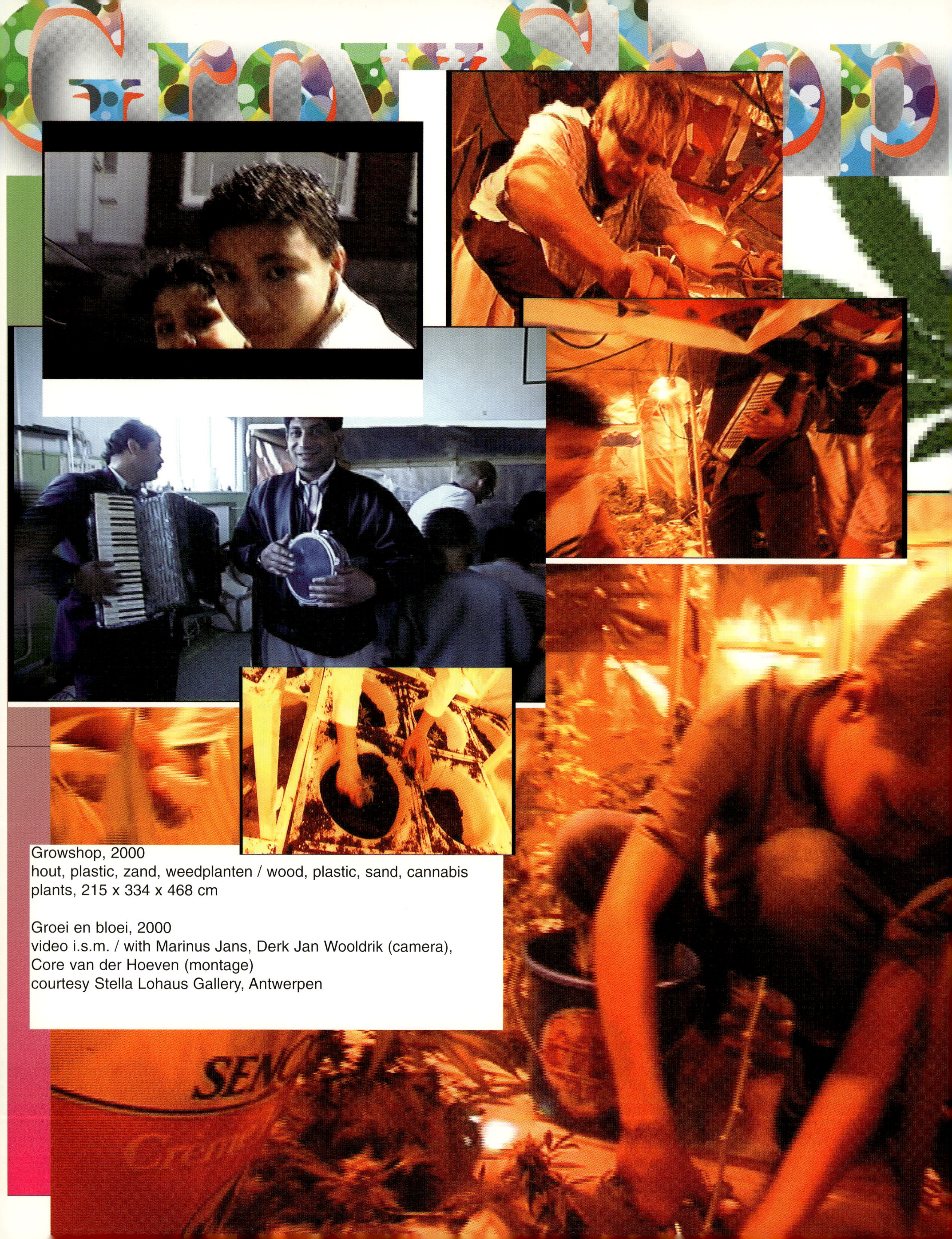

Growshop, 2000
hout, plastic, zand, weedplanten / wood, plastic, sand, cannabis
plants, 215 x 334 x 468 cm

Groei en bloei, 2000
video i.s.m. / with Marinus Jans, Derk Jan Wooldrik (camera),
Core van der Hoeven (montage)
courtesy Stella Lohaus Gallery, Antwerpen

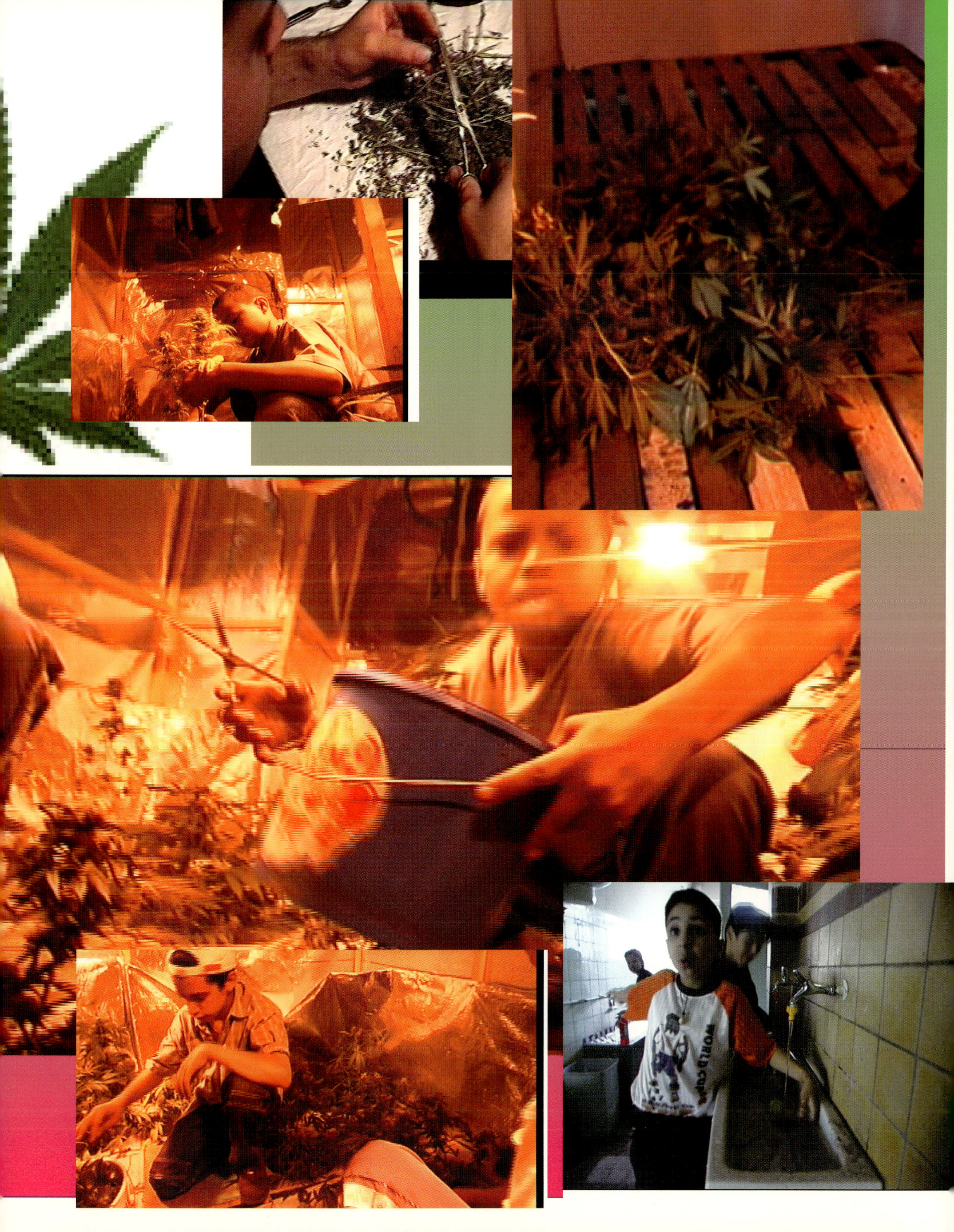

Catrin Backhaus

Meer graaien dan voelen: expedities naar het mateloze

'Taste it', staat er in witte letters op een rode achtergrond te lezen op de meer dan twee meter hoge tekening van een bloedmooie vrouw. Haar lange steile haar valt als een sluier, uit haar ooghoeken daalt een blik schuin neer, ze tilt haar T-shirt omhoog en toont haar borsten. Daarop staan een vork en – in plaats van een bord – een geopende vulva getatoeëerd. In een hoek van het blad is piepklein dezelfde vrouw te zien, wulps glimlachend in een biechtstoel, met een sigaret in haar hand, benen over elkaar geslagen. Door een geel gegrond traliehek is zij gescheiden van de dwergachtige, met kruisen behangen priester. Er ontbreekt iets elementairs aan de situatie: niet de erotiek, daarvoor tekent Erik van Lieshout veel te goed. De boezem is natuurlijk, aanlokkelijk en zacht, ook het detail van de hemdslip tussen de tanden klopt. De illusie wordt verstoord door de tatoeage: die is erg vlak, ligt bovenop de huid, alsof hij slechts een schets is op een tekening van een lichaam, een commentaar, net als de zo treffend geplaatste titel van dit werk uit 2000: *Taste it*. Het is verleiding weergegeven zonder enig

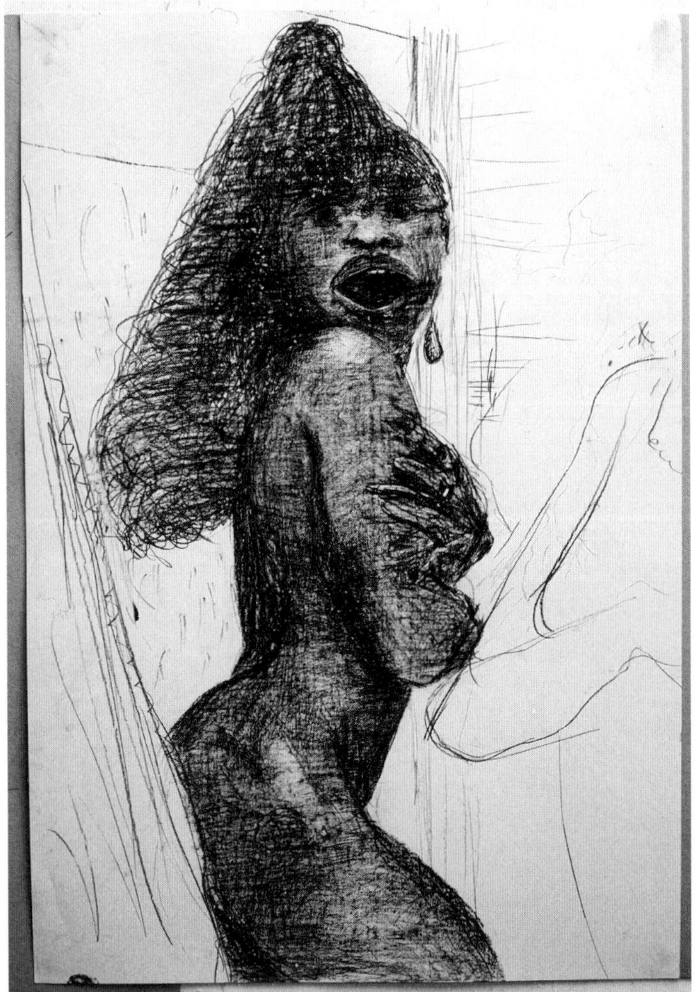

Sonja, 1993
conté op papier / conté on paper, 100 x 70 cm
particuliere collectie / private collection

taboe, zonder ironie of overdrijving, maar pornografisch is het niet.

Een man komt thuis, doet de deur open en ziet dat alle vrouwen opeens bij de Taliban zijn. Erik van Lieshouts humoristische plaatje geeft het ogenblik letterlijk weer, maar beeldt de verrassing, de schrik en de humor niet uit. Een man met een baard die thuiskomt van kantoor staart een vertrek binnen waar zich onder een aan het plafond bungelende gloeilamp drie gesluierde gedaantes hebben geschaard. Op hun achterwerk en buik hebben ze vormeloze bulten, als een verschoven zwangerschap, bij een van de burqua's schijnen onverwacht de borsten door, voor hun hoofd hebben ze allemaal een kijkspleet als een censuurbalk. Het ongemakkelijke tafereel ontbeert een pointe – het is onmogelijk te zeggen waar die verloren is gegaan, alles is er immers, de lichte lijnvoering, het groteske, de angst, het seksuele en veel smakeloosheid. De grap klinkt alsof hij verteld wordt aan Dr. Freud en dan wordt er niet gelachen, maar geanalyseerd.

Wat een lol. Drie mensen in een auto, gammele oude meubels op het dak. Het lijkt haast vanzelfsprekend dat ze kartonnen dozen op hun hoofd hebben, met trieste kijkgaten daarin. Pas op, nu komt het: voor zich zien ze een zilvergrijze Mercedes waar twee coole negers inzitten. De auto wordt hen afgepakt, en ook de dure kleren, de rappers staan bloot op straat en een volkomen van gedaante veranderde groep – twee coole negers met een sexy vriendin – rijdt weg onder begeleiding van luide muziek. Onder de kartonnen dozen had het drietal zwarte afro-pruiken, hun zwart geschminkte gezicht en zelfs een complete travestietenoutfit verborgen. Deze korte video, getiteld *EMMDM* (1999), wordt vertoond in een kartonnen doos, een laag kamertje van met paktape aan elkaar geplakte stroken karton. Zo ook *Lariam* (2001), een videoclip die door Erik en twee vrienden in Afrika is geproduceerd en waarop negers onder hun leiding de bijsluiter van een malariamedicijn rappen. De video *Groei en bloei* (2000) speelt zich daarentegen zelf in een kist af, een broeikas van latten en zilverkleurig isolatiemateriaal, waarin de jongens cannabis verbouwen. Als in een documentaire zijn we getuige van het hele proces van zaaien tot oogsten. De eeuwige cyclus vindt zijn hoogtepunt in een oogstfeest, compleet met papieren slingers. Twee of drie Marokkaanse kinderen worden van hun mountainbikes gehaald en gedwongen als landarbeiders te werken. Onder begeleiding van accordeonklanken van een groep volksmuzikanten moeten ze met grote scharen de bloeiende planten afknippen. Ten slotte wordt al het spul in een reusachtige waterpijp opgerookt, het witte kunststof vat van de pijp ziet eruit alsof het van een plastic jerrycan gemaakt is, of van plantenpotten die niet meer nodig waren. Voor de spetterende finale worden natuurlijk echte negers uitgenodigd, de hiphop dendert.

Even energiek en spontaan als de enscenering moeten we ons de *postproduction* voorstellen. In de studio wordt er naar believen muziek onder geplakt. De montage wisselt dromerige versnelde sequenties van groeiende plantjes, begeleid door een zachte vrouwenstem, af met het belachelijke opschepperige

Catrin Backhaus

More Groping than Grasping: Expeditions in Excess

'Taste it' say the white letters on a red ground over a six-foot high drawing of a very young woman. Her long, straight hair tumbling like a veil, she casts a downward, sideways glance as she lifts her tee-shirt to show her breasts. They are tattooed with a picture of a fork and, instead of a plate, an open vulva. In the corner is another tiny picture of the same woman sprawling lasciviously in a confessional box, legs casually crossed, cigarette in hand, with only a yellowish grille separating her from the dwarf-like priest wearing a crucifix. There is something crucial missing in this situation, and it isn't eroticism, because Erik van Lieshout is far too skilled. The breasts are natural, appealing and soft, and even the detail of the way a piece of the tee-shirt is snapped between the teeth is just right. It is the tattoo that disturbs the illusion; it is quite flat, as though floating on the skin, like a drawing superimposed on the drawing of a body. It makes a statement, as does the aptly chosen title of this work from the year 2000, *Taste it*. It is temptation told without taboo, with neither irony nor exaggeration, but it is not pornographic.

A man comes home, opens the door, and sees that all the women have joined the Taliban. Erik Van Lieshout's tongue-in-cheek picture pinpoints the moment, but does not show the surprise, the shock, the comic side of it. A man with a beard arriving home from the office, staring into a room lit by a dangling naked light bulb, beneath which are three shrouded figures. They have distorted lumps and bumps on their backsides and bellies, like out-of-kilter pregnancies. Breasts are unexpectedly highlighted by a burqa. All of them have eye slits to see through, like the censoring black-outs of the print media. There is no punch-line to this awkward scene, and where it might be is anybody's guess. It's all there – the fine line, the grotesque, the fear, sexuality and any amount of tastelessness. Like a joke being told for Dr Freud – not played for laughs but for serious reflection.

What fun – three in a battered old car with shabby furniture on the roof. Aptly, they are wearing cardboard boxes over their heads, with melancholy peep-holes. Wait for it: now they see a big silver Mercedes with two cool Blacks inside. They get car-jacked and stripped of their cool clothes. The rappers are left standing naked on the street – and a totally transformed group of two cool Blacks plus sexy girlfriend drive off to the sound of mega music. Under the cardboard boxes the three of them had Afro wigs, black ened faces and even a complete transvestite outfit – they can really strut it now. The short video *EMMDM* (1999) is shown in a box, in a little chamber constructed of cardboard strips held together with sticky tape. So is *Lariam* (2001), which is more like a music clip. Produced by Erik and two friends in Africa, it features Blacks rapping the text of an anti-malaria pack insert under their direction.

The video *Groei en Bloei* (2000), by contrast, actually takes place in a box – a greenhouse made of slats and silvery insulating material, in which the lads cultivate their cannabis plants. As in a documentary film, we see them going through all the motions from sowing to harvesting. The eternal cycle culminates in a harvest festival complete with paper decorations. Two or three Moroccan children are dragged from their mountain bikes as slave labour and forced to cut the blossoming plants with huge shears to the sounds of folk musicians playing accordion. Finally, the whole stash is smoked away in a huge waterpipe whose white plastic body may well have been put together using a petrol canister or perhaps even the plant pots. Needless to say, the excessive finale involves Blacks and loud Hip Hop.

The post-production of these video images is no less catchy and spontaneous: in the studio, music is added any way it fits. The montage cuts from dream-like speeded-up scenes with the plants growing to the sound of gentle female voices to street-scenes of ridiculously self-important drug bosses on the street. They are even wearing rubber masks that look like turn-of-the-century

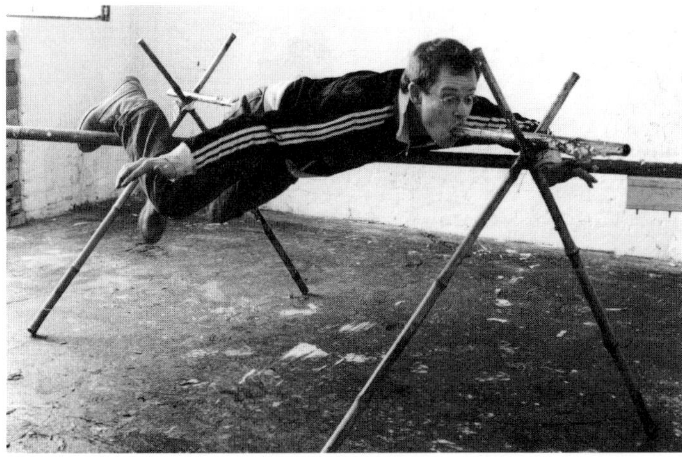

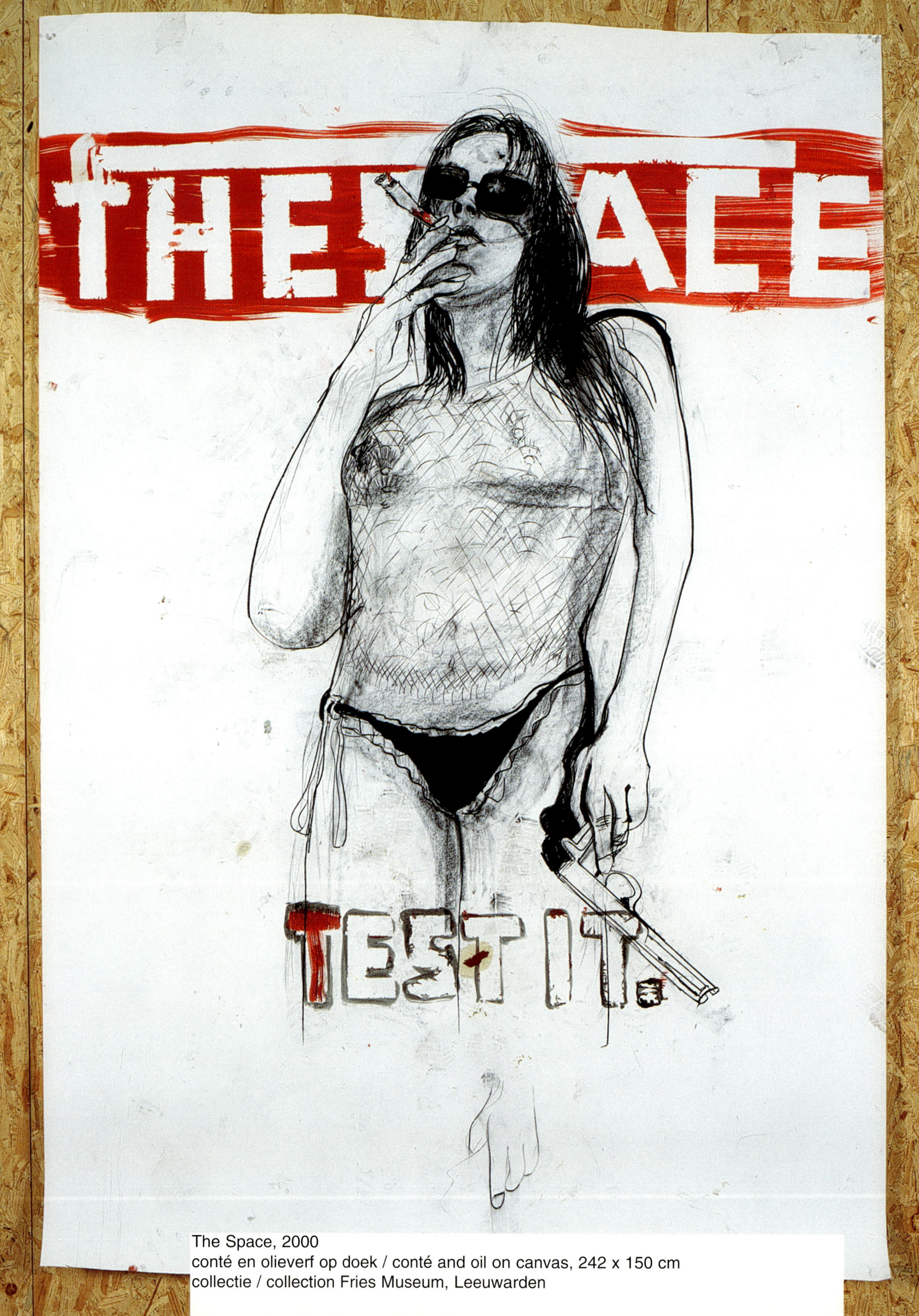

The Space, 2000
conté en olieverf op doek / conté and oil on canvas, 242 x 150 cm
collectie / collection Fries Museum, Leeuwarden

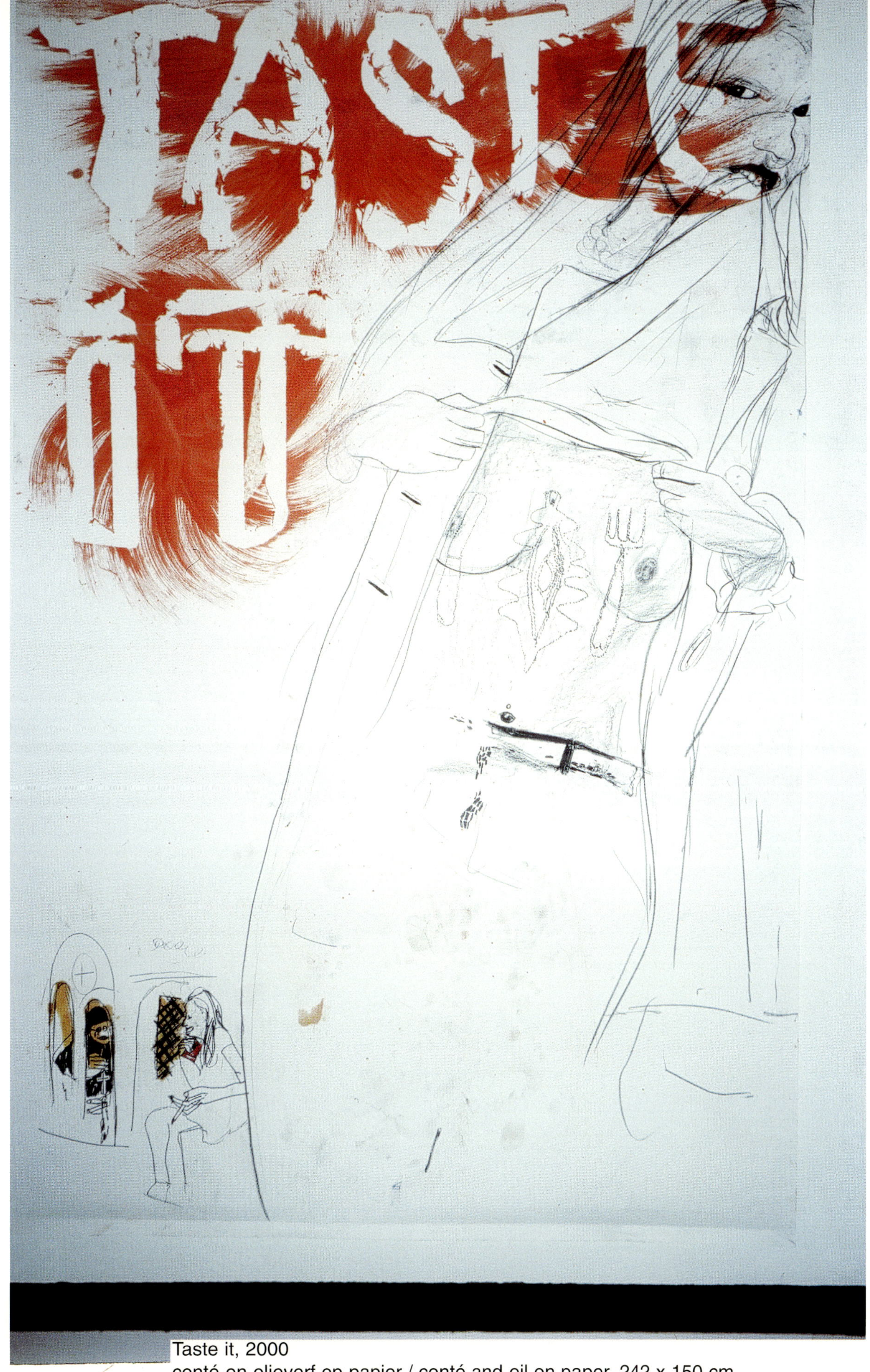

Taste it, 2000
conté en olieverf op papier / conté and oil on paper, 242 x 150 cm
courtesy Stella Lohaus Gallery, Antwerpen

gedoe van de zelfbenoemde drugsdealers op straat. Ze dragen zelfs rubbermaskers die doen denken aan de negerkarikaturen uit de negentiende eeuw. Racistische kwaadsprekerij omgevormd tot een carnavalsartikel: groteske reuzenlippen, ronde afstaande oren, uitpuilende ogen en vettig kroeshaar.

Slechts oppervlakkig doen deze acties denken aan andere groepsexpedities naar het mateloze die te vinden zijn in de kunstgeschiedenis: Dada, Fluxus, of de moeilijke, diepzinnige smakeloosheid van de Surrealisten. Ze zijn heftig en chaotisch, immer opgewekt: uit verveling gebouwde feestjes, een doelloze autorit door de straten van de stad. Ze vormen meer een peer group dan een kunstenaarscollectief, door het vanzelfsprekende begrip, de voorliefde voor dezelfde muziek, dezelfde films of dezelfde tijdschriften: het gaat om de juiste houding. Daarop vertrouwend is het plan niet het uitgangspunt, maar iets dat gaandeweg ontstaat. Motieven als pistolen, naakten, drugs of medicijnen worden geordend volgens patronen uit films, strips en videoclips. Dit alles wordt vermengd met datgene wat de radio, de televisie of de koppen in de krant net op dat moment uitschreeuwen: Taliban, bendeoorlog of brand – een kleurrijke jongenswereld vol actie.

Het komt wel eens voor dat bevriende vrouwelijke collega's weigeren zijn atelier te betreden. Een van hen kliederde na een tentoonstelling in Berlijn de plee vol met viltstift: 'Erik, kutschilder die je bent', luidde het verwijt. Een treffende observatie, maar zo uitgedrukt een pure afwijzing. Erik van Lieshout zelf noemt zijn tekeningen dan 'erg, heel erg' en hij heeft er moeite mee anderen de ongesorteerde stapels schetsen te laten doorbladeren; hij laat ze zien als een uitzonderlijk wrede daad van heel lang geleden. Verbaasd wijst hij zelf op de zonden tegen de goede smaak die hij op zijn geweten heeft, trots ook. Het is gemakkelijk te zeggen dat Erik van Lieshout geobsedeerd is, inderdaad: zijn enorme tekeningen, meestal levengrote

naakten, zijn bezaaid met houtskool vingerafdrukken, alsof hij ze overal betast heeft, zijn handen zijn nog helemaal zwart. Ook heeft hij op het papier gelopen, de grijze afdrukken van zijn gympen vormen een morsig ornament. Meer graaiend dan voelend voorziet hij verschillende lichamen van een fijne structuur. Hij legt slipjes en hemdjes op het vel en frotteert het tot het bloempatroon van het kanten ondergoed zich in fijne koolsporen aftekent op het papier.

Meerdere zware lijnen vormen de contouren van het ontblote vrouwenlichaam, alsof hij de vorm stukje voor stukje uit de laatste *Playboy* heeft uitgebeiteld. De duidelijke en expliciet realistische stijl is meer verwant met de cultstrip dan met de hedendaagse kunst, die eerder gebruik maakt van lichte kleuren, meer wit en tere contourlijnen laat zien, soms in een naïeve, bijna klungelige stijl. Van Lieshouts schreeuwende kleuren zijn intussen van plastic. Opgeplakte rechthoeken van plasticfolie in geel, oranje of camouflagemotief bakenen de lichaamscontouren af als grof gemonteerde collages.

Net als de geslachtsdelen die zich steeds weer aftekenen, rijgen de letters zich aaneen tot reeksen van omstreden begrippen. 'The Talibaan Study's Wife' is als in Chinees schrift van boven naar beneden langs de rand van het vel aangebracht. 'Osama Bin Laden' loopt dwars over de dildo die een mond binnendringt in het werk *Opblazen*. Vooral voor conceptueel denkende toeschouwers is dat verwarrend, het is letterlijk noch ironisch. Niets om je aan vast te klampen, niets om uit te leggen. Er is geen tweede laag die tussen het geschilderde en het vertelde schuift, alles schikt zich haast tautologisch.

Maar toch – geobsedeerd, obsessie, het klopt niet helemaal. Het zijn begrippen waarin zowel het geniale als het zieke doorklinken. Zowel zelfstandig naamwoord als bijvoeglijk naamwoord zijn excuses voor iedere smakeloosheid. Een obsessie hebben is als een ziekte: je draagt het in je mee, of je loopt het op. Anderzijds is een echte obsessie een waardevolle afwijking die authenticiteit garandeert en beschermt tegen oplichterij, ze lokaliseert alles wat gemaakt wordt binnenin de kunstenaars-

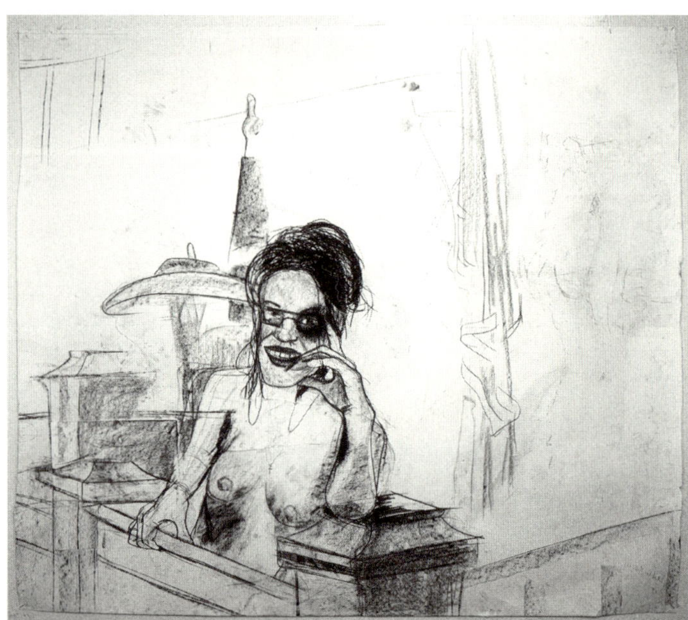

Zonder titel / Untitled, 1999
conté op papier / conté on paper, 150 x 169 cm
collectie / collection A. van Kempen, Tilburg

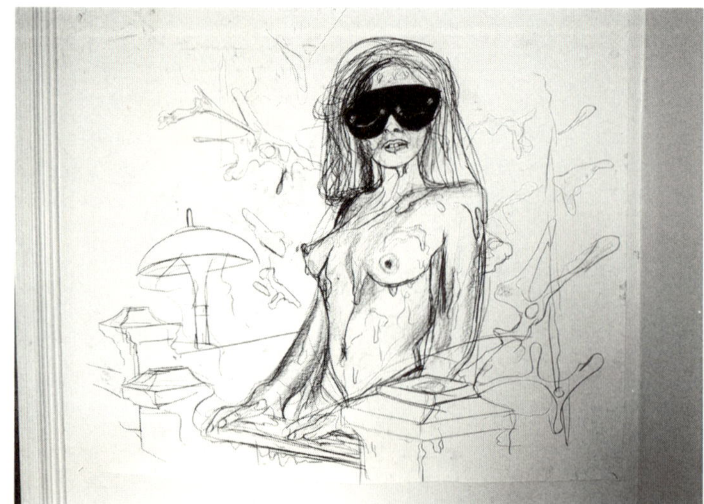

Zonder titel / Untitled, 1999
conté op papier / conté on paper, 133 x 150 cm
collectie / collection A. van Kempen, Tilburg

negro caricatures. Racism goes carnival:
grotesquely swollen lips, sticking-out ears,
bulbous eyes and greasy curly hair.

It is only superficially that these ac-
tions recall the other group expeditions
into excess that have been documented in the
history of art: Dada, Fluxus, or the pro-
foundly disturbing lapses of taste indulged
in by the Surrealists. They are wild, cha-
otic and dependably upbeat: a party trigger-
ed by afternoon boredom, an aimless joyride
through hometown streets. There is a sense
of peer group rather than of artists' col-
lective in their tacit understanding, their
shared musical tastes and their appreciation
of the same films or magazines: it's the
attitude that counts. Trusting in this, a
plan is not a starting point, but something
that takes shape in the process. Motifs such
as pistols, nudes, drugs, or medication are
structured by the patterns of films, comics
and video clips, and merged with anything
and everything that the radio, television,
or newspaper headlines just happen to be
screaming at the time: Taliban, gang war-
fare, fire – a lurid and action-packed youth
world.

Occasionally, female colleagues refuse to
enter the studio. One of them smeared the
toilet with felt-pen after an exhibition in
Berlin. She wrote 'Erik you cunt-painter'.
A perfectly apt observation, in fact, but
meant as unadulterated rejection. Erik van
Lieshout himself disparages his drawings as
'dire, absolutely dire', and is reluctant to
let others leaf through the unsorted piles
of sketches, which he presents like some
terrible deed from his distant past. He
points out the aberrations of taste of which

he is guilty, with astonishment – and pride.

It is easy to write that Erik van Lieshout
is obsessive, as indeed he is: his huge
drawings, most of them life-size nudes, are
covered in charcoal fingerprints, as though
he had groped them with his blackened hands.
He has even trampled around on the paper,
leaving the grimy ornament of his sneaker-
soles. More groping than grasping, he covers
many of the figures with a fine structure,
spreading items of underwear on the paper
and rubbing it until the lace underwear
leaves traces of fine charcoal frottage like
floral patterns on the paper.

His heavy line contours the naked female
body repeatedly as though he had hewn the
form gradually out of the latest Playboy
centrefold. The clear and explicitly real-
istic style is closer to that of cartoon art
than contemporary fine art, which tends to
be pale-toned, featuring lots of white space
and gently framing lines, sometimes in naïve
or clumsy style. Van Lieshout's lurid
colours are made of plastic these days.
Stuck-on vinyl rectangles in yellow, orange
or camouflage pattern delineate the body
outline like roughly assembled collages.

Like the repeated drawings of genitals,
the letters line up like chains of buzzwords
'The Talibaan Study's Wife' is aligned from
top to bottom like a Chinese script. 'Osama
Bin Laden' is written straight across the
dildo penetrating a mouth, in a drawing called *Opblazen* (Blow Up). This is particularly
confusing for conceptually-minded spectators,
for it is neither literal nor ironic. There
is nothing to grasp, nothing to explain.
There is no second level between that which
is painted and that which is narrated;
everything fits in almost tautologically.

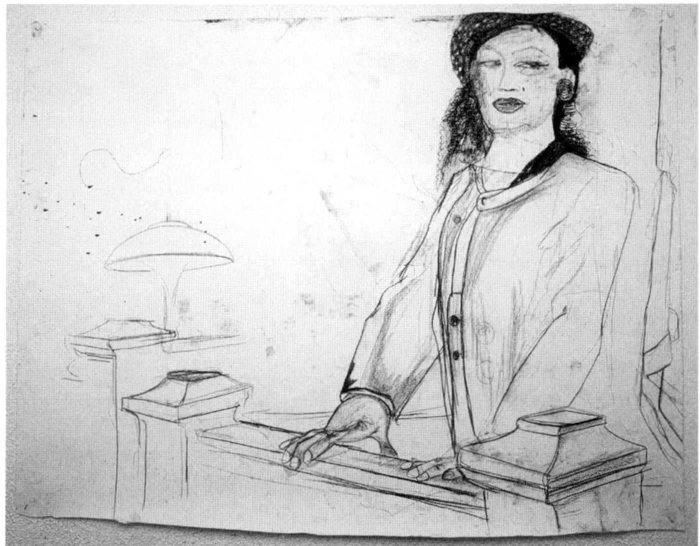

Zonder titel / Untitled, 1999
conté op papier / conté on paper, 121 x 141 cm
courtesy Stella Lohaus Gallery, Antwerpen

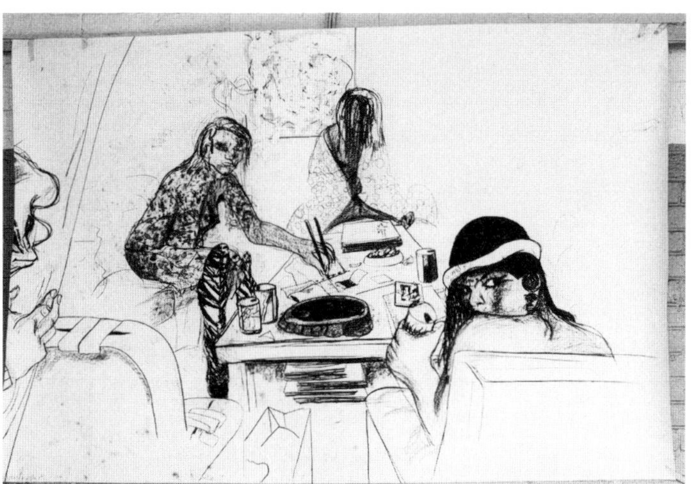

After the riot I, 1999
conté op papier / conté on paper 150 x 200 cm
collectie Advocatenbureau Swagemakers,
Oosterhout

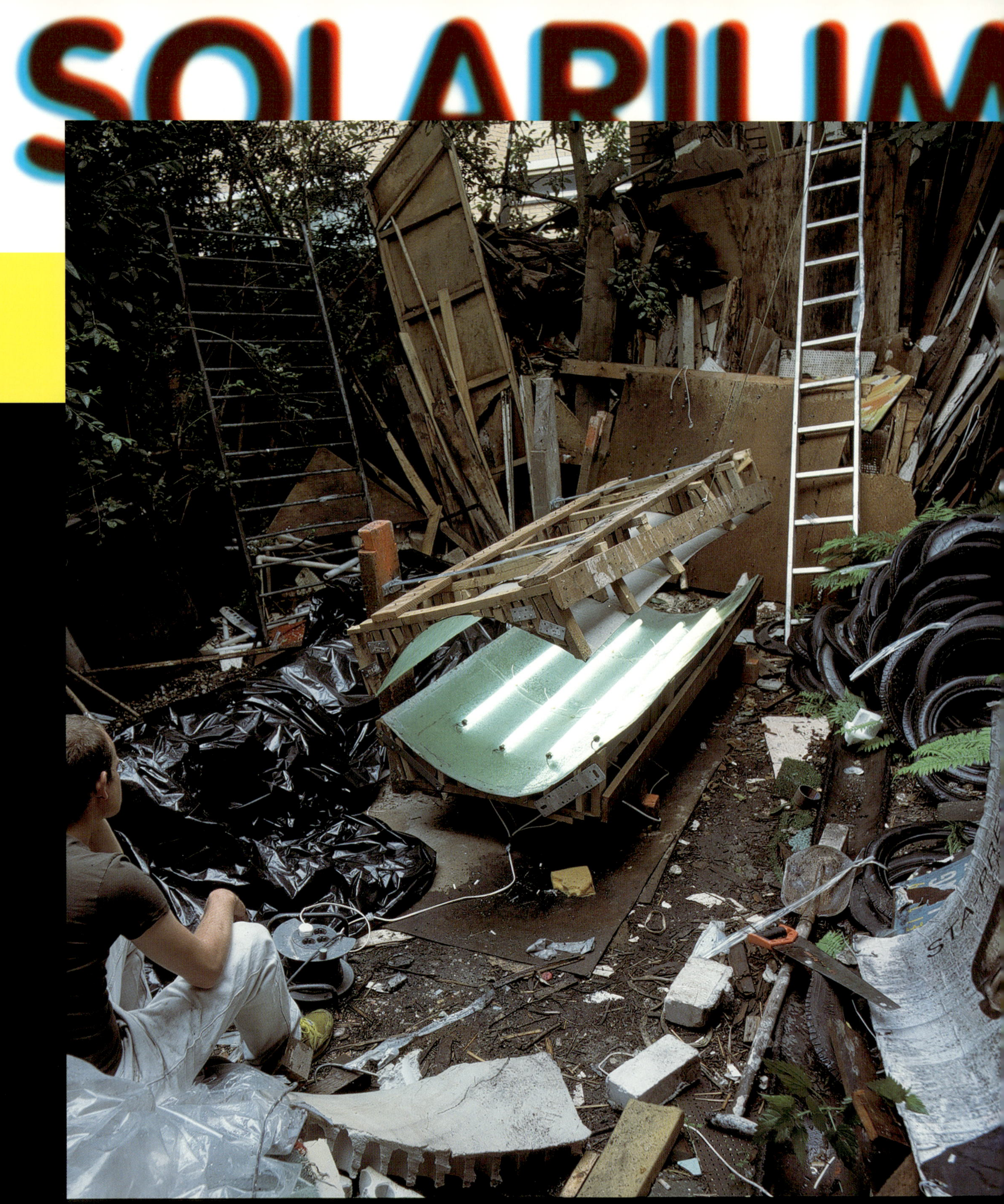

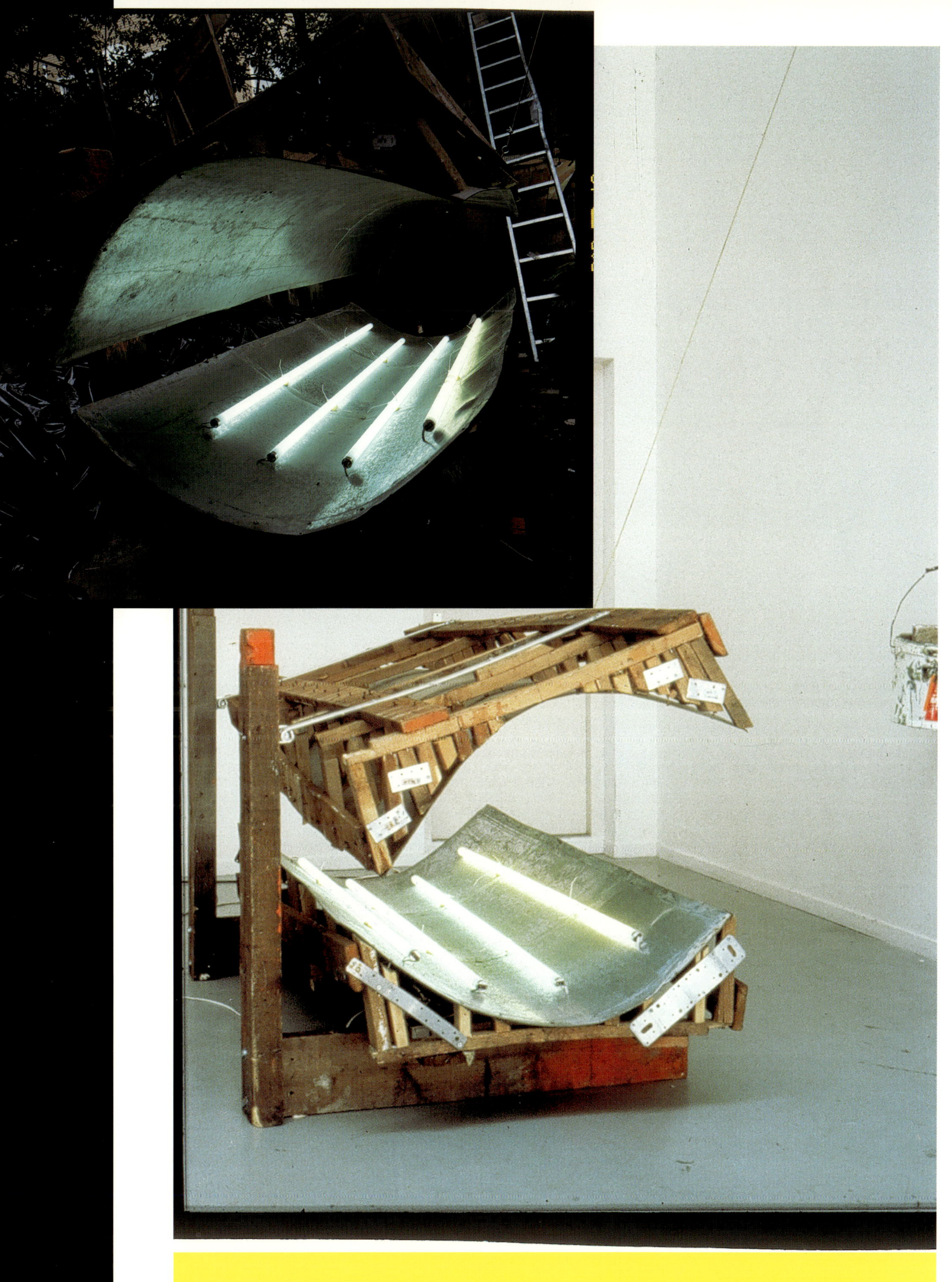

Solarium, 1999
neonbuizen, hout, ijzer, emmer / neon tubes, wood, iron, bucket, 100 x 200 x 100 cm
courtesy Stella Lohaus Gallery, Antwerpen

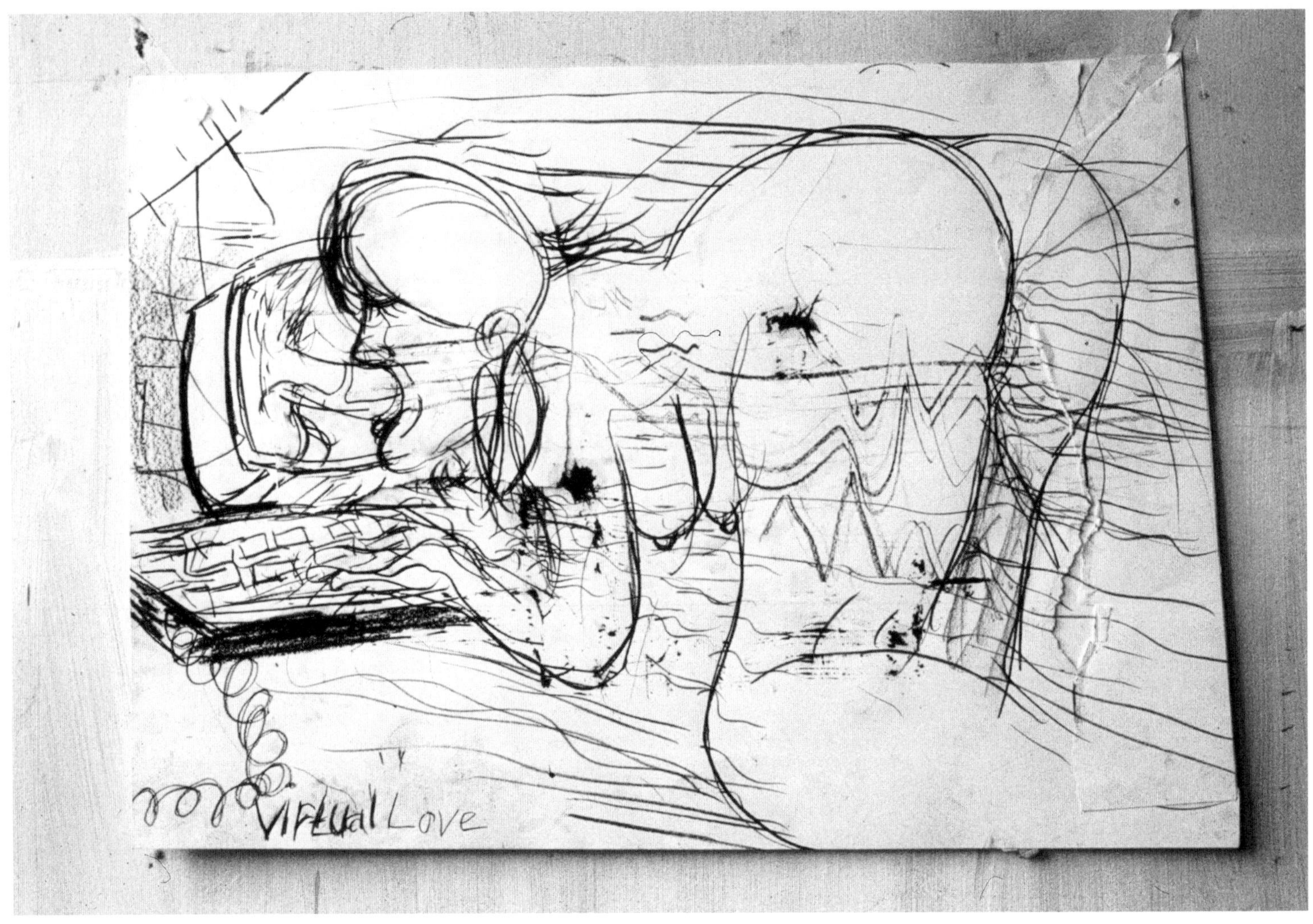

<u>Virtual Love, 1994</u>
<u>conté op papier / conté on paper, 70 x 100 cm</u>
<u>collectie / collection Rutger Pontzen, Amsterdam</u>

ziel, grenzeloos, onvoorspelbaar, origineel en te verontschul-
digen.

De bandeloosheid van Van Lieshout gehoorzaamt echter aan
eigen wetten. Wat op een directe manier ontstaat is aantrekkelijk, maar daarmee niet ondoordacht. De werken dwingen ver-
boden dingen samen te gaan met wat mooi is. In tegenstelling
tot de geacademiseerde anarchie van het discours staat deze
kunst niet open voor de conventionaliteit van de dissident. Dat
gaat alleen als ze erg direct is. Wie naar het werk kijkt, mag
niet eens meer aan denken toekomen. Toch heeft de kunstenaar
nauwgezet gewerkt, volgens wetten die nogal wat basisafspra-
ken over wat bij goede kunst hoort hervormen en die als volgt
zouden kunnen luiden:
Het beeld weegt zwaarder dan de compositie.
Reductie is geen zelfstandige waarde.
Het effect zegeviert over de vertelling.

Erik van Lieshout is kritisch noch afstandelijk. Zijn reflecties
zijn direct en dramatisch, eerder complex dan gecompliceerd,
meer obstinaat dan obsceen. Een kunstenaar die simpelweg
weigert een schets vóór de eerste lijn meer betekenis te verlenen dan het verlangen dat hem ermee verbindt. Ziet hij vrouwen als lustobject alleen omdat hij erin slaagt hun lichamen op
papier de echte glamour te verlenen? Net als glimmende carros-
serieën of blinkende pistolen? Dit zou natuurlijk geen manier
zijn om tegen de beelden uit de wereld van tijdschriften en
media in te gaan. Anders dan bij Amerikaanse kunstenaars als
Richard Prince – sinds Andy Warhol de meester van de media-
collage – of Paul McCarthy met zijn overgecodeerde sexbom-
men, leiden Van Lieshouts motieven ook niet tot een bereke-
nende finale van kritische betekenisgeving.

Richard Prince ontleedde humoristische tekeningen als vlie-
gen – er nu eens het plaatje, dan weer de tekst vanaf knippend,
het struise of domme geïsoleerd en opgeprikt, en hetzelfde deed
hij met meer of minder flitsende reclamemotieven en glamour-
foto's. Zoiets zou Erik van Lieshout nooit verzinnen – hij
analyseert niet, hij telt op. Op zijn balans geen uitverkoop van
goedkope beeldwerelden. Wat hij bij elkaar heeft opgeteld,
levert een waardevolle som op. Het is onmogelijk je helemaal
af te sluiten voor die rijkdom, vooral omdat ze zo goed gepro-
portioneerd wordt aangeboden.

Het zijn niet meer alleen revolverlopen, slipjes waar vlees
uitpuilt en BH-cups die Erik van Lieshout over zijn schilderijen
en tekeningen uitstrooit, de prikkeling in zijn laatste werk is
harder. De meters brede stroken papier tonen weliswaar de

Nevertheless - obsessive, obsession - the words don't quite fit. Those are concepts that suggest a brilliant mind as well as a sick one. Both noun and adjective excuse all tastelessness. To have an obsession is to have a sickness; something one harbours or is struck down by. On the other hand, true obsession is a valuable defect that test-ifies to authenticity and protects against fraud, tracing all that is made to the very depths of the artist's soul; unbound, unpre-dictable, original and excusable.

Van Lieshout's excess, however, follows its own rules. What occurs directly is not thoughtless simply because it is so attract-ive. The drawings force the juxtaposition of the beautiful and the taboo. In contrast to the academic anarchy of discourse, is an art that refuses the conventionality of the dissident. This functions only when it is direct. Anyone who looks at his work has no chance of contemplation. Yet the artist has worked with precision, according to laws that reform some of the givens accepted as crucial to good art, and which might go something like this:
The image weighs heavier than the composi-tion.
Reduction is not a value in itself.
Effect triumphs over narrative.

Erik van Lieshout is neither critical nor detached. His reflections are direct and drastic, more complex than complicated, more obstinate than obscene. He is an artist who simply refuses to imbue a sketch with more significance before the first line than the desire that links him to it. Does he regard women as sexual objects simply because he portrays their naked bodies on paper with enormous glamour? Like shining cars or polished revolvers? This, of course, is no way to counter the images in the world of magazines and media. Unlike American artists such as Richard Prince, who has been the master of the media collage since Andy Warhol, or Paul McCarthy and his over-coded sex-dolls, Van Lieshout's motives are not even redeemed in a calculated finale of critical meaning.

Richard Prince has dissected comic draw-ings like flies - cutting the picture and then the text, isolating the pneumatic or the mindless, pinning them down, and doing the same with more or less glossy advert-ising images or star photos. Erik van Lies-hout would never dream of doing anything like that - he does not analyse, he adds. His balance sheet does not show a liquida-tion of cheap visual worlds. What he has calculated is a sum of high value. It is a wealth so perfectly proportioned that it is impossible to ignore.

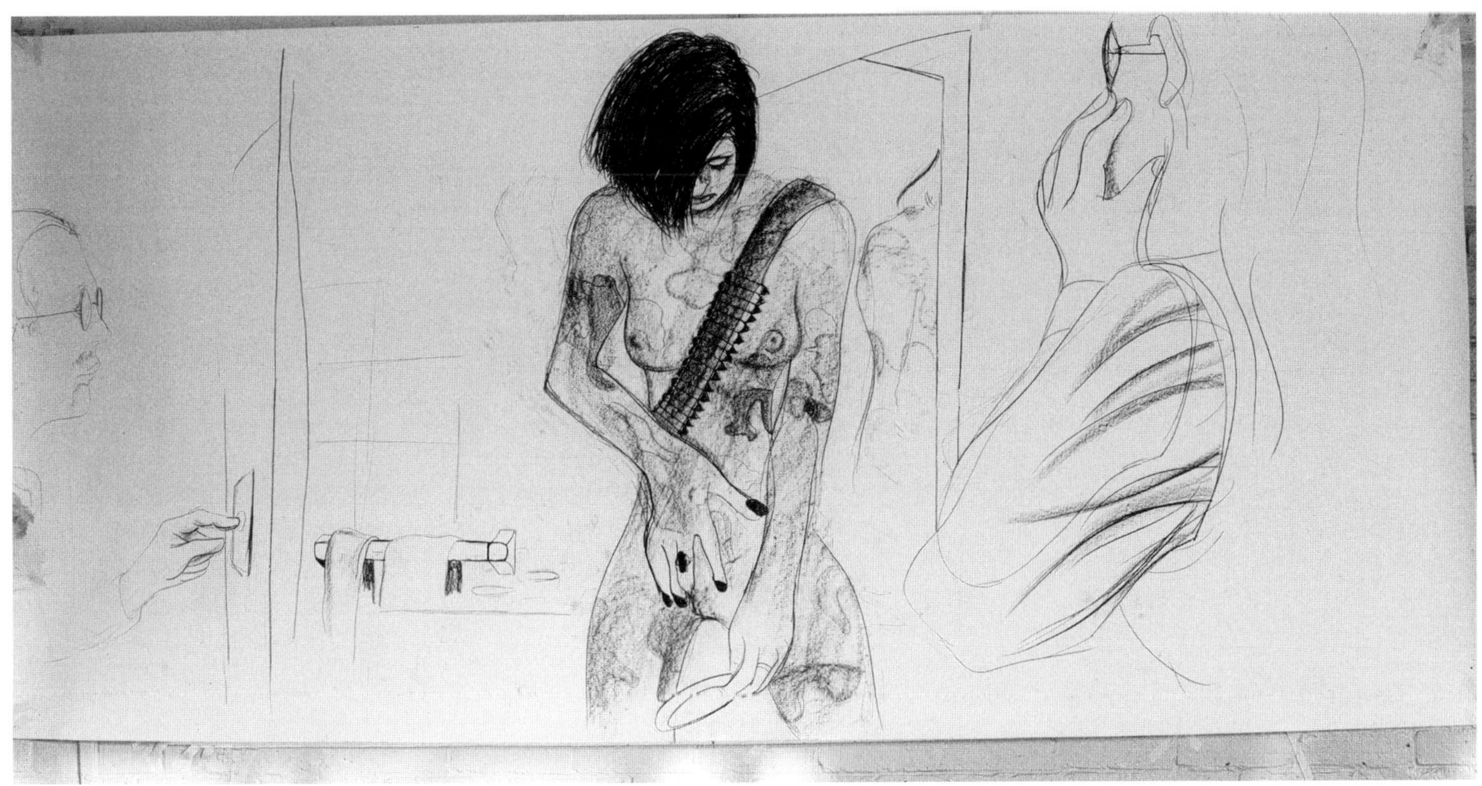

After the riot II, 1998
conté op papier / conté on paper, 150 x 315 cm
collectie / collection Stedelijk Museum, Amsterdam

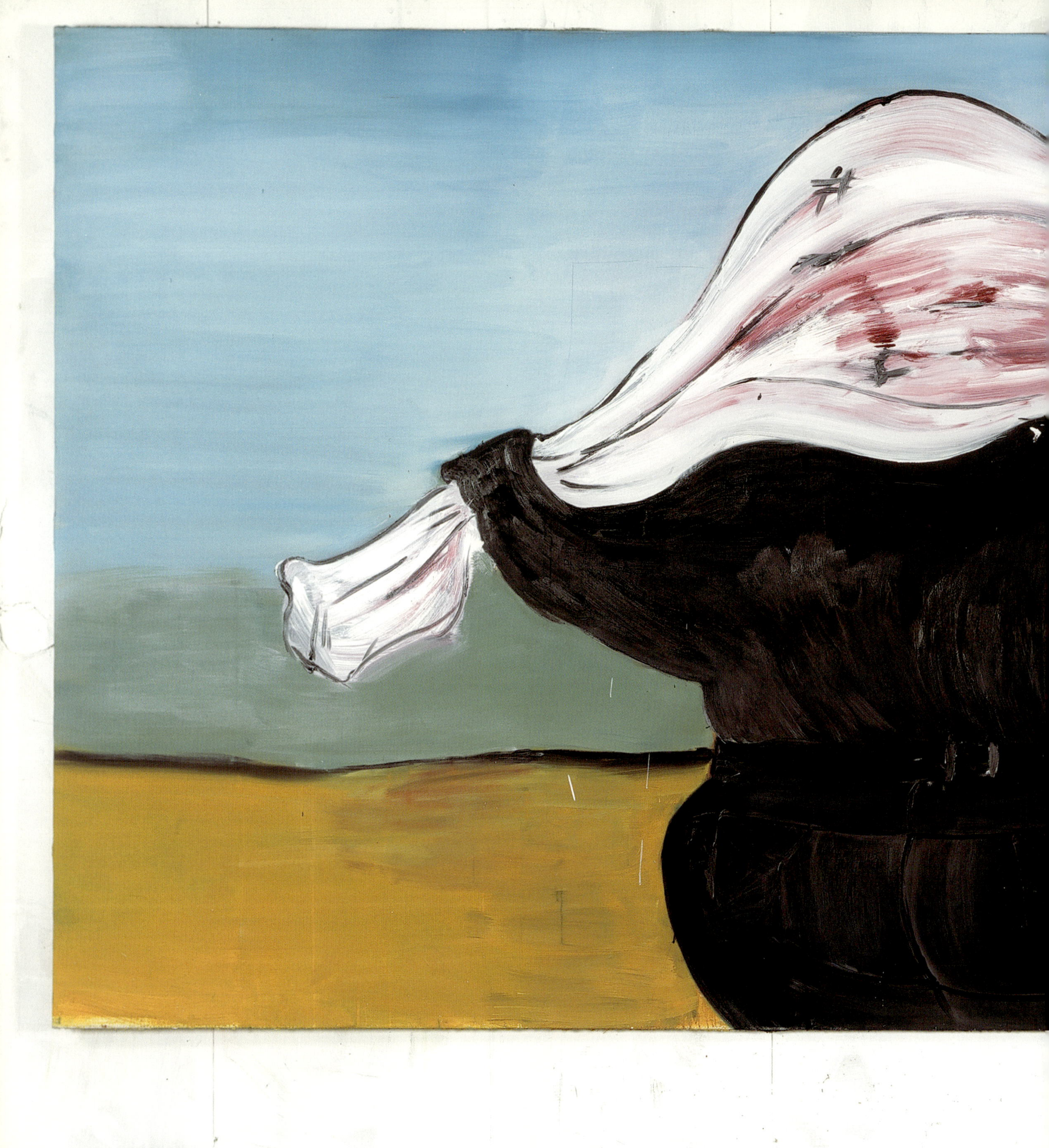

Zonder titel / Untitled, 1996
olieverf op doek / oil on canvas, 210 x 400 cm
collectie / collection Peter Stuyvesant

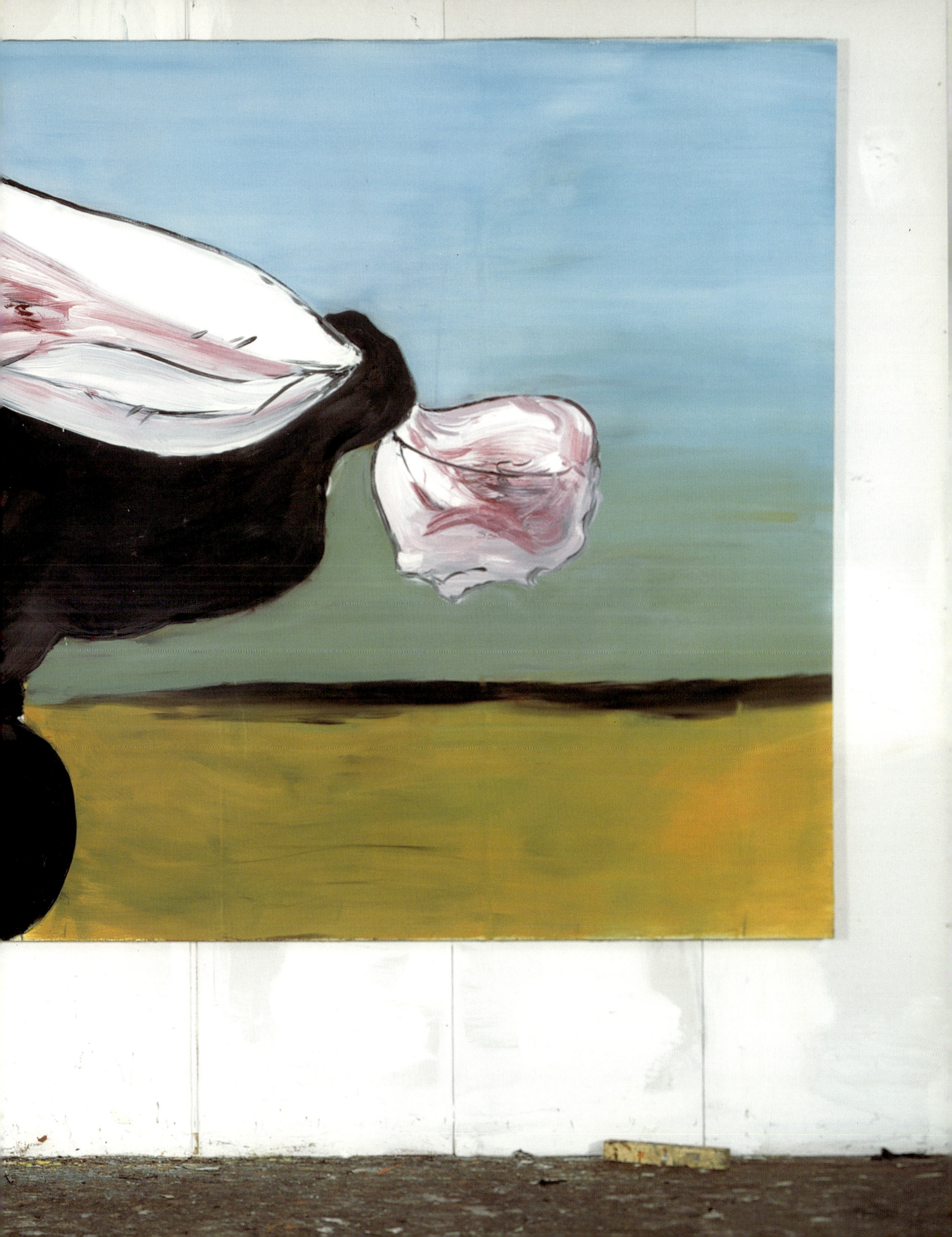

beproefde motieven – maar op mysterieuze wijze verzelfstan-
digd, haken ze in elkaar vast, overlappend, in elkaar geïmplan-
teerd en gekloond.

De dikke oude vrouw was zwaar gesluierd – maar haar kle-
dingstuk, een Afghaanse burqua, lijkt meer op een zak. Een
sluier zou je willen oplichten, alsof je een geheim onthult, maar
de stof van dit oriëntaalse sprookje is grover. Bijna levensgroot
hurkt ze op de grond, de plooien laten haar naaktheid zien. Dat
ziet er al gruwelijk uit, het donkere gezicht met een dikke neus
en de diepliggende ogen is echter nog afstotelijker, de bijna
zwarte kleur van het gelaat versluiert bovendien de blik.
Geïsoleerde seksualiteit, een exhibitionistisch ongeluk.

De vrouw op het vel ernaast aan de ateliermuur daarentegen
heeft net zulke perfecte vormen als Grace Jones, toen haar
hoesfoto door de fotograaf nog eens werd opgerekt, niet met
behulp van een computer maar met schaar en lijm. De grote
passen van haar extreem lange ledematen komen frontaal tot
stilstand, Erik van Lieshout heeft de borsten, taille en spieren
met toewijding vormgegeven, groot en bloot staat ze voor ons
en toch: ze is geen vrouw. Bij het klonen is er iets verwisseld,
op de schouders van de schoonheid staat een mannenhoofd met
een baard. De illusionistische elegantie van de tekening *John
Walker* (2002) illustreert de tegenstrijdigheid van dit lichaam
even briljant als ingewikkelde digitale manipulaties. De schrik
werkt omdat je een perfecte tekening gelooft. Dat effect heeft
Chris Cunningham voor de *Aphex Twins* ook al in stelling
gebracht – stoere kerels gemonteerd op de strakke lijven van
MTV-poezen. Onontwarbaar zijn de ideaalbeelden vertekend en
door elkaar gegooid: het grote afgrijzen met lekkere seks,
Dr. Frankenstein en het hybride fantasiewezentje, en subject en
object, man en vrouw, het allang niet meer eeuwig dualistische.

Het overwinnen van tegenstellingen zal Erik van Lieshout
binnenkort ook op zichzelf uitproberen. Verkleed als R&B-ster
reist hij door Mexico en voert een travestie- en minstreelshow
op. Het is een videoproject dat aansluit bij de Amerikaanse
shows uit de negentiende eeuw waar blanken als karikaturen
van zwarten op het toneel stonden. Waarschijnlijk zal hij weer
bruine verf op zijn gezicht smeren, een afropruik opzetten en
een kort jurkje aantrekken en vooraf misschien nog even het
dansen op naaldhakken oefenen. Zo'n superbeladen sequentie
met dubbele travestie zou in Nederland licht provocerend zijn,
maar omgeven door Mexicaans machismo is het een ongehoor-
de smakeloosheid. Of de vermomming – zoals in iedere
hartstochtelijk opgevoerde maskerade – na de party nog een
poosje voort duurt? Gekleed in een jurkje verbeeldt Van
Lieshout zijn fascinatie voor het lichamelijke. Hij wil delen in
de aantrekkingskracht van de zangeressen, evenals in het belachelijke aspect van hun kleding en, vooral wil hij alle voor-
oordelen en alle clichés tegelijkertijd aantrekken.

Iedereen kan op de verhalen van Erik van Lieshout meelif-
ten als een metro-surfer, ze hebben geen begin en einde. Een
ogenblik lang geef je je over aan de snelheid, deel je het razen-
de tempo en het gevaar en vier haltes later verlaat je het met
graffiti bekladde station weer onopgemerkt.

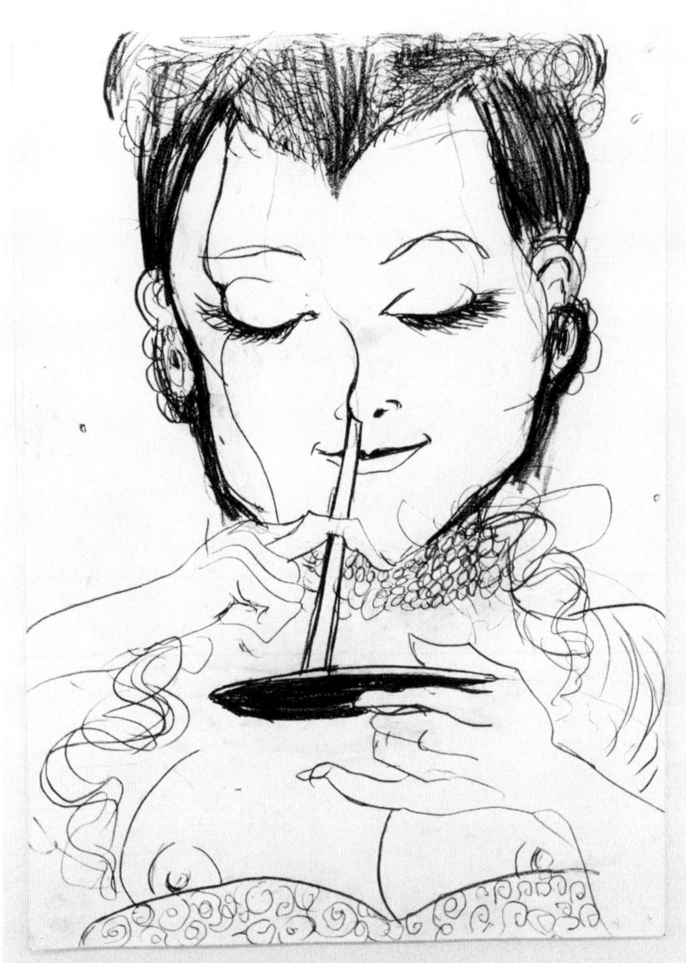

Zonder titel / Untitled, 1994
conté op papier / conté on paper, 100 x 70 cm
particuliere collectie / private collection

It is no longer just the barrel of a gun, or
well-filled underwear that Erik scatters
through his paintings and drawings; his
latest works have a tougher kind of appeal.
Though the metre-wide strips of paper still
show familiar forms, they have now become
mysteriously independent, interlinking, over-
lapping, implanting and cloning one another.
The fat old woman was veiled, but her chosen
garb, the Afghan burqa, looked more like a
sack. A veil is something to be lifted like
a secret. But the stuff of this particular
Oriental tale is rougher. Almost life-size,
she crouches on the floor, and the folds of
the cloth reveal her nudity. Awful as it may
look, the dark-skinned face with the fat
nose and the deep eyes is more repulsive
still, and the near-black cast of her face
darkens her gaze. This is an isolated sexuality, an exhibitionist accident.

The woman in the next drawing on the
studio wall, by contrast, has a figure as
perfect as Grace Jones in a cover-picture
stretched by the photographer, not on a
computer, but with scissors and glue. The
sweeping step of her long limbs stops front-
ally. Erik van Lieshout has modelled the
breasts, waist and muscles with devotion, so
that she stands before us large and naked,
and yet is not a woman. There has been some
mistake in the cloning; a bearded male head
is set on the shoulders of this beauty. The
illusionist elegance of the drawing *John
Walker* (2002) illustrates the contradiction
of this body as brilliantly as any sophist-
icated digital manipulation. The shock works
because the viewer believes in a perfect
drawing. Chris Cunningham also used this
effect for the *Aphex Twins* - tough guys on
the pert bodies of MTV chicks. Images of
desire are distorted and mangled. It is the
horror-trip of delicious sex, Dr. Frankenstein
and the fantasy hybrid. What is more, it is
subject and object, man and woman — a dual-
ity that is no longer eternal.

Overcoming opposites is something that
Erik van Lieshout will soon be trying out in
person: he will be performing a transvestite
minstrel show, touring Mexico as an R&B-Star
in a video project based on the nineteenth
century American shows that featured Whites
performing on stage as caricatures of
Blacks. He will probably blacken his face
again, wear an Afro wig and miniskirt, and
maybe practice dancing in stiletto mules
before. This highly charged sequence of
double transformation would be mildly provocative in Holland, but in the world of
Mexican machismo it is a positively garish
exercise in bad taste. The question is

whether the clothing - as in any masquerade
performed with some degree of longing -
will be worn for a while after the party?
The dress is the physical embodiment of the
fascination. Erik van Lieshout wants to have
a part in this female singer's appeal as
well as in the ridiculous aspect of her
costume, and, most of all, he wants to wear
all the prejudices along with the clichés.

Anybody can ride along with Erik van
Lieshout's stories, like surfing the subway,
with neither a beginning nor an end. We
abandon ourselves up for a moment to speed,
sharing the rush of velocity and danger, and
four stops along the line we leave the graf-
fiti-covered station unnoticed.

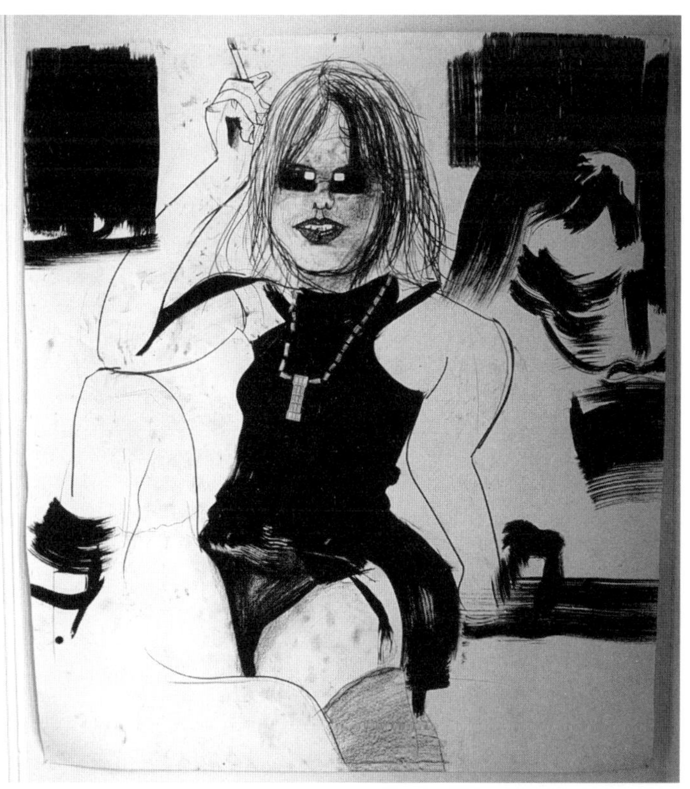

"I", 2000
conté en olieverf op papier / conté and oil
on paper, 150 x 133 cm
particuliere collectie / private collection

EMMDM, 1999
karton en plakband / cardboard and tape, 180 x 200 x 400 cm
courtesy Stella Lohaus Gallery, Antwerpen

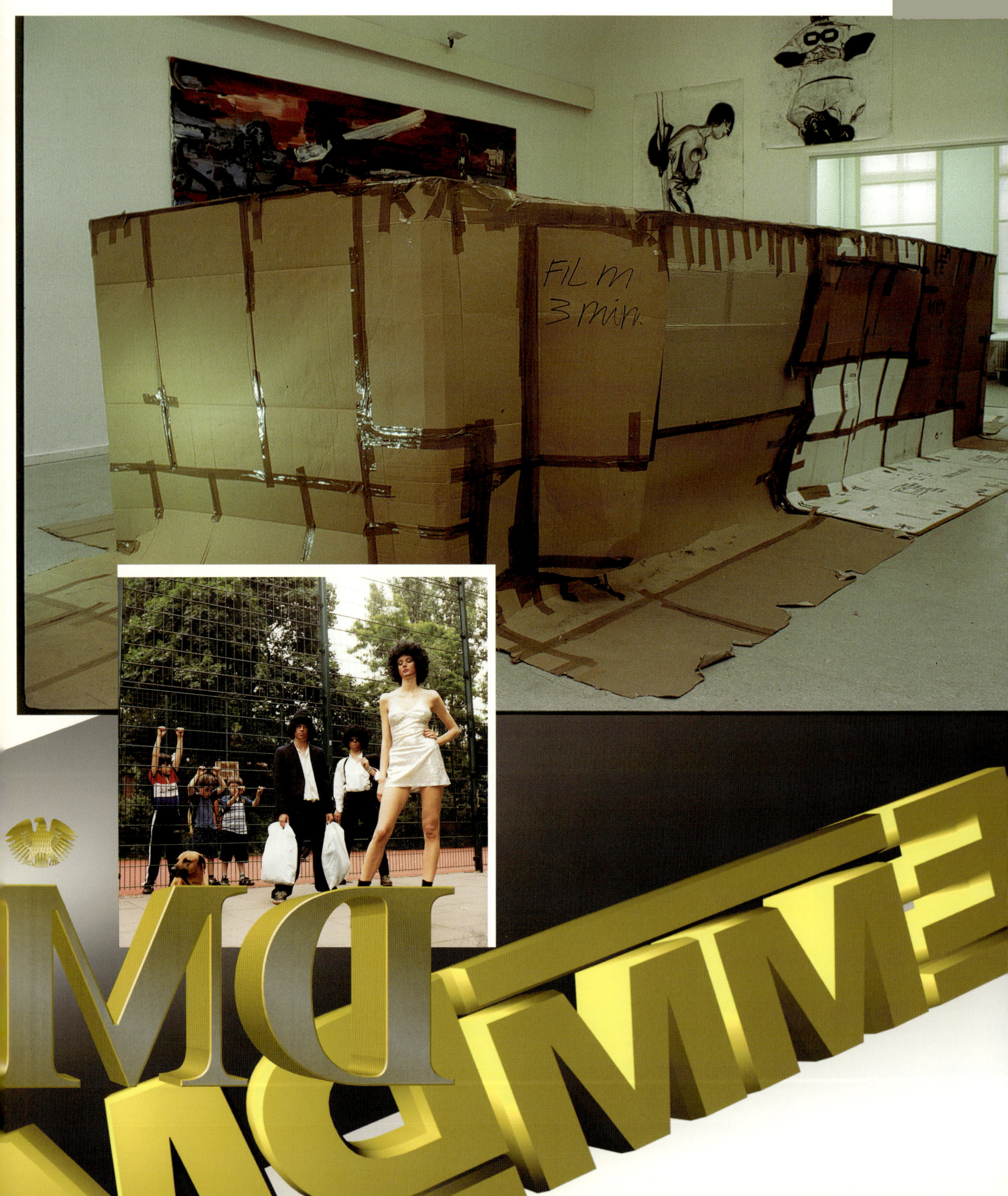

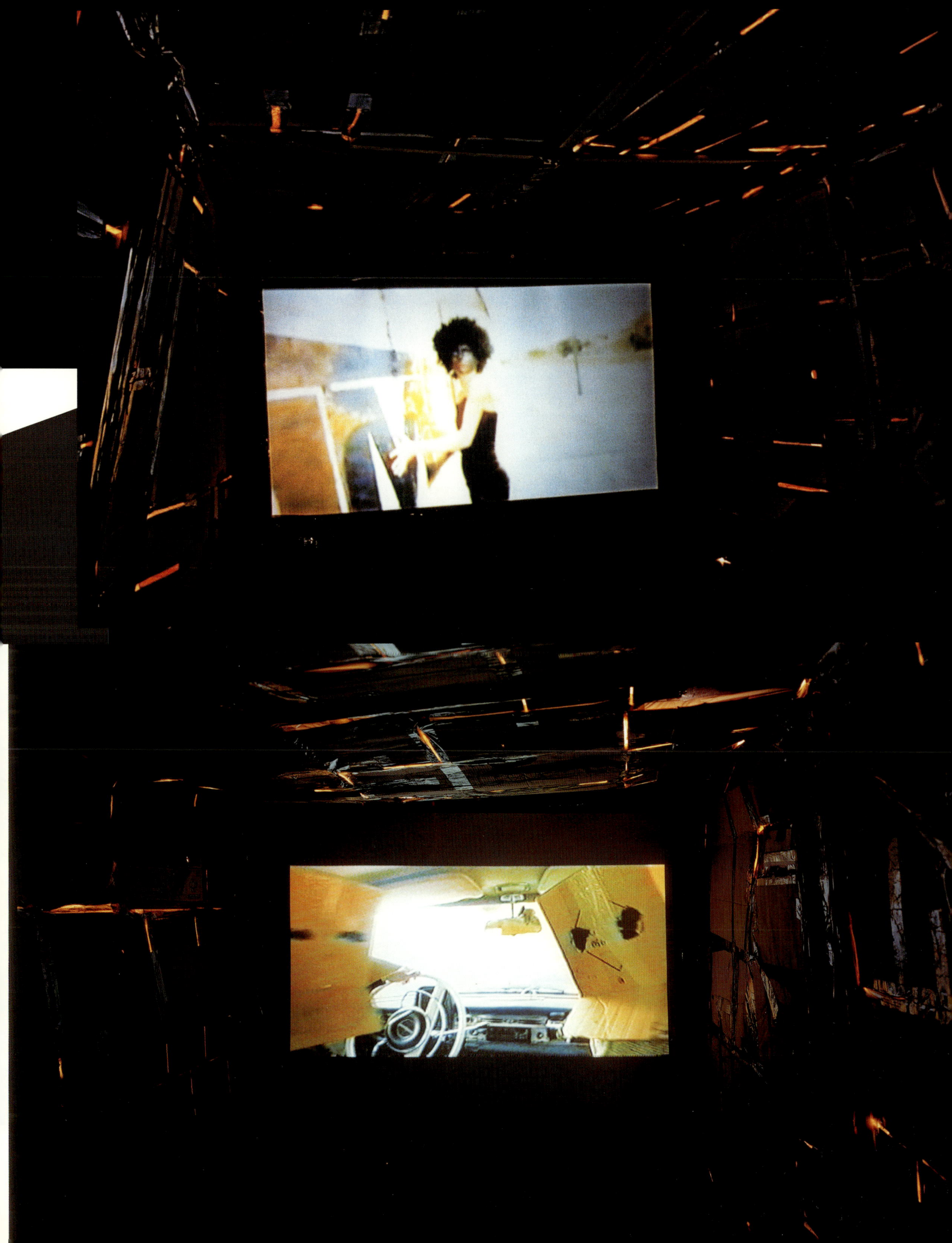

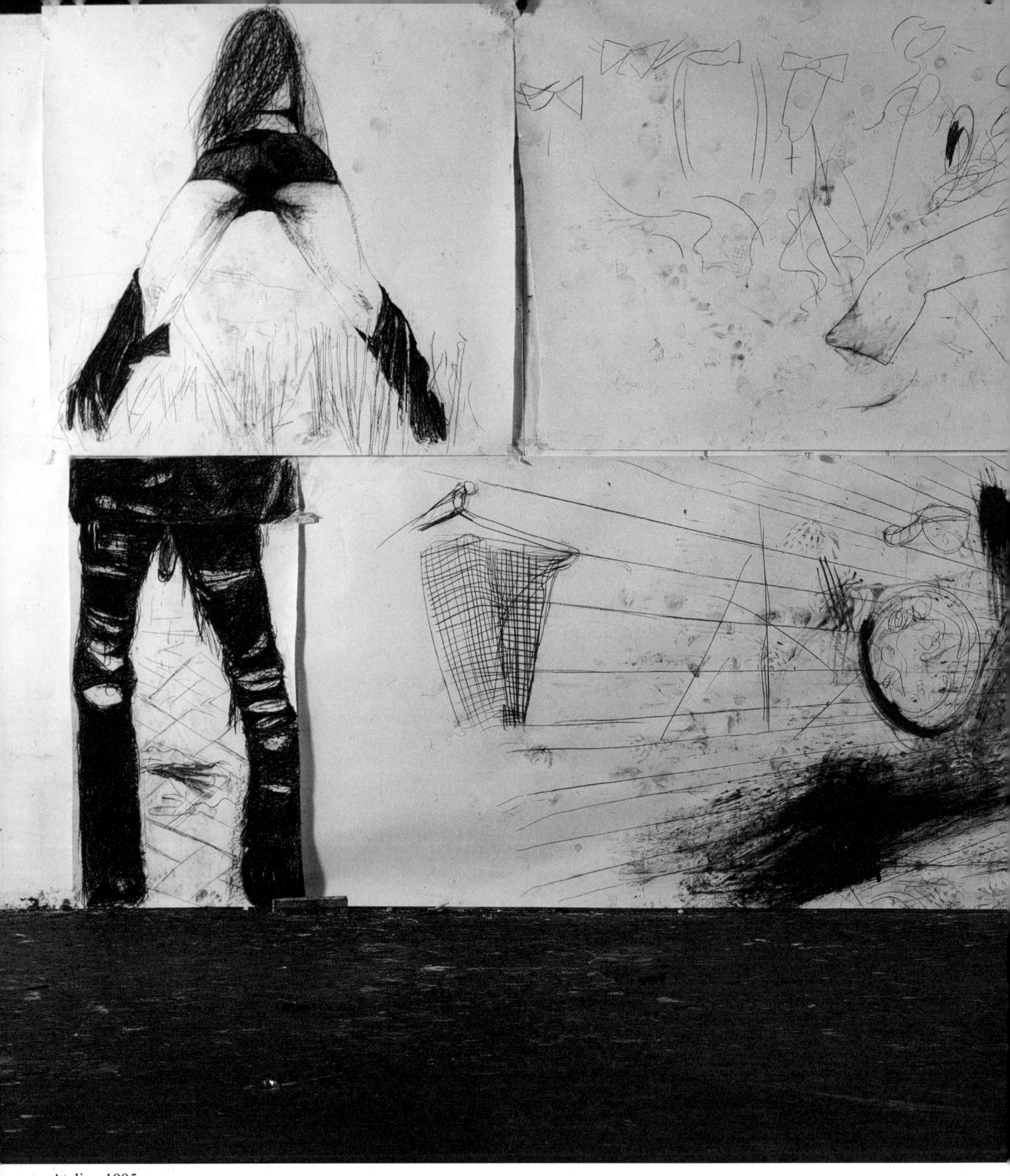

Atelier, 1995

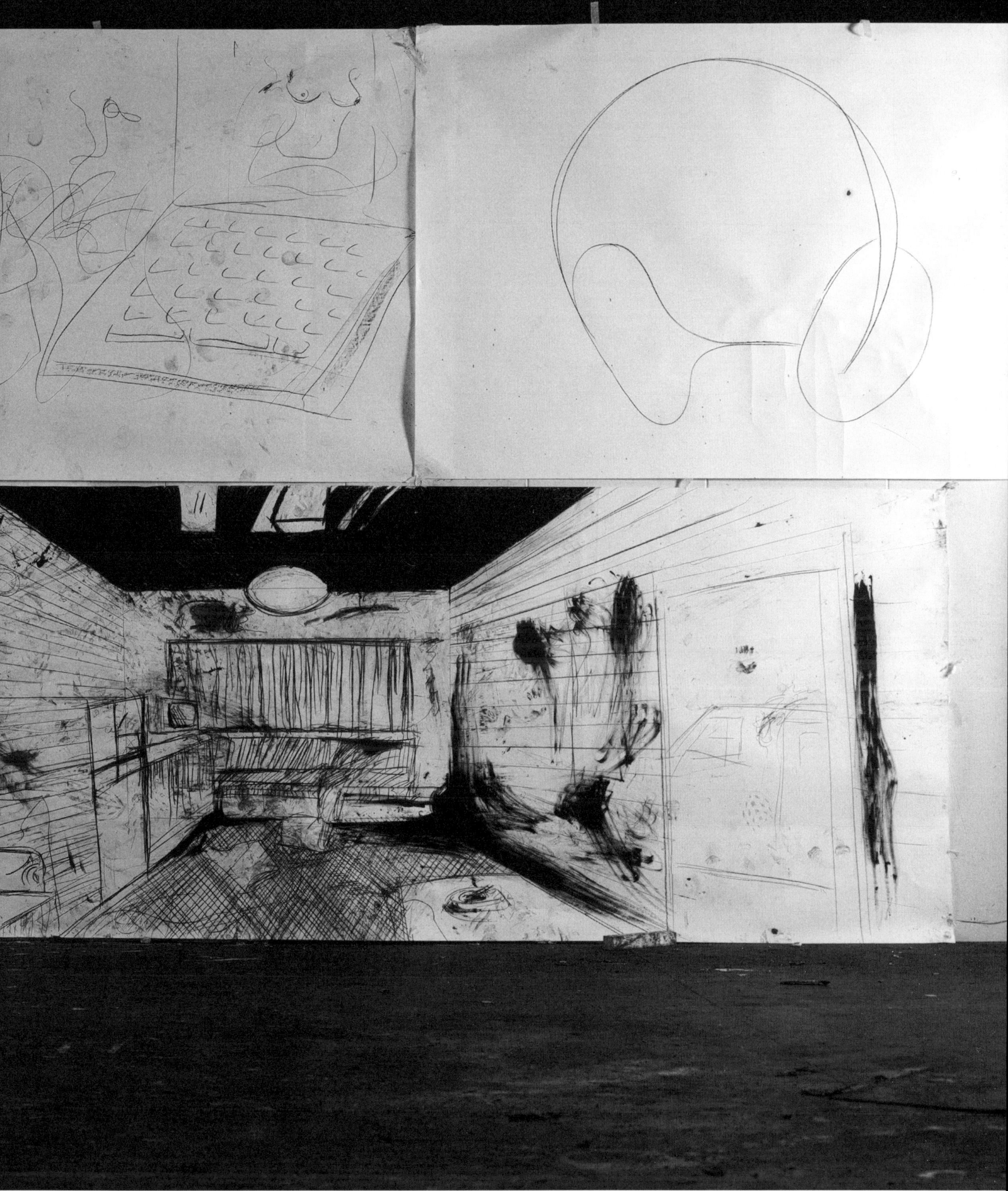

Studio, 1995

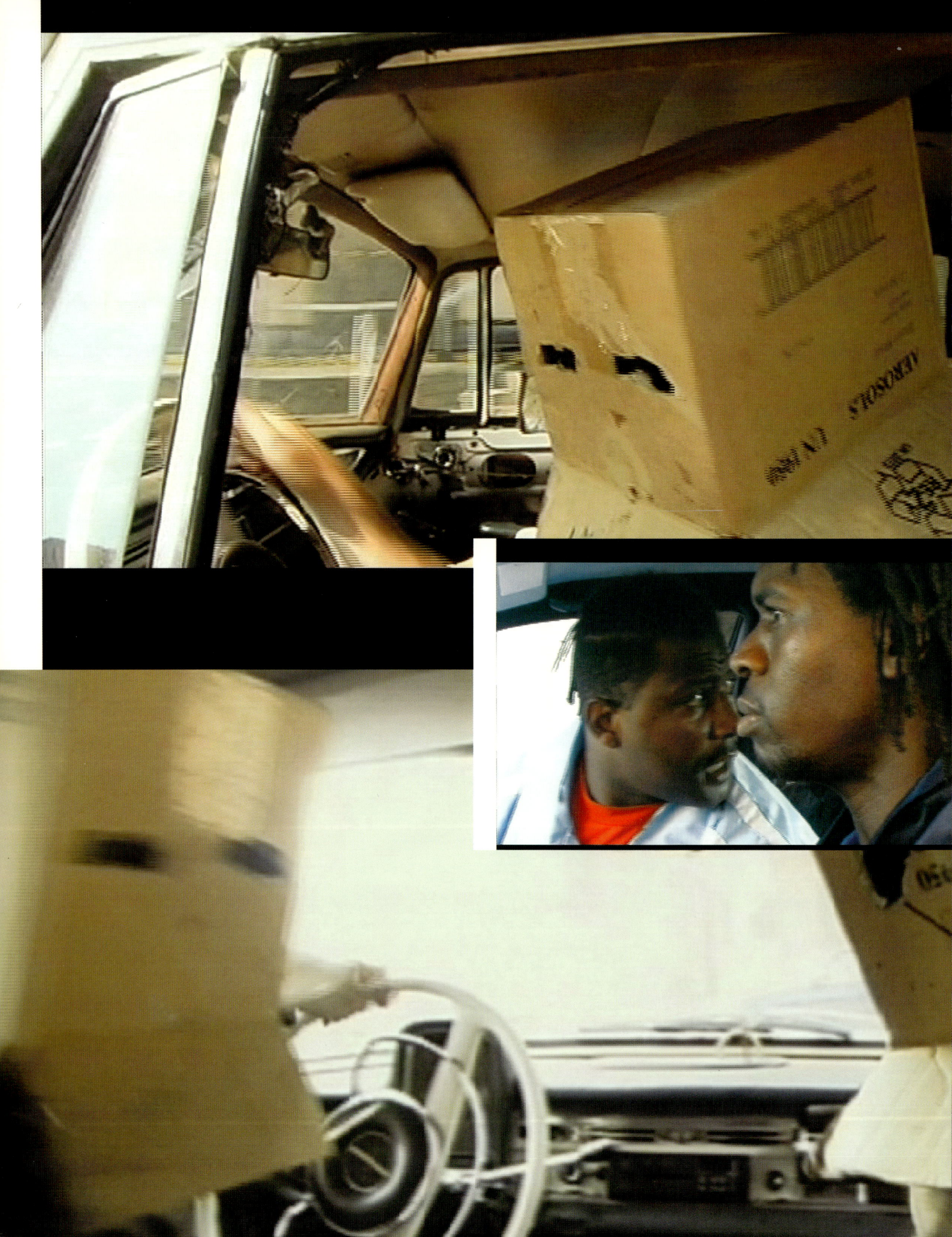

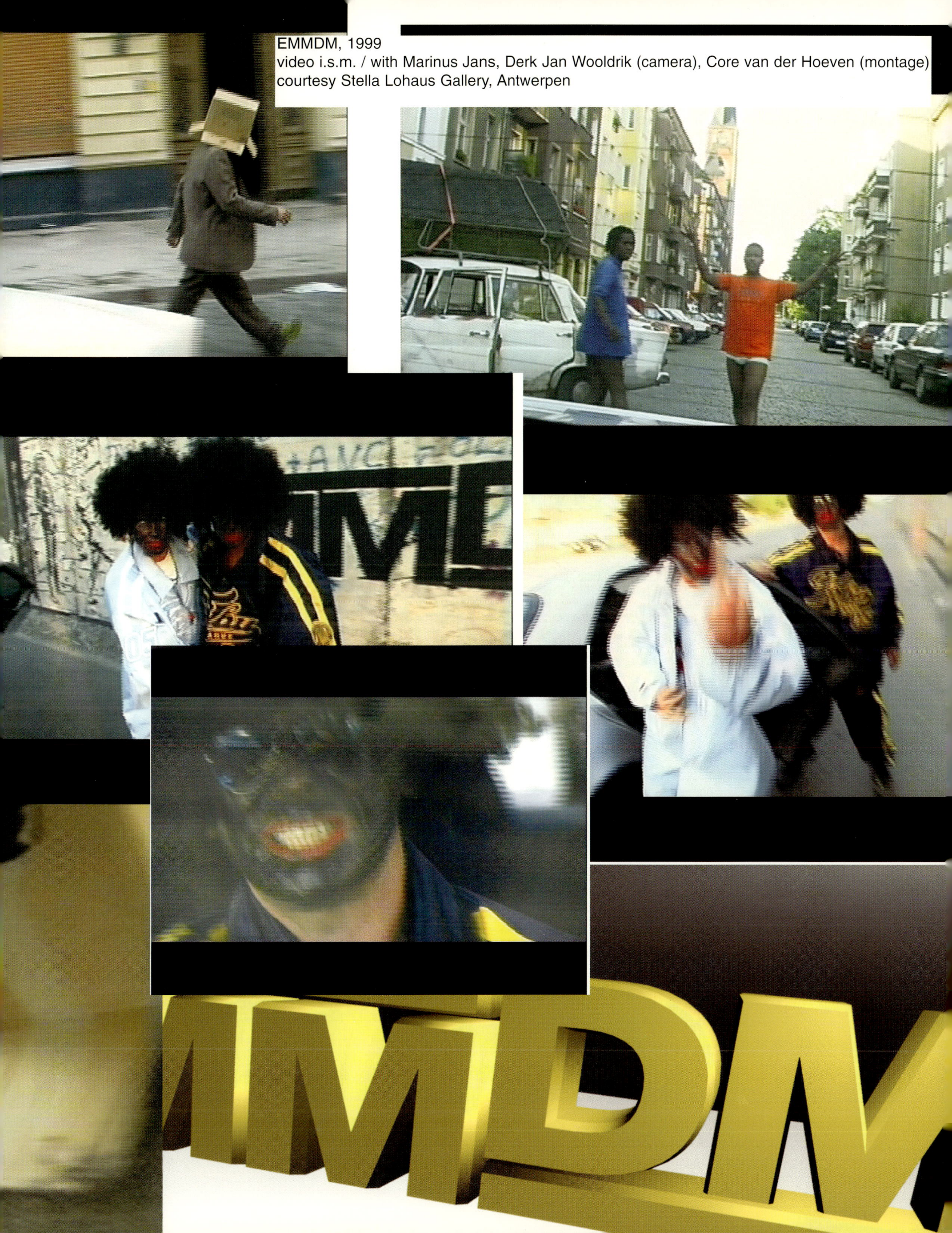

EMMDM, 1999
video i.s.m. / with Marinus Jans, Derk Jan Wooldrik (camera), Core van der Hoeven (montage)
courtesy Stella Lohaus Gallery, Antwerpen

Sue-an van der Zijpp

On Display
De tentoonstelling als installatie

Het liefst zou ik één groot ding maken, een project waar al mijn energie in gaat zitten en dat uiteindelijk explodeert in de ruimte. Dat zou mijn ultieme kunstwerk zijn.[1]
Erik van Lieshout

De solotentoonstelling in het Groninger Museum zou het ultieme kunstwerk kunnen zijn waarvan Erik van Lieshout in het citaat spreekt. Om het dat ook daadwerkelijk te laten worden, moet er in de maanden voorafgaand aan de tentoonstelling nog wel het een en ander gebeuren. Van Lieshout is daarom druk bezig om zijn laatste werken te voltooien. In zijn atelier in Rotterdam-Zuid, gevestigd in een oud gymnastieklokaal, toont Van Lieshout zijn nieuwste werk. Het zijn collages van houtskooltekeningen van meisjesfiguren en plakplastic. Het plakplastic waarmee hij zijn *babes* omgeeft is het meest opvallende element. Grote vlakken, harde kleuren. Zijn werk wordt er bijna glossy van. Bij toeval heeft hij het spul gevonden en hij heeft

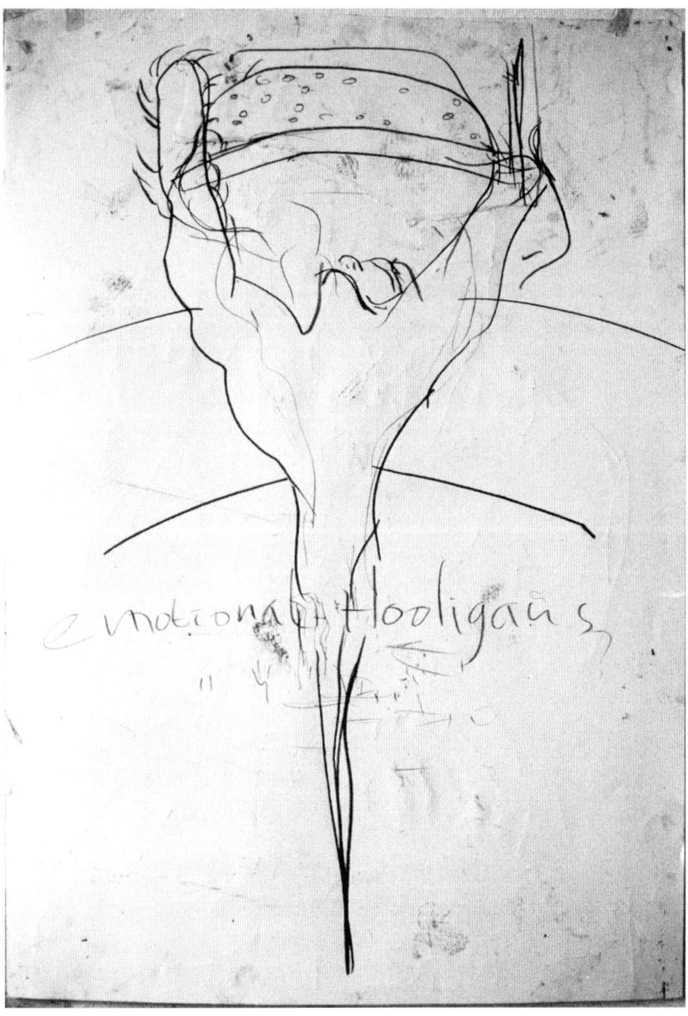

Emotional Hooligan, 1994
conté op papier / conté on paper, 100 x 70 cm
particuliere collectie / private collection

net weer een nieuwe rol aangeschaft: 'Een hele vieze kleur', zegt hij zichtbaar genietend. 'Vet man, zo plat.' Het is alsof dat ordinaire plakplastic zich automatisch vertaalt in een zo plat mogelijk onderwerp, babes, een van Van Lieshouts favoriete thema's. Levensgroot en uitdagend zijn ze, vaak half ontkleed. Een van hen, beeldschoon, kijkt je broeierig aan. Ze is moeilijk te herkennen, een volle baard bedekt haar gezicht.

De collages zijn kenmerkend voor Van Lieshouts stijl: humoristisch, heftig, soms ook provocatief. Deze komt niet alleen in zijn schilderijen tot uiting, maar is vooral voelbaar in zijn installaties, die veelal opgetrokken uit sloopmaterialen, van nietjes en plakband aan elkaar lijken te hangen.

In zijn werk thematiseert en persifleert de kunstenaar de problematiek van het stedelijk leven. Zo zijn de subculturen met hun clichés een directe en belangrijke inspiratiebron voor hem. Beelden haalt hij uit strips, tijdschriften, uit zijn nabije omgeving of zomaar van de straat. Daarnaast is MTV een belangrijke bron voor zijn video's. Hoewel zijn beeldtaal diepgeworteld is in de ons omringende realiteit, is Van Lieshouts werk geen directe afspiegeling daarvan. Zijn kunst is wel familie van het werkelijke en het alledaagse, als de onbekende neefjes en nichtjes die gelijkenissen vertonen met wat wij denken te kennen, maar die op het tweede gezicht toch heel anders blijken. Altijd weet hij toeschouwers op het verkeerde been te zetten. Zo schildert hij prachtig figuratief, verleidt hij je met zijn tekentalent, lokt je nader met zijn lijnenspel, laat je steeds dichter op zijn werk toekomen, om je vervolgens recht in je gezicht te shockeren met zijn platheid, zijn dubbelzinnige humor en schaamteloze overdrijving.

Voortvarend is hij in de manier waarop hij zijn expressiemiddelen uitbreidt en zich naast het tekenen en schilderen vervolgens bijna het hele arsenaal van het modernisme heeft toegeëigend – fotografie, installaties en video's – en daar is hij nog lang niet mee klaar. Zijn oeuvre, hoe rijk geschakeerd en heterogeen van vorm al, is nog lang niet uitgekristalliseerd en wordt dagelijks aangevuld en uitgebreid. Reden genoeg dus voor 'de Erik van Lieshout-experience': een grote tentoonstelling die alle aspecten van Van Lieshouts oeuvre belicht. Van Lieshouts werk bevat twee componenten: het fysieke werk, zoals de schilderijen, tekeningen en films, en de mentaliteit van waaruit het werk is ontstaan.

Het meest tastbare bewijs van de formele expansiedrift en tomeloze energie zijn de installaties. Deze vormen een belangrijke kern in zijn oeuvre. Niet geremd door enig vakmanschap en in een drang meer te willen zeggen dan hij op het doek kwijt kon – zelf noemt hij het timmeren oneerbiedig 'knutselen' – fabriceerde hij onder andere zijn *Sauna*, *Lariam*, de doos voor *EMMDM* en zijn weedplantage. Erik van Lieshout is een meester van de kleine ruimte. Altijd weer is er die beslotenheid die de toeschouwer dwingt ineengedoken en opeengepakt met anderen zijn kunst te ondergaan. Die dwingende intimiteit is een belangrijk kenmerk van zijn installaties. Het statement van Van Lieshout zou daarom een 'tentoonstelling als installatie' zijn, zodat het Groninger Museum met zijn vierkante zalencom-

Sue-an van der Zijpp

On Display
The Exhibition as an Installation

Most of all I would like to create one large thing, a project that takes up all my energy and finally explodes in space. That would be my ultimate work of art.[1]
Erik van Lieshout

The solo exhibition in the Groninger Museum could be the ultimate work of art to which Erik van Lieshout refers in the quotation. However, to raise it to this level, several challenges must first be met in the busy months prior to the exhibition. Accordingly, Van Lieshout has been intensely absorbed in completing his most recent work. He displays his latest creations in his studio, a former gymnastics hall in the southern district of Rotterdam. This work consists of collages of girl figures – compilations of charcoal drawings and adhesive vinyl. The adhesive vinyl with which he surrounds his 'babes' is the most conspicuous element. Large surfaces, hard colours, furnishing the items with an almost glossy character. He discovered this material by coincidence and has just bought a new roll: 'An extremely sordid colour', he remarks, visibly delighted. 'Heavy man, unbelievably gross.' It seems as if that common adhesive vinyl has automatically translated itself into a composition that is as coarse as possible – the 'babes', one of Van Lieshout's favourite topics. These 'babes' are life-size and seductive, often half-naked. One of them, a real beauty, stares at you sensually. She is difficult to recognise, a full beard covers her face.

These collages are typical of Van Lieshout's style: humorous, intemperate, occasionally provocative. It is expressed not only in his paintings but is also tangible in his installations, which are usually built of scrap and appear to stick together by means of wire stitches and tape.
In his work, the artist confronts and satirises issues of urban life. Subcultures with their clichés are a direct and major source of inspiration. He takes his images from comic strips, magazines, his immediate environment, or simply from life on the streets. In addition, MTV also forms a primary source for his video concepts. Although his visual language is firmly rooted in surrounding reality, Van Lieshout's work is not a direct reflection of this. His art is akin to

everyday reality, like distant nephews and nieces who vaguely resemble those we know, but actually turn out to be quite different when we take a closer look. Van Lieshout consistently manages to wrongfoot the viewer. He paints with admirable figurative talent, captivates one's interest with his play of lines, lures one into the work, only to dish up a shock with an unexpected crudity, a burst of ambiguous humour or shameless exaggeration.

He is dynamic in the way in which he expands his means of expression. Besides drawing and painting, he has appropriated almost the entire arsenal of modern media – photography, installations and videos – but is not done yet. His oeuvre, regardless of how richly variegated it already may be, is nowhere near solidification and is supplemented and extended daily. This in itself is sufficient reason to justify a large-scale exhibition to highlight all aspects of Van Lieshout's oeuvre at this moment in time.

Compiling an exhibition primarily means that all the necessary ingredients for Van Lieshout's oeuvre must be present so that they can collectively contribute to the 'Erik van Lieshout experience'. His work consists of two components: the physical work, such as the paintings, drawings and films, and the attitude that gave rise to the work.

The installations provide the most tangible evidence of his boundless energy and formal urge for expansion. These are essential factors in his core creative process. Unhindered by any craftsmanship and in an urge to express more than he could do on canvas – he himself refers irreverently to carpentry as 'tinkering around' – he has created works such as *Sauna*, *Lariam*, the cabinet for *EMMDM* and his weed plantation. Erik van Lieshout is a master of the small space. He repeatedly utilises narrow confines that force the viewer, hunched up and crammed together with others, to undergo his art in a specific way. This compelling intimacy is an important feature of his installations. Accordingly, Van Lieshout's statement could be 'the exhibition as an installation', where the Groninger Museum functions as a show-box with its square gallery complex in which each gallery space tells its own part of the story.

However, the story of Erik van Lieshout is not yet finished, not by a long chalk. He is not a narrator of the most straightforward type either. His stories consist of combinations of images, associations, installations, fragments, videos, assessments, draw-

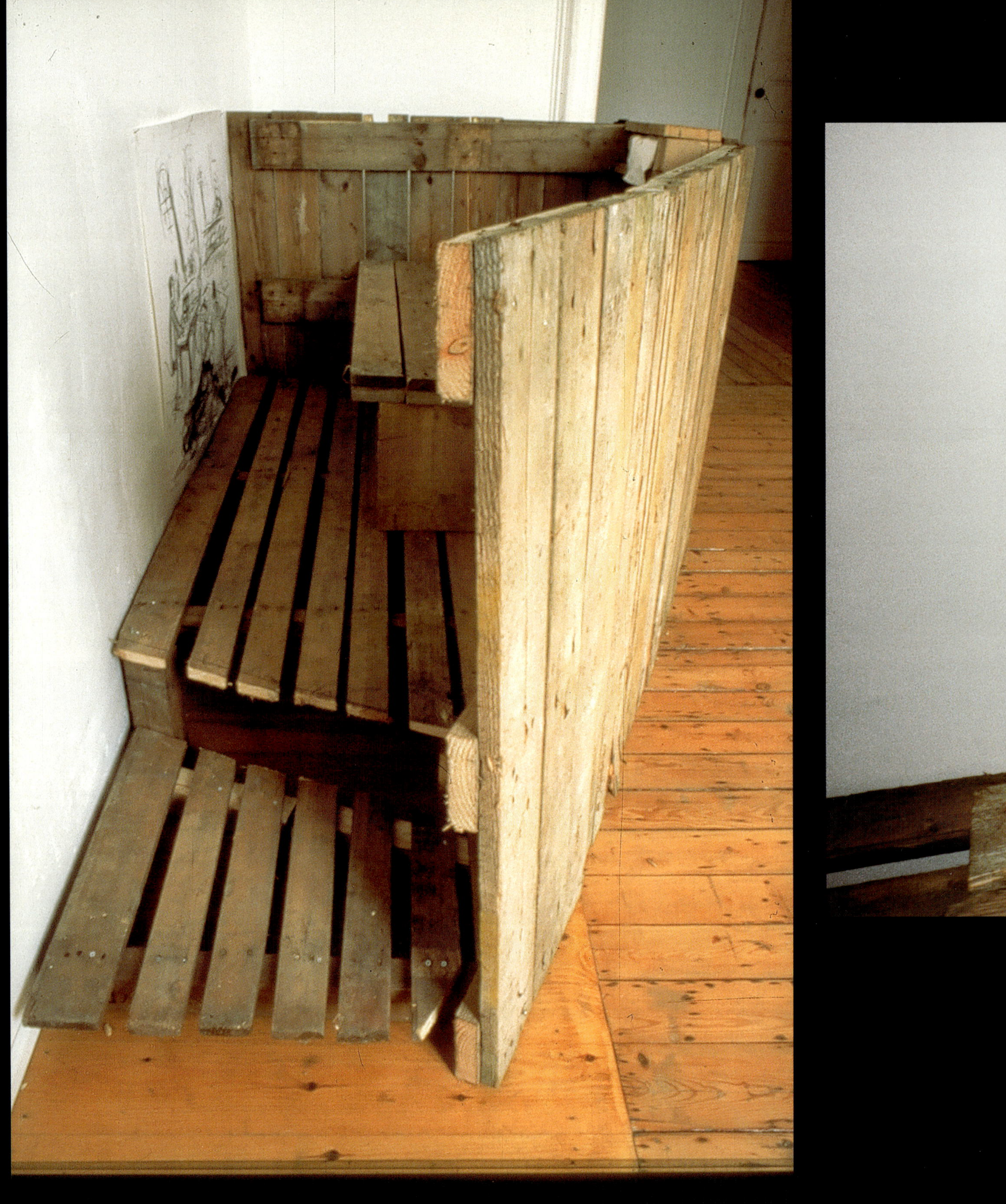

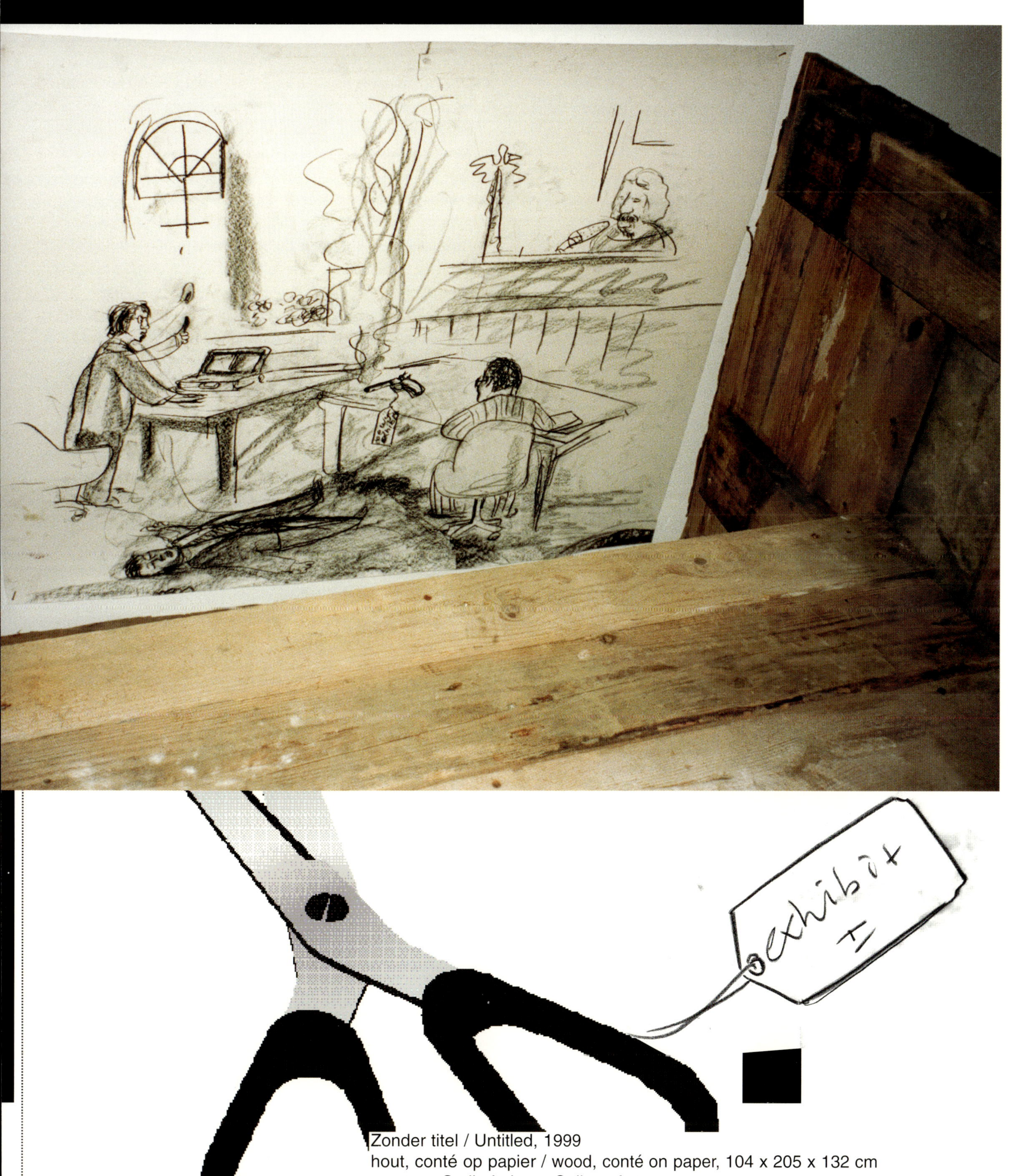

Zonder titel / Untitled, 1999
hout, conté op papier / wood, conté on paper, 104 x 205 x 132 cm
courtesy Stella Lohaus Gallery, Antwerpen

plex als kijkdoos fungeert, waarbij alle zalen een eigen deel van
het verhaal vertellen.

Maar het verhaal van Erik van Lieshout is nog lang niet af.
Bovendien is hij ook niet de verhalenverteller van het meest
eenduidige soort. Van Lieshouts verhalen bestaan uit combinaties van beelden, associaties, installaties, fragmenten, video's,
waardeoordelen, tekeningen, grappen, schilderijen, feiten en
fictie. Het is chaos die handelt over de chaos van ons bestaan,
waarbij hij ondubbelzinnig en met groot gemak put uit strips,
kranten, tijdschriften, muziek en de hiphop-scène. Hij knipt,
plakt en sampelt, zodat er meerlagige gefragmenteerde verhaal-
structuren ontstaan. De tekeningen, schilderijen, installaties en
video's zijn onlosmakelijk met elkaar verbonden en vullen
elkaar aan. Personages uit zijn video's figureren in tekeningen
die vervolgens weer opduiken in zijn installaties.

Een tentoonstelling van Erik van Lieshout is als een
Gesamtkunstwerk en leent zich ervoor om aan den lijve onder-
vonden te worden. Het is een niet-afgerond verhaal, een freestyle collage waaraan hij constant sleutelt, die hij aanvult, weg-
scheurt, waarvan hij oude delen vervangt of hergebruikt en zo
zijn oeuvre steeds verder laat uitdijen. Leidraad voor de presen-

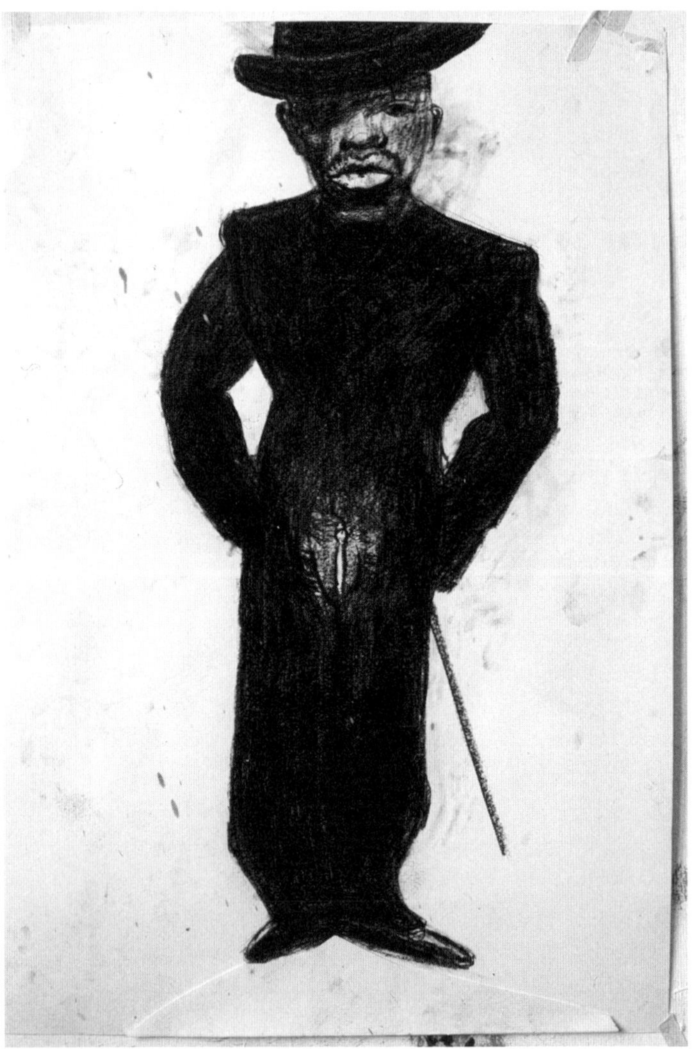

Too short, 1995
conté op papier / conté on paper, 100 x 70 cm
particuliere collectie / private collection

tatie zijn de installaties die zijn samengesteld uit losse onder-
delen. Ze dienen als markeringspunten. Soms zijn ze voor de
gelegenheid aangevuld met nieuwe werken. Een voorbeeld is
een grote tekening met een aantal jongensfiguren. Bij deze
tekening, die zelf allang voltooid en verkocht is, maakte hij een
nieuw klimrek van negen meter hoog, dat uitnodigt om te
bestormen, omdat je dan een veel beter zicht hebt op het kunstwerk dat hoog aan de muur is opgehangen.

Het combineren van oude met nieuwe werken levert nieuwe
betekenisverbanden op waarbij sommige eigenschappen of kenmerken scherper worden aangezet dan eerder in hetzelfde werk
naar voren kwam. Deze keuze van combineren heeft tot doel
de bezoeker niet alleen te confronteren met het creatieve proces, maar ook om zijn oeuvre te articuleren, niet om het af te
maken of te completeren. Om de bezoeker niet de weg te laten
kwijtraken, heeft elke zaal in de tentoonstelling een eigen
thema, dit kan een periode zijn, een installatie, of een onderwerp. Juist om de confrontatie met Van Lieshouts werk een zo
uitgesproken mogelijke ervaring te laten zijn en niet een van
alleen maar chaos en schroot, noopt dat paradoxaal genoeg tot
een enigszins geconstrueerd en gedoseerd installatiebeleid. Niet
in elke zaal hoeft de bezoeker zich op handen en voeten door
een doos te worstelen. Door de zichtassen in de architectuur
van Mendini zorgvuldig te kiezen, lijkt het vanuit bepaalde
zalen of de bezoeker zelfs overzicht geboden wordt op de
wereld van de kunstenaar – even adempauze en helderheid. Dat
blijkt dan toch weer bedrieglijk: net als je denkt greep te krij-
gen op zijn oeuvre, weet hij je toch weer op het verkeerde been
te zetten. Het blijft het werk van een kwajongen natuurlijk.
Een belangrijk kenmerk van Van Lieshouts kunst is dan ook
provocatie. Door Van Lieshout betrap je jezelf erop te lachen
om foute dingen als negers aan spitten, om allochtonen die door
hun vliegend tapijt naar beneden vallen, om tieten die beklemd
zijn geraakt tussen de deur. De kunstenaar lacht er zelf ook om,
hij heeft lak aan de gevestigde orde. Voor Van Lieshouts werk,
dat zo duidelijk gaat over het verzet tegen 'het instituut' of het
'systeem', is de gang naar de tentoonstelling toe een dynamisch
proces dat stof levert voor een levendige conversatie. Het is
daarom misschien nog wel de grootste uitdaging om zijn werk
in het meest gestylde museum van Nederland te laten zien. Dat
vindt hij zelf ook.

Tegelijkertijd wil Van Lieshout juist ook geaccepteerd worden door diezelfde orde. Werkt hij keihard aan zijn tentoonstelling, slapeloze nachten, schilderen, knutselen, weggooien,
denken en weer opnieuw beginnen. Het moet goed worden, het
mag niet te letterlijk, hij mag niet falen. Het creatieve proces
gaat niet over rozen. Sterker nog, de kunstenaar droomt ervan
de altijd gekleurde wanden van het Groninger Museum om te
toveren in de witte wanden van een klassiek museum. Om zich
vervolgens te wentelen in de geïnstitutionaliseerde veiligheid
van de 'white cube'.[2] Eerder zou deze actie bedoeld zijn om
juist die witte sacrale sfeer waarin zelfs een asbak of de wand-
contactdoos nog tot kunst verworden, te lijf te gaan, te ont-
heiligen met zijn werk en zijn schilderijen zo zonder spieraam

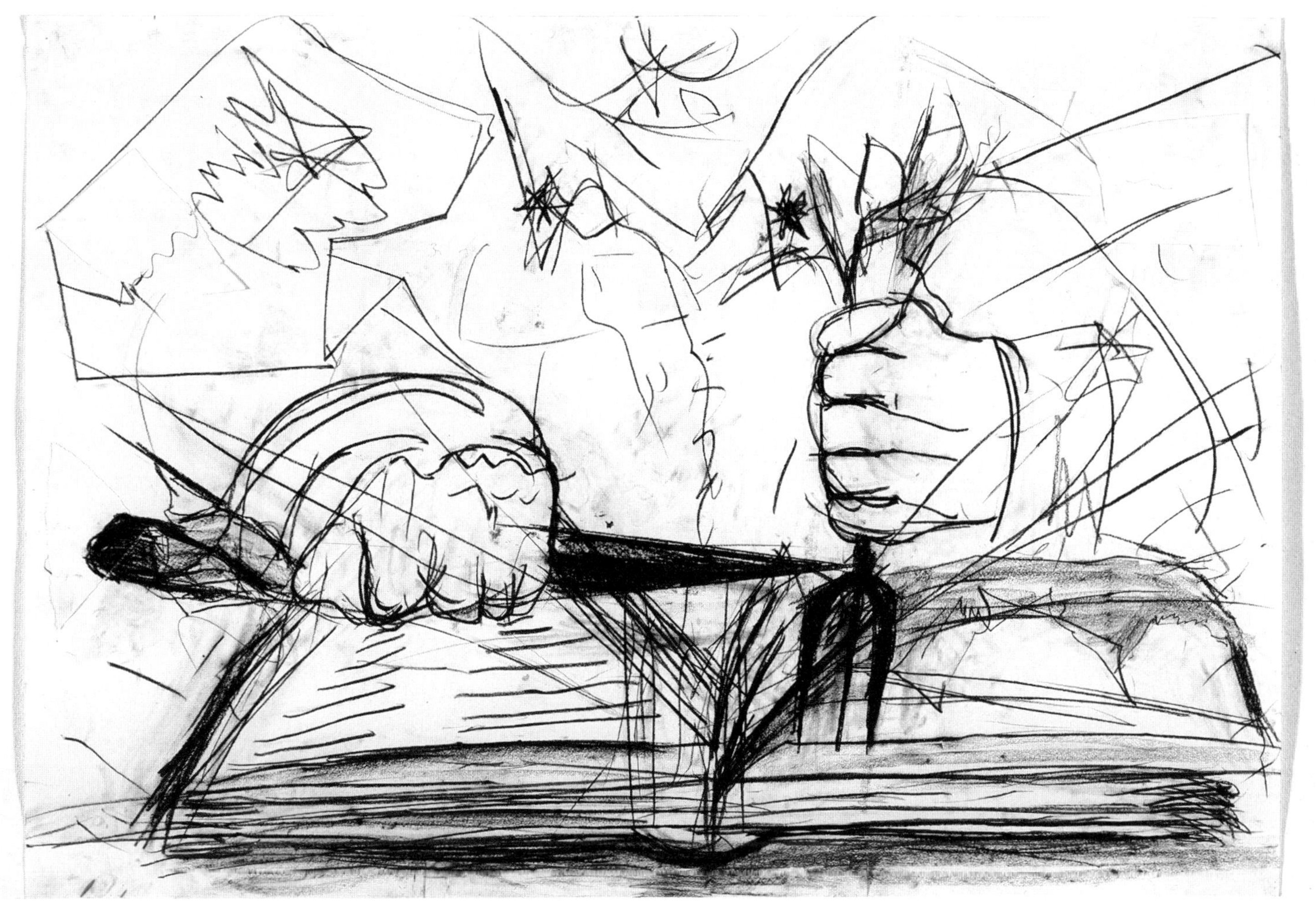

ings, jokes, paintings, fact, and fiction.
It is a chaos that touches the chaos of our
existence, in which he unequivocally and
unreservedly draws upon elements from comic
strips, newspapers, magazines, music, the
hip hop scene. He cuts, pastes and samples,
so that multi-layered, fragmentary, narrative structures arise. This diversity of
working methods is an essential trait of his
visual oeuvre. The drawings, paintings,
installations and videos are inextricably
linked together and mutually reinforce one
another. Personages in his videos appear in
drawings that subsequently reappear in his
installations.

An exhibition of Erik van Lieshout's work
is a kind of *Gesamtkunstwerk* and is particularly suited to physical experience. It is
not a polished narrative; it is rather a
freestyle collage on which he continuously
works, supplementing and removing, replacing
and re-using old components so that his
oeuvre continues to expand. The installations that have been compiled from separate
parts form the leitmotiv for the presentation. They serve as markers. Now and again
they are complemented with new work especially for the occasion. An example of this is
the large drawing of a number of boys figures. To accompany this drawing, which was
completed and sold quite some time ago, he
constructed a new climbing frame, nine
metres high, which invites one to storm it
to obtain a much better view of the work of
art suspended high up on the wall.

Combining old and new work produces new
associations in which some properties or
features are emphasised to a greater degree
than in a previous version of the same work.
This choice of combination intends not only
to confront the visitor with the creative
process but also to articulate his oeuvre
rather than dismantle or complete it. In
order not to confuse the visitor too much,
each section in the exhibition has its own
theme. This may refer to a period, an
installation, or a topic. To enable the confrontation with Van Lieshout's work to be an
experience that is as eloquent as possible
and not merely one based on chaos and aggre-
gations of scrap, it is necessary, paradoxi-
cally enough, to impose a structured and
balanced installation policy. The visitor

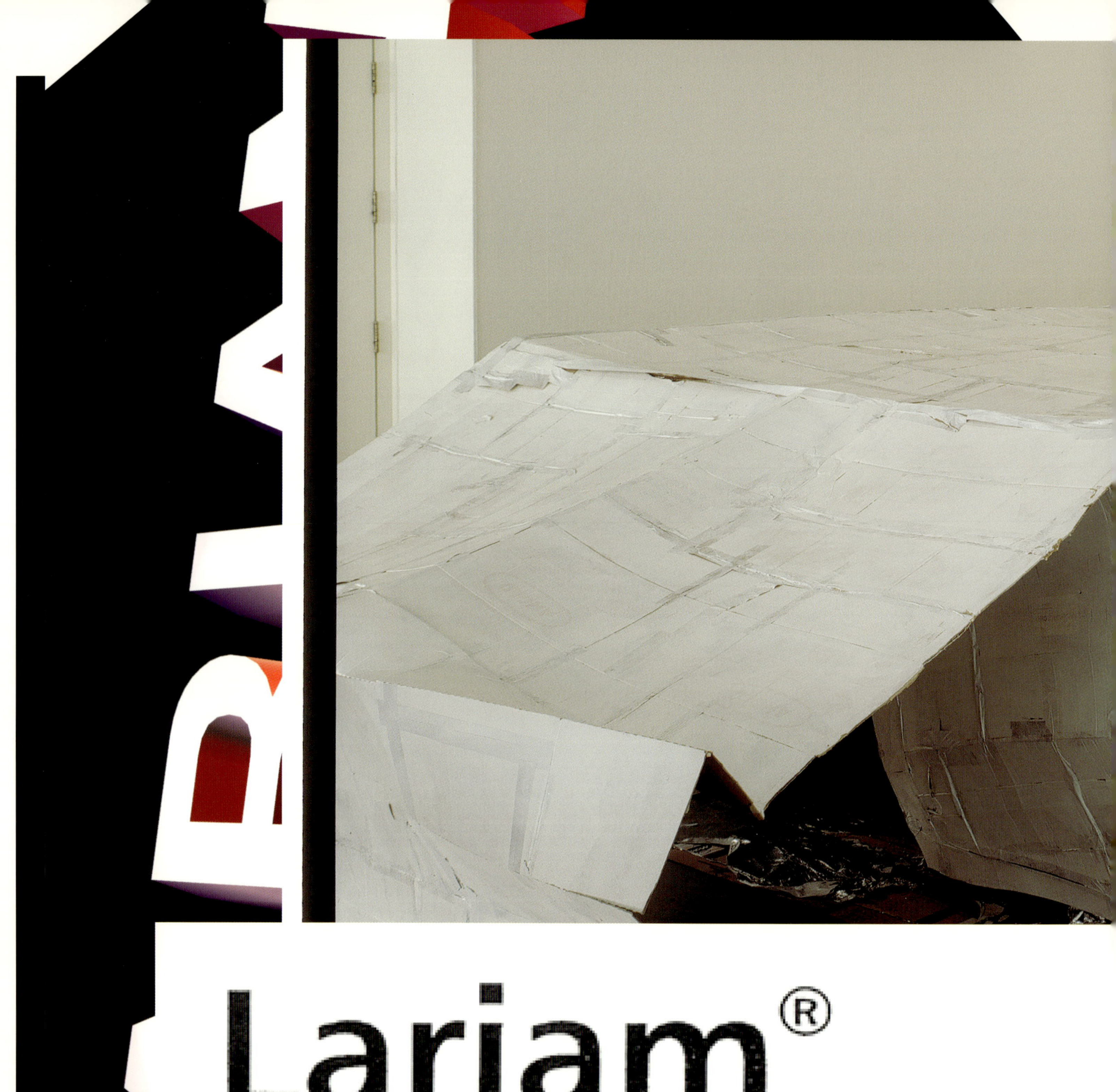

Lariam®

DHR. EGF VAN LIESHOUT
DORDTSELAAN 4C
1 TABLET PER WEEK INNEMEN
HEEL DOORSLIKKEN MET WATER
TIJDENS OF DIRECT NA HET ETEN

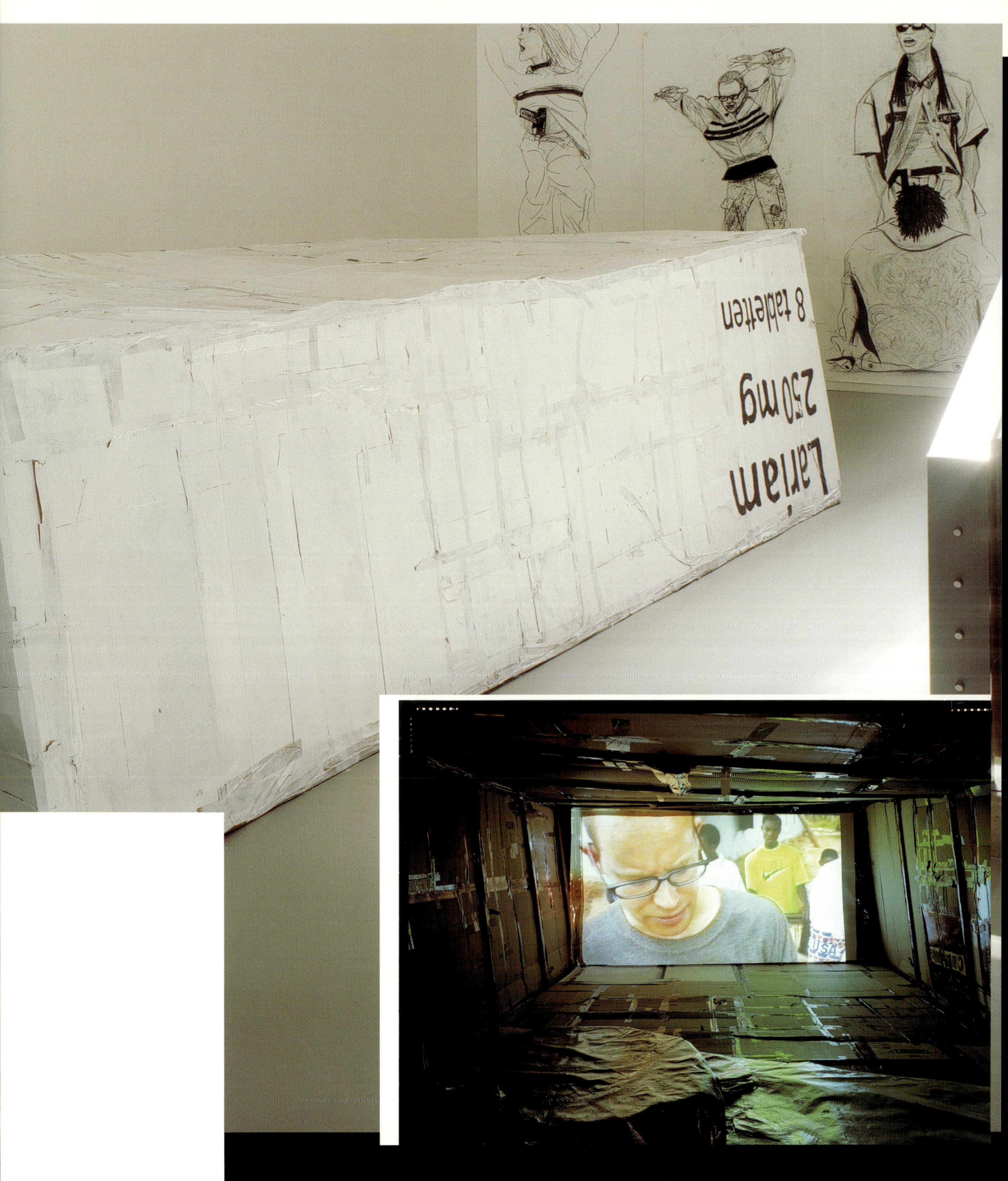

Lariam, 2001
karton en plakband / cardboard and tape, 150 x 750 x 240 cm
courtesy Stella Lohaus Gallery, Antwerpen

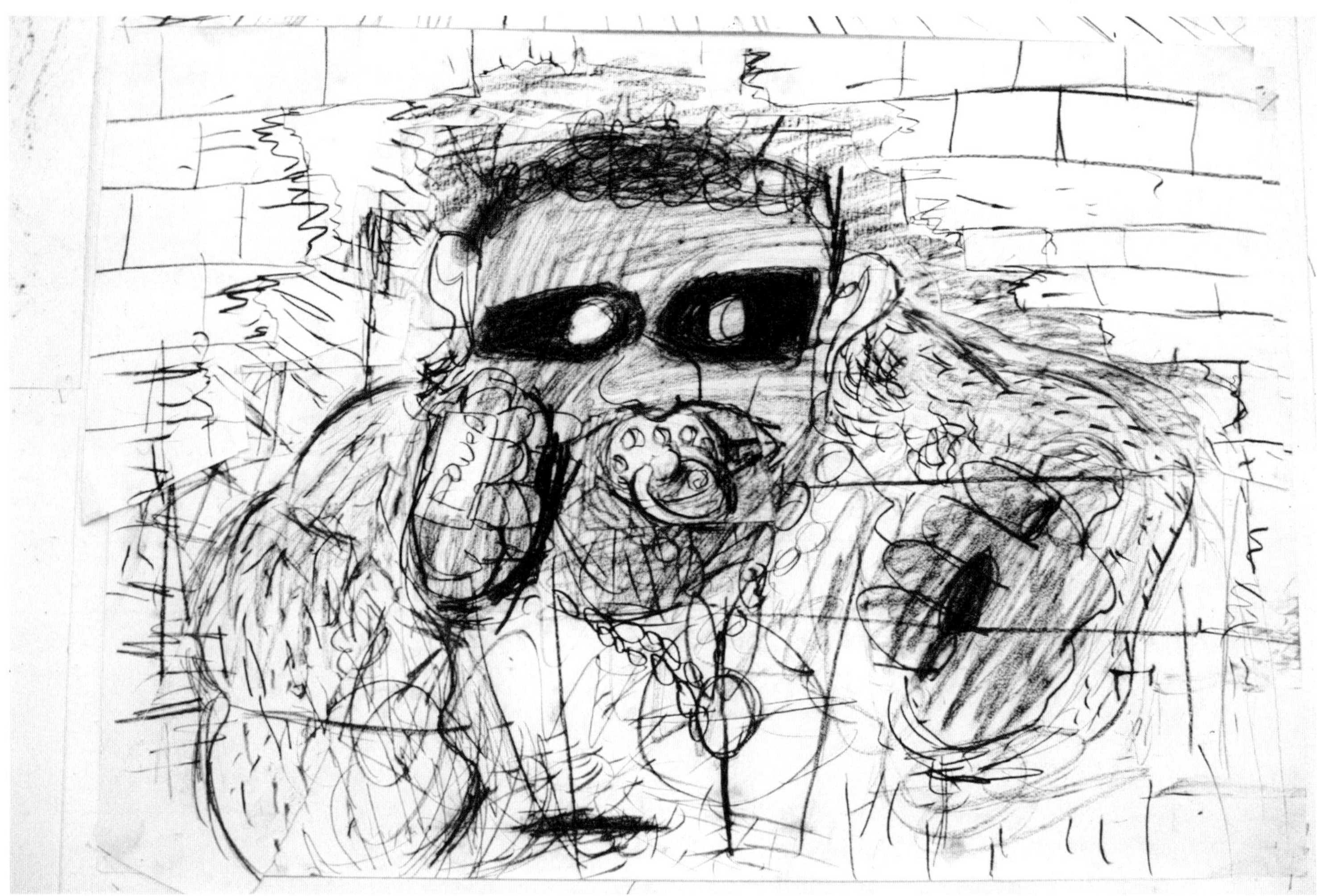

<u>Zonder titel / Untitled, 1992</u>
<u>conté op papier / conté on paper, 70 x 100 cm</u>
<u>particuliere collectie / private collection</u>

op de muren te kwakken. 'Want ik wil geen gebruiksvriende-
lijke tentoonstelling,' zegt Van Lieshout stellig. 'Het liefst zou
ik juist blokkades willen opwerpen in dat gelikte museum, die
esthetiek van die architectuur doorbreken. Mensen moeten
overweldigd raken door mijn werk, verward ook, want het is
blij, intiem en zwaarmoedig tegelijk, waar ze dan vervolgens de
grap van zouden moeten inzien. En toch, er moet wat achter-
blijven, zodat ze daarna meteen hup de kroeg in kunnen: om
het weg te drinken.'

De tentoonstelling in het Groninger Museum is niet alleen
een verzameling nieuw werk, maar vooral ook van nieuwe
combinaties van werken die tezamen een compleet nieuw
kunstwerk vormen. Het is een constructie vanuit de visie van de
kunstenaar op de kern van zijn oeuvre, een kunstenaar die als
een redacteur van zijn eigen schrijfsels nog wat schaaft, schrapt
en herschrijft. Voor het publiek is de tentoonstelling wellicht te
vergelijken met een ruimtelijke zap-ervaring door Van Lieshouts oeuvre, met hiaten en highlights, onontkoombaarder ook
dan televisie en zonder de ontsnapping van een uit-knop!

1. Hans den Hartog Jager, 'Heftiger dan het leven zelf',
NRC Handelsblad, 12 januari 2002.
2. Brian O'Doherty, 'Inside the White Cube, part I–III',
Artforum, 1976.

does not have to crawl on hands and knees through boxes in every gallery. From certain angles, the carefully chosen visual axes in Mendini's architecture even seem to offer the visitor a transparent overview of the artist's world - breathing space and clarity. However, this also turns out to be illusory. Just as the visitor believes that he or she has managed to grasp the significance of the oeuvre, another feint is dealt out. He remains a rogue at heart.

As mentioned, a major feature of Van Lieshout's art is provocation. One may catch oneself laughing at unacceptable things such as negroes on a spit, immigrants tumbling through their flying carpets, breasts that get jammed in the doorway. The artist laughs about such things too; he doesn't care about the establishment much. With Van Lieshout's work, which is clearly a statement against the 'establishment' or the 'system', the route to the exhibition is a dynamic one, providing matter for animated discussion. For this reason, the greatest challenge is, perhaps, to display his work in the most stylised museum in the Netherlands, an opinion with which he concurs.

At the same time, Van Lieshout also wishes to be accepted by this establishment. He works hard on his exhibition, sleeps little, paints, tinkers around, rejects ideas, deliberates, begins anew. It must be excellent, it must have the proper balance between literal and representative, he must not fail. The creative process is not a bed of roses. The artist even dreams of converting the coloured walls of the Groninger Museum into the white surfaces of the classical gallery. To wallow in the institutionalised security of the 'white cube'.[2] In earlier times, he would have aspired to attack this white sacral ambience in which an ashtray or wall socket is transformed into art, to despoil the space with his work, to nail his paintings on the wall without even a canvas stretcher. 'I do not want a consumer-friendly exhibition,' says Van Lieshout resolutely. 'What I would really like would be to throw up a blockade in that slick museum, violate the aesthetics of that architecture. People ought to be overwhelmed by my work, and confused, because it is cheerful, intimate and yet sombre; they can then enjoy the latent humour. Nonetheless, something should linger so that they can head straight for the pub to drink away the uncomfortable associations.'

The exhibition in the Groninger Museum is a collection of new work as well as fresh combinations of existing objects that thus jointly form a completely new work of art. It is a construction based on the artist's vision on the core of his oeuvre. He sharpens, deletes and rewrites his own scribblings, as it were, like an editor-in-chief. To the public, the exhibition can probably be compared to a spatial zap experience through his oeuvre, with gaps and highlights, less avoidable than television and without the escape of an off-switch!

1. Hans den Hartog Jager, 'Heftiger dan het leven zelf', *NRC Handelsblad*, January 12, 2002.
2. Brian O'Doherty, 'Inside the White Cube, part I-III', *Artforum*, 1976.

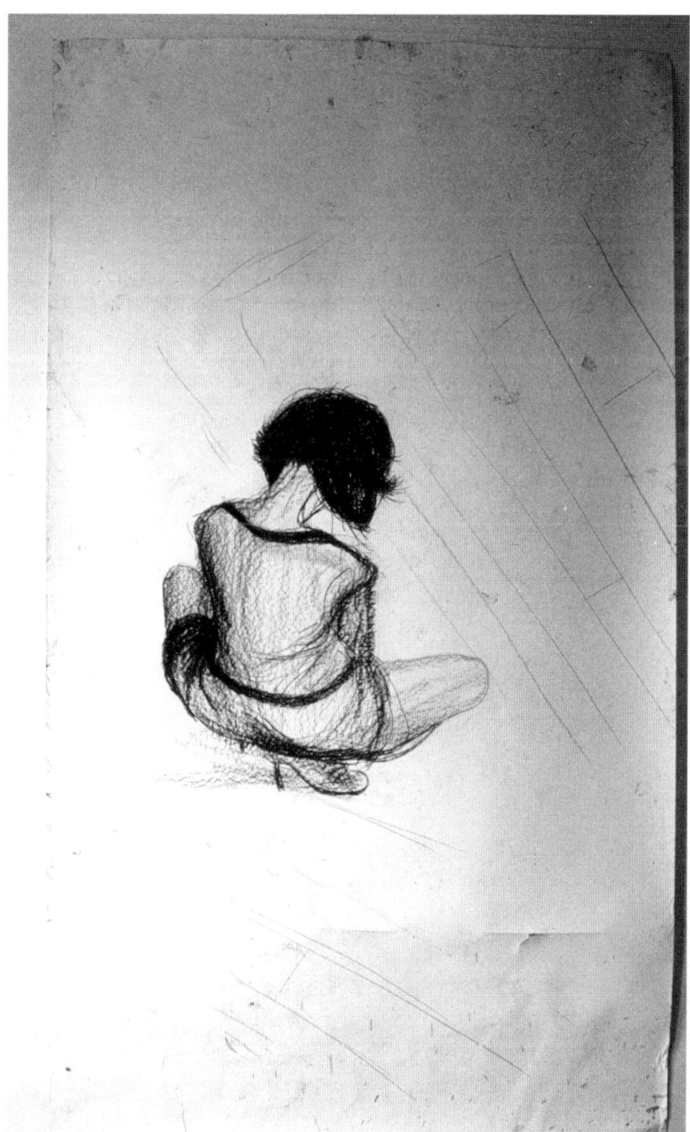

Zonder titel / Untitled, 1997
conté op papier / conté on paper, 264 x 150 cm
particuliere collectie / private collection

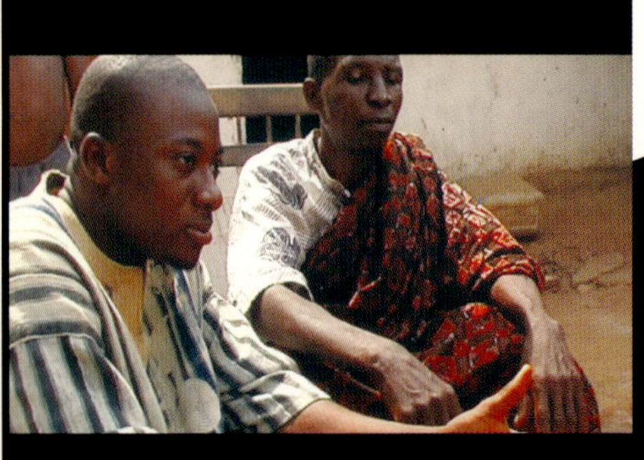

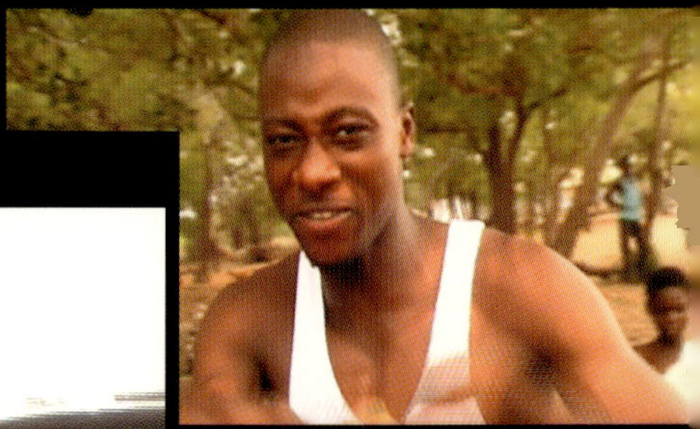

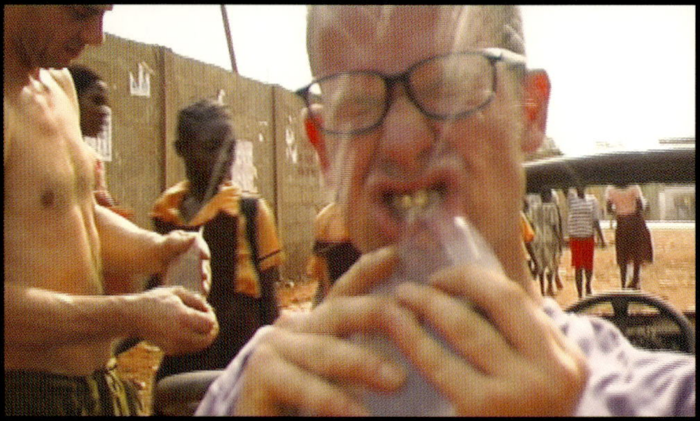

LARIAM

Er zijn gevallen van
zelfmoordneigingen gemeld,
maar de relatie met LARIAM
kon niet worden vastgesteld.

Refrein
LARIAM
LARIAM
LARIAM

When mosquito bites you
what is gonna happen...

Chorus
LARIAM
LARIAM
LARIAM

Beats:
Busta Rhymes / *Fire it up*

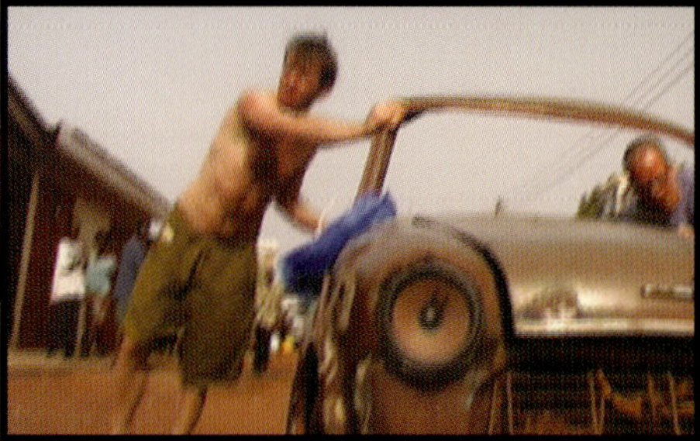

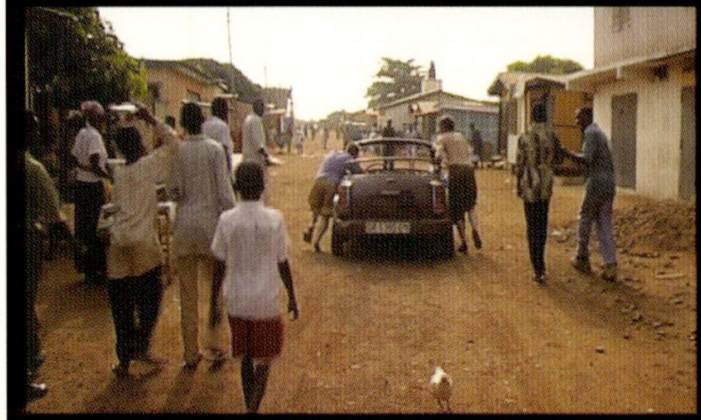

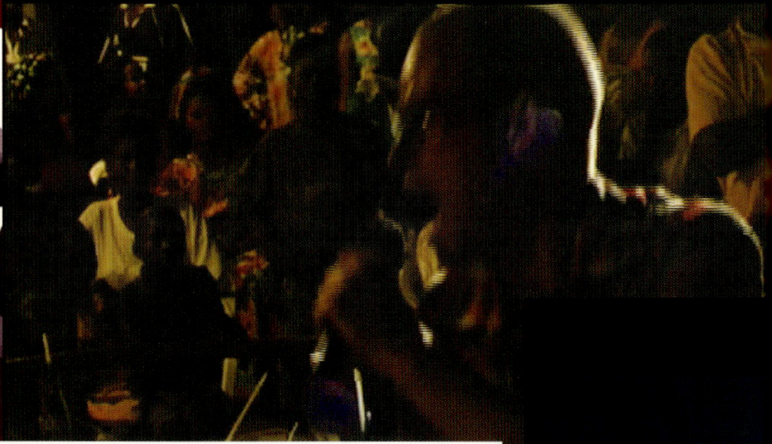

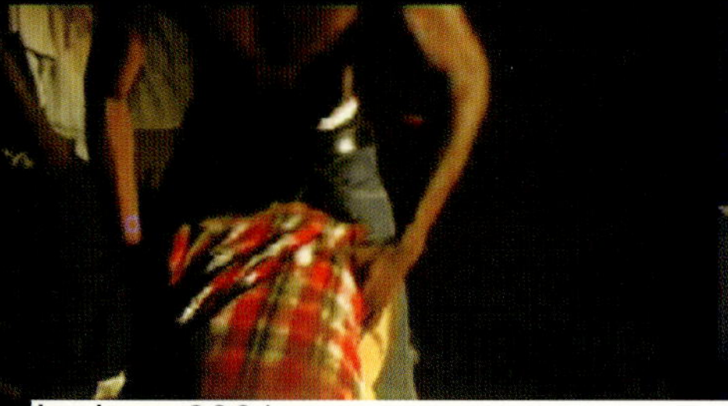

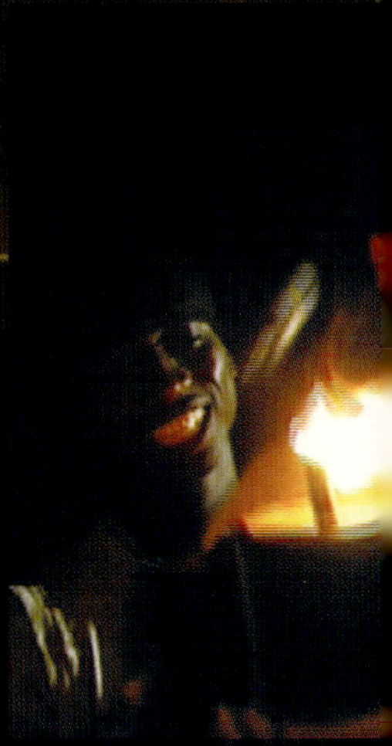

Lariam, 2001
video i.s.m. / with Marinus Jans, Derk Jan Wooldrik (cam
Core van der Hoeven (montage)
courtesy Stella Lohaus Gallery, Antwerpen

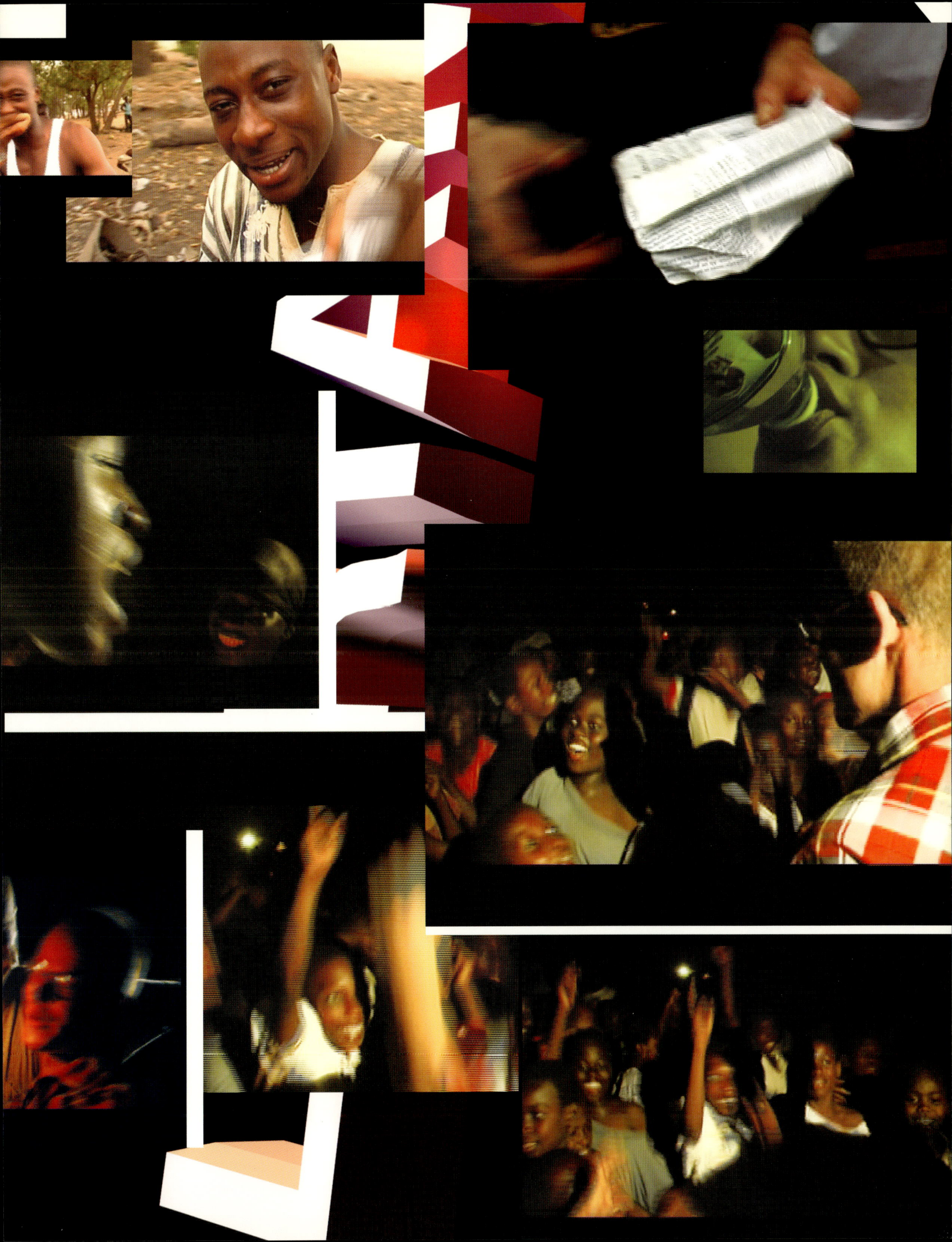

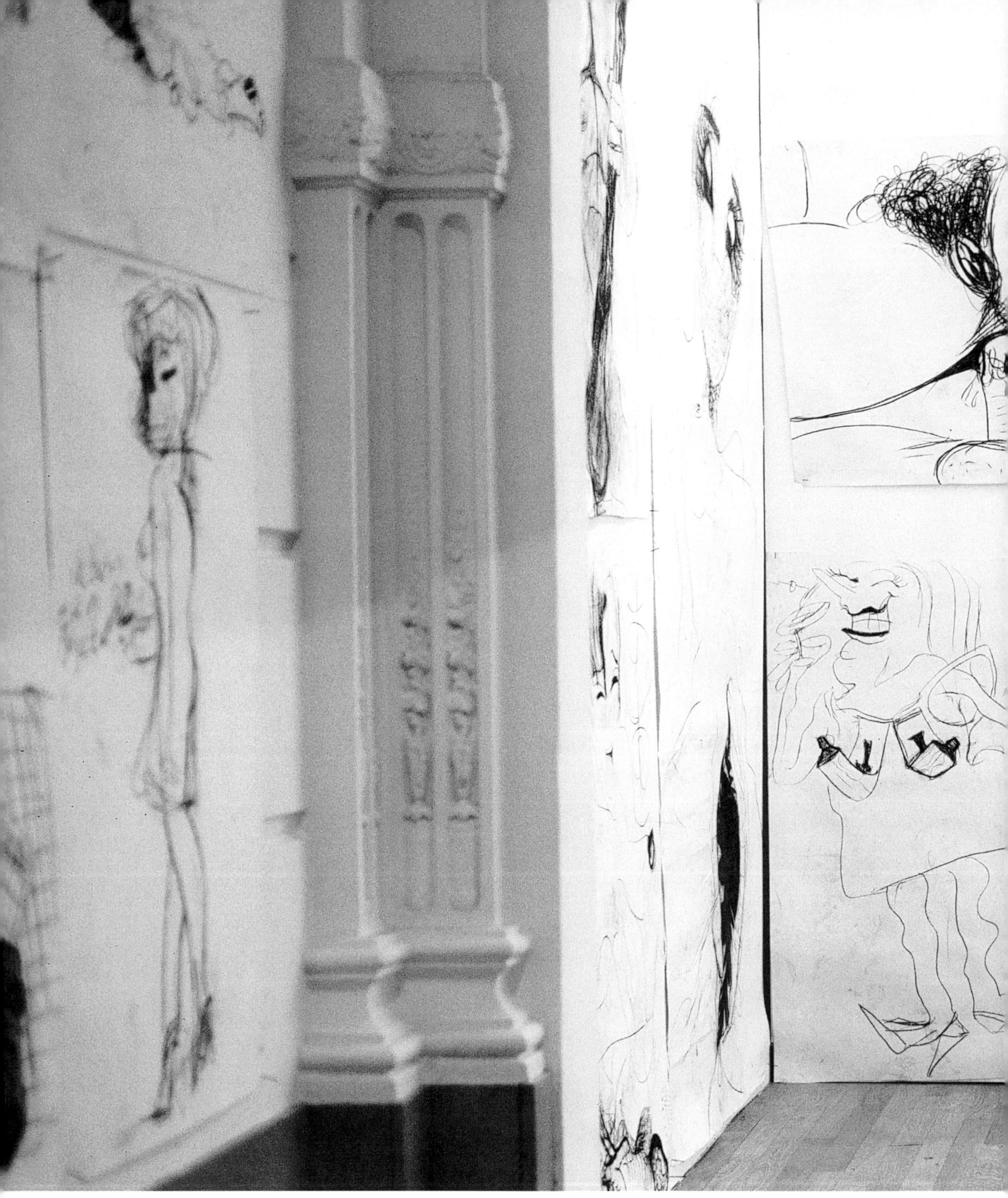

<u>detail tentoonstelling, 1996</u>
<u>Galerie Sabine Wachters, Brussel</u>

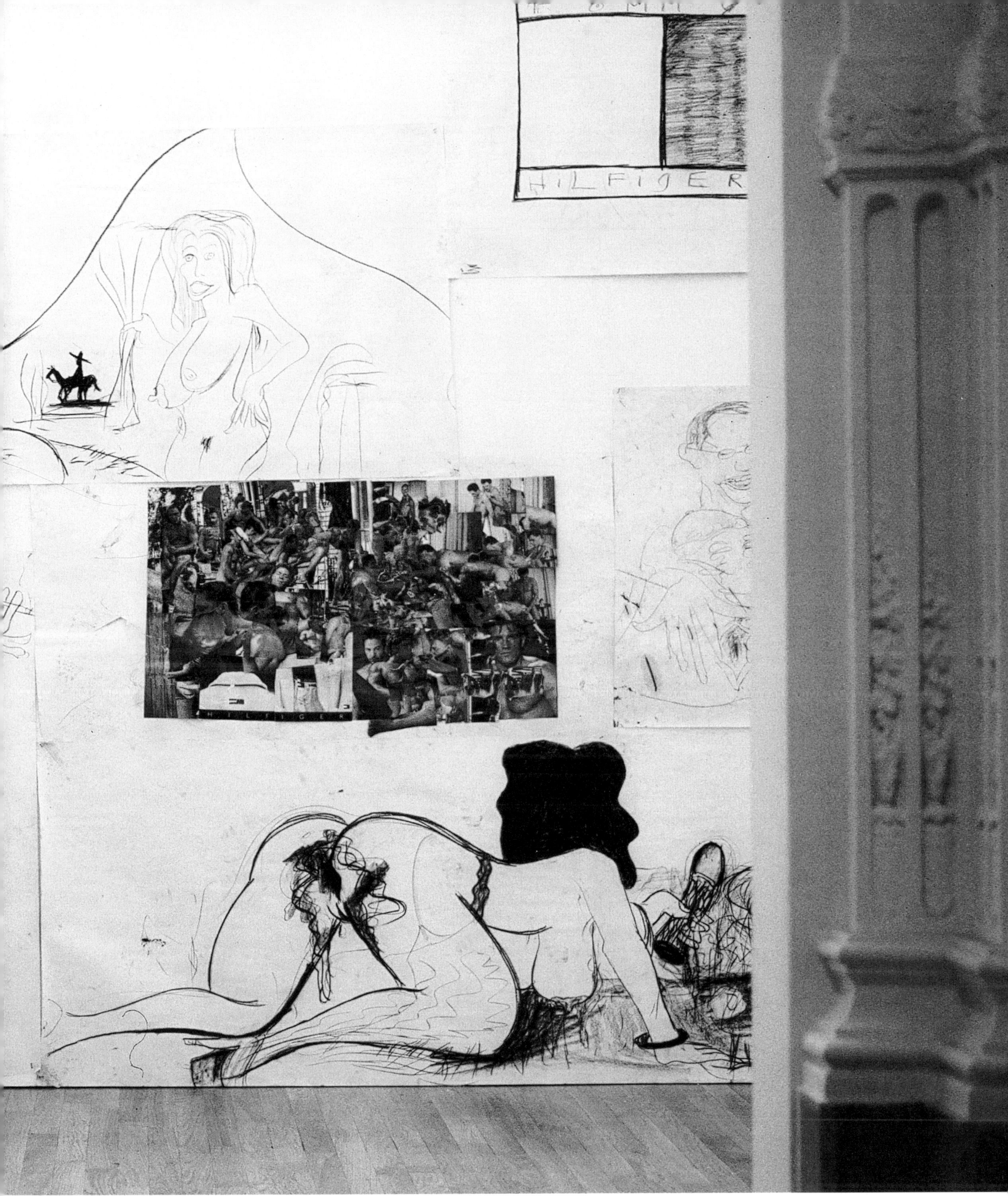

exhibition view, 1996
Sabine Wachters Gallery, Brussels

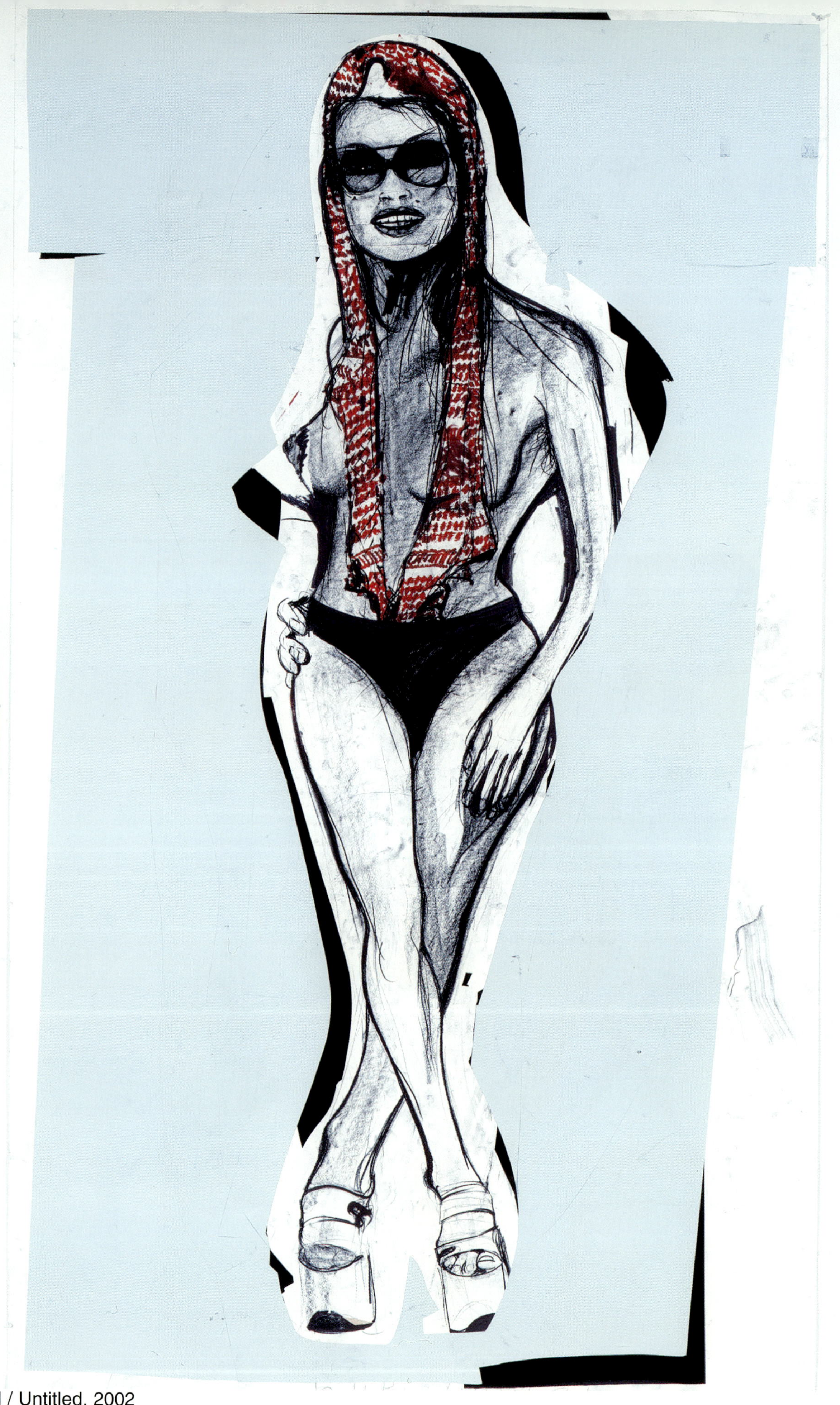

Zonder titel / Untitled, 2002
conté en plasticfolie op papier en pvc / conté and plastic foil on paper and PVC, 266 x 155 cm
courtesy Stella Lohaus Gallery, Antwerpen

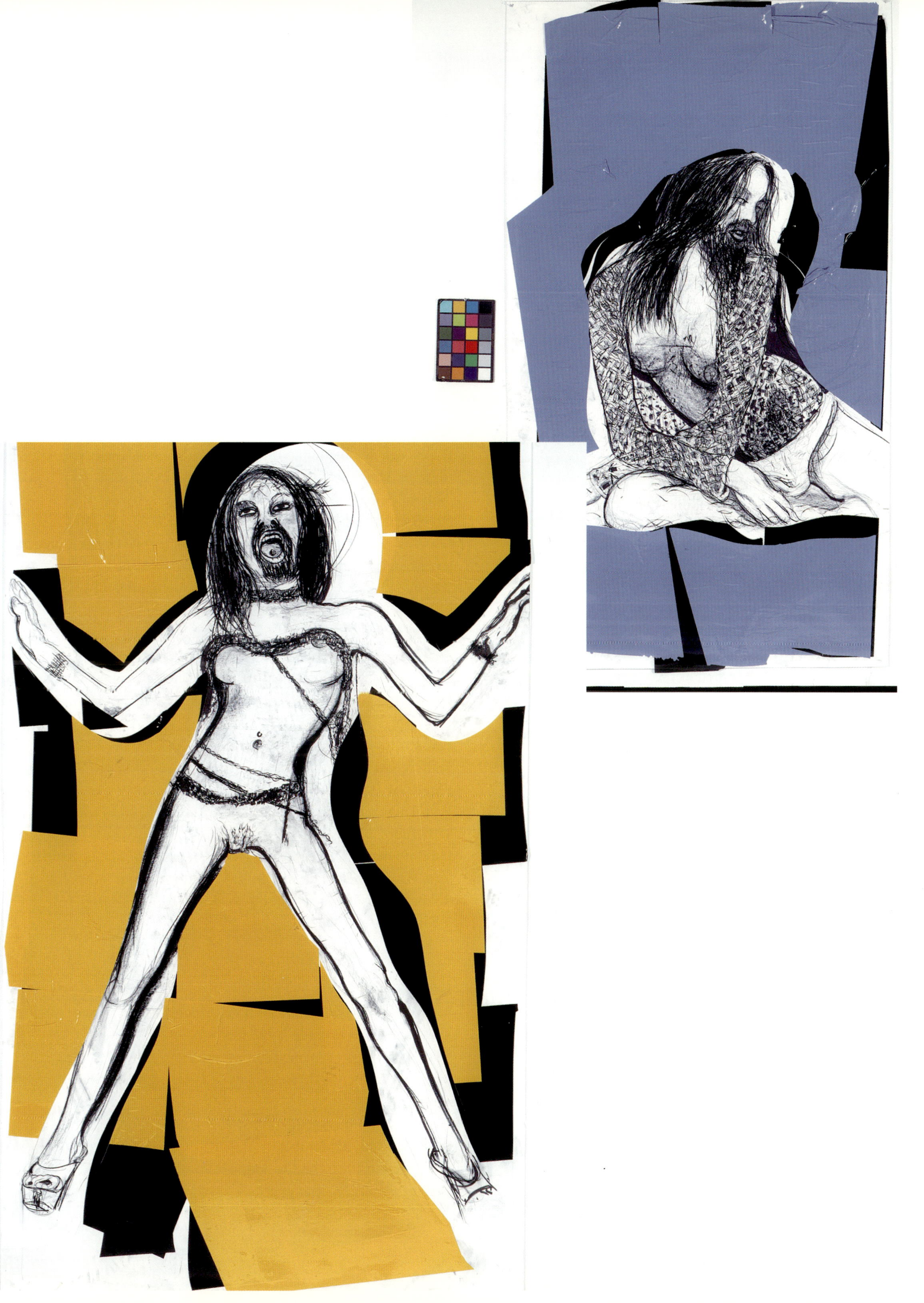

Bibliografie

2001
Maxine Kopsa, 'Naughty by Nature. Parental advisory explicit content', *Zero Gravity* (cat.), Kunstverein Düsseldorf, p. 64-67.
Birgit van Mechelen, 'Erik van Lieshout', *Man*, juni.
Kees Keijer, 'De bijwerkingen van een medicijn', *Het Parool*, 30 juni.
Hans den Hartog Jager, 'Kabbelend design en rebelse kunst op "Stroomversnelling"', *NRC Handelsblad*, 8 november.
Günter Beijer, 'Vor Sonnenbanken wird gewarnt. Vergiss die Form und fabuliere: das Groninger Museum zeigt junge niederländische Kunst, die etwas mit Design zu tun hat', *Frankfurter Allgemeine Zeitung*, 20 november.

2000
Dierk Schmidt, 'Erik van Lieshout', *Edition of Künstlerhaus Bethanien Berlin* (cat.), Berlijn.
Dierk Schmidt, 'Erik van Lieshout. Tommy Hilferik', *Buren* (cat.), Stedelijk Van Abbemuseum, Eindhoven, p. 66-73.
Wilma Süto, e.a., *Exorcism/Aesthetic Terrorism; Licht ontvlambare temperamenten in de hedendaagse kunst* (cat.), Museum Boijmans Van Beuningen, Rotterdam.
Hans den Hartog Jager, 'Heftiger dan het leven zelf', *NRC Handelsblad*, 12 januari.
Wim van den Beek, 'Tweedelige verklaring tegen saaiheid', *De Telegraaf*, 14 januari.
Erik van Lieshout, 'EMMDM Shouts Out', (kunstenaarsbijdrage), *The Dummy Speaks*, no. 3, maart.
Paola van de Velde, 'In de greep van geweld', *De Telegraaf*, 2 maart.
Merel Bem, 'Het boosaardige bedwongen', *De Volkskrant*, 15 maart.
Sandra Smallenburg, 'Kunstwerken die kreunen en schreeuwen', *NRC Handelsblad*, 26 juni.
Robbert Roos, 'Verbeelden en pijn doen', *Kunstbeeld*, no. 7/8.
Eric Bracke, 'Erik van Lieshout. Stella Lohaus Gallery', *Kunstbeeld*, no. 9.
Ronald Berg, 'Schnöder wohne; Büro Friedrich zeigt, wie süss Cannabis blüht', *Frankfurter Allgemeine Zeitung*, 14 september.
Rutger Pontzen, 'Kunst, sex en sauna's. Fucking real shit van Erik van Lieshout', *Vrij Nederland*, 9 december.

1999
Roel Arkestijn, *De Altena Boswinkel collectie in het Stedelijk Museum Schiedam* (cat.), Stedelijk Museum Schiedam.
Het paard van Troje. Tweeëneenhalf jaar aankopen van het Fries Museum (cat.), Fries Museum, Leeuwarden.
Prix de Rome (cat.), Amsterdam.
Luk Lambrecht, 'Zelfontbrander', *De Morgen*, 16 februari.
Ernst Jan Rozendaal, 'Expositie schildersverdriet in de kabinetten van de vleeshal', *Dagblad voor Zeeland*, 9 juli.

Rensje de Gruiter, 'Voor elk idee een nieuwe vorm', *NRC Handelsblad*, 28 oktober.
Willem van Beek, 'De nieuwe status van de Prix de Rome', *Kunstbeeld*, november.
Angelique Spaninks, 'Het rauwe leven gesampled', *Brabants-Eindhovens Dagblad*, 11 november.
Hans den Hartog Jager, 'Impuls voor eerbiedwaardig instituut', *NRC Handelsblad*, 13 november.
Erik van Lieshout, kunstenaarsbijdrage voor de culturele weekagenda Opmaat, *De Volkskrant*, 16 december.
Gunther Reski, 'Reformschinken', Edition of Künstlerhaus Bethanien Berlin (cat.), Berlijn.

1998
ANP, 'Van Lieshout beticht van plagiaat', *De Volkskrant*, 3 maart.
Nicola Henze, 'Sinnlich, obszön, chaotisch: die erotischen Phantasien des Bethanien-Stipendiaten Erik van Lieshout', *Berliner Morgenpost*, 24 maart.
'Sauna', *Villa d'Arte*, april.
Dominique Ruijters, 'Ambiance', *Metropolis M*, april-mei.
Mariska van den Berg, 'Kunstenaars op vreemde bodem. Ook Berlijners', *Vrij Nederland*, juli.
'"Lilalala" Action van Marijke van Warmerdam en Erik van Lieshout', *Jungle World*, nr. 40, 30 september.
Erik Hagoort, 'Nog steeds meester van het cliché', *De Volkskrant*, 21 oktober.
Flora Stiemer, 'Bustehouder als schotelantenne: de dubbelzinnige schilderijen van Erik van Lieshout', *Algemeen Dagblad*, 27 oktober.
Paul Prillewitz, 'Ik ben een heftig schilder', *Trouw*, 29 oktober.
Tjalling van Dijk en Mirjam Keunen, 'Kunst of kopie?', *Algemeen Dagblad*, 31 oktober.
Jhim Lamoree, 'Ik ben zo leeg als een konijn', *Het Parool*, 31 oktober.
Jan Rothuizen, 'De vernedering van de kunst', *BLVD*, november.
Jeroen Junte, 'Zoek de verschillen', *De Volkskrant*, 6 november.
Robbert Roos, 'Keulse galerie houdt rug recht', *Trouw*, 9 november.

1997
Wim Beeren en Erik van Lieshout, *Einde Tableau Vivant, NMB Amstelland Pulchri prijs 1997* (cat.), p. 34-37.
'Wim Izaksprijs', *Vitrine*, februari-maart.
Rutger Pontzen, 'In de naam van de kunst', *Vrij Nederland*, maart.
Lucette ter Borg, 'Schilderkunst gaat nooit verloren', *De Volkskrant*, 22 oktober.
Erik Hogoort, 'Stilstand is dodelijk voor jonge honden', *De Volkskrant*, 24 december.

Bibliography

2001
Maxine Kopsa, 'Naughty by Nature. Parental advisory explicit content', *Zero Gravity* (cat.), Kunstverein Düsseldorf, p. 64-67.
Birgit van Mechelen, 'Erik van Lieshout', *Man*, June.
Kees Keijer, 'De bijwerkingen van een medicijn', *Het Parool*, June 30.
Hans den Hartog Jager, 'Kabbelend design en rebelse kunst op "Stroomversnelling"', *NRC Handelsblad*, November 8.
Günter Beijer, 'Vor Sonnenbanken wird gewarnt. Vergiss die Form und fabuliere: das Groninger Museum zeigt junge niederländische Kunst, die etwas mit Design zu tun hat', *Frankfurter Allgemeine Zeitung*, November 20.

2000
Dierk Schmidt, 'Erik van Lieshout', *Edition of Künstlerhaus Bethanien Berlin* (cat.), Berlin.
Dierk Schmidt, 'Erik van Lieshout. Tommy Hilferik', *Buren* (cat.), Stedelijk Van Abbemuseum, Eindhoven, p. 66-73.
Wilma Süto, e.a., *Exorcism/Aesthetic Terrorism; Fiery temperaments in contemporary art* (cat.), Museum Boijmans Van Beuningen, Rotterdam.
Hans den Hartog Jager, 'Heftiger dan het leven zelf', *NRC Handelsblad*, January 12.
Wim van den Beek, 'Tweedelige verklaring tegen saaiheid', *De Telegraaf*, January 14.
Erik van Lieshout, 'EMMDM Shouts Out', (artists pages), *The Dummy Speaks*, no.3, March.
Paola van de Velde, 'In de greep van geweld', *De Telegraaf*, March 2.
Merel Bem, 'Het boosaardige bedwongen', *De Volkskrant*, March 15.
Sandra Smallenburg, 'Kunstwerken die kreunen en schreeuwen', *NRC Handelsblad*, June 26.
Robbert Roos, 'Verbeelden en pijn doen', *Kunstbeeld*, no. 7/8.
Eric Bracke, 'Erik van Lieshout. Stella Lohaus Gallery', *Kunstbeeld,* no. 9.
Ronald Berg, 'Schnöder wohne; Büro Friedrich zeigt, wie süss Cannabis blüht', *Frankfurter Allgemeine Zeitung*, September 14.
Rutger Pontzen, 'Kunst, sex en sauna's. Fucking real shit van Erik van Lieshout', *Vrij Nederland*, December 9.

1999
Roel Arkestijn, *De Altena Boswinkel collectie in het Stedelijk Museum Schiedam* (cat.), Stedelijk Museum Schiedam.

Het paard van Troje. Tweeëneenhalf jaar aankopen van het Fries Museum (cat.), Fries Museum, Leeuwarden.
Prix de Rome (cat.), Amsterdam.
Luk Lambrecht, 'Zelfontbrander', *De Morgen*, February 16.
Ernst Jan Rozendaal, 'Expositie schildersverdriet in de kabinetten van de vleeshal', *Dagblad voor Zeeland*, July 9.
Rensje de Gruiter, 'Voor elk idee een nieuwe vorm', *NRC Handelsblad*, October 28.
Willem van Beek, 'De nieuwe status van de Prix de Rome', *Kunstbeeld*, November.
Angelique Spaninks, 'Het rauwe leven gesampled', *Brabants-Eindhovens Dagblad*, November 11.
Hans den Hartog Jager, 'Impuls voor eerbiedwaardig instituut', *NRC Handelsblad*, November 13.
Erik van Lieshout, (artist's contribution for the cultural programme Opmaat), *De Volkskrant*, December 16.
Gunther Reski, 'Reformschinken', Edition of Künstlerhaus Bethanien Berlin (cat.), Berlijn.

1998
ANP, 'Van Lieshout beticht van plagiaat', *De Volkskrant*, March 3.
Nicola Henze, 'Sinnlich, obszön, chaotisch: die erotischen Phantasien des Bethanien-Stipendiaten Erik van Lieshout', *Berliner Morgenpost*, March 24.
'Sauna', *Villa d'Arte*, April.
Dominique Ruijters, 'Ambiance', *Metropolis M*, April-May.
Mariska van den Berg, 'Kunstenaars op vreemde bodem. Ook Berlijners', *Vrij Nederland*, July.
'"Lilalala" Action van Marijke van Warmerdam und Erik van Lieshout', *Jungle World*, nr. 40, September 30.
Erik Hagoort, 'Nog steeds meester van het cliché', *De Volkskrant*, October 21.
Flora Stiemer, 'Bustehouder als schotelantenne: de dubbelzinnige schilderijen van Erik van Lieshout', *Algemeen Dagblad*, October 27.
Paul Prillewitz, 'Ik ben een heftig schilder', *Trouw*, October 29.
Tjalling van Dijk en Mirjam Keunen, 'Kunst of kopie?', *Algemeen Dagblad*, October 31.
Jhim Lamoree, 'Ik ben zo leeg als een konijn', *Het Parool*, October 31.
Jan Rothuizen, 'De vernedering van de kunst', *BLVD*, November.
Jeroen Junte, 'Zoek de verschillen', *De Volkskrant*, November 6.
Robbert Roos, 'Keulse galerie houdt rug recht', *Trouw*, November 9.

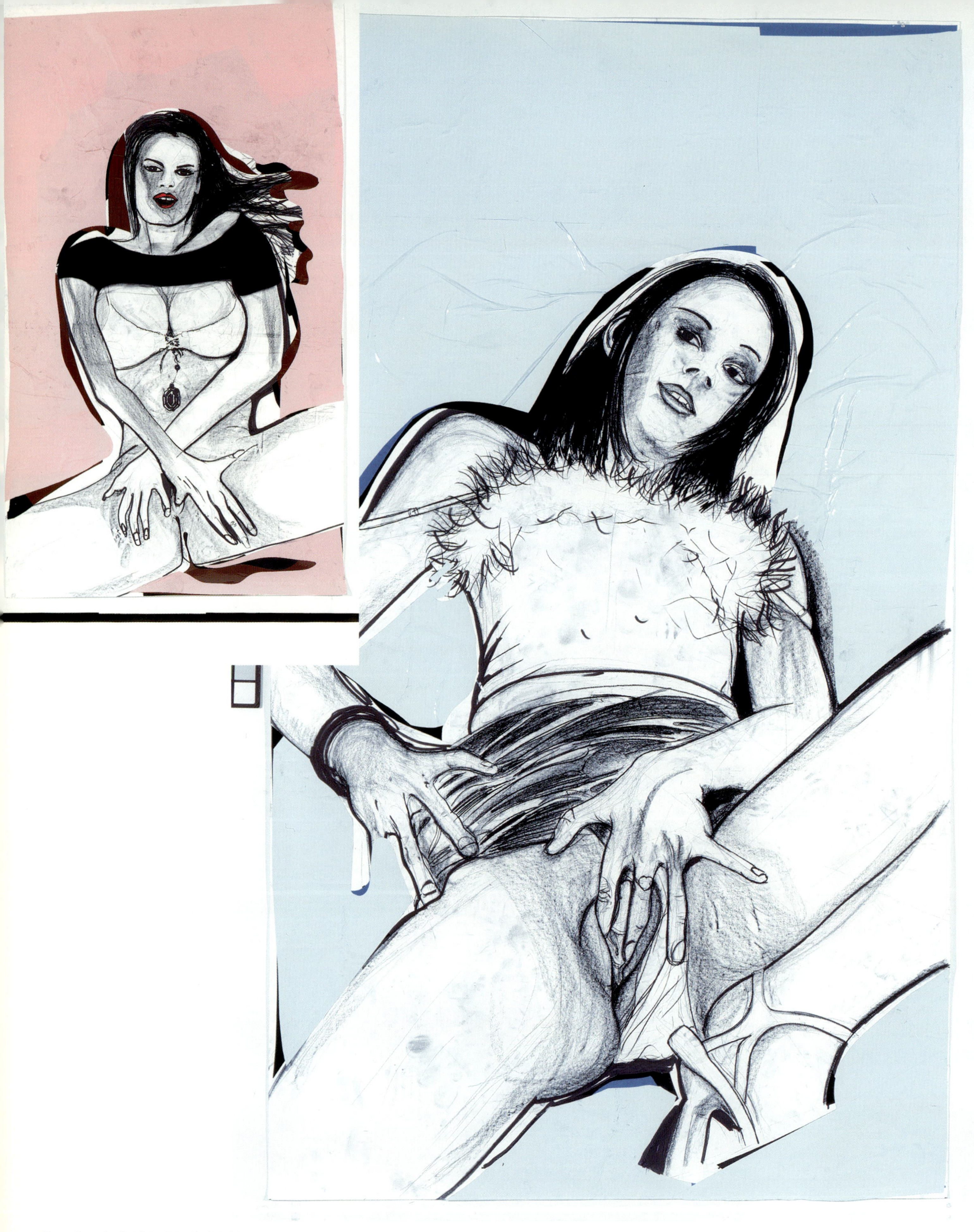

Zonder titel / Untitled, 2002
conté en plasticfolie op papier en pvc / conté and plastic foil on paper and PVC, 266 x 155 cm
courtesy Stella Lohaus Gallery, Antwerpen

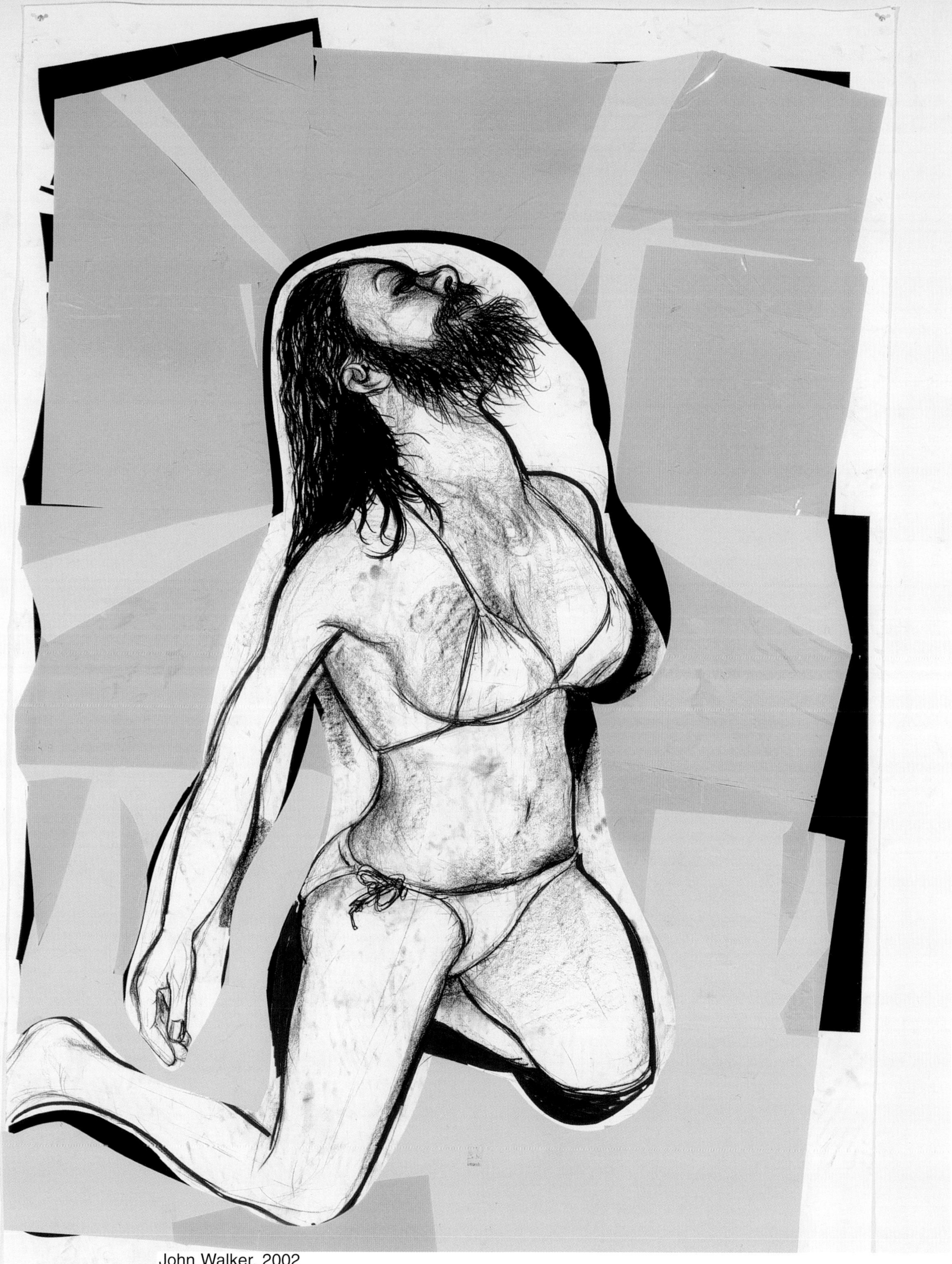

John Walker, 2002
conté en plasticfolie op papier / conté and plastic foil on paper, 250 x 155 cm
courtesy Stella Lohaus Gallery, Antwerpen

1996

Ludo Bekkers en Elly Stegeman, 'Hedendaagse schilders in
Nederland en Vlaanderen', *Stichting Ons Erfdeel,*
Rekkem, p. 74-76.
Rob Smolders, 'Erik van Lieshout', *Wim Izaksstipendium* (cat.).
Robbert Roos, 'Wim Izaksprijs staat voor sterk persoonlijke
expressie', *Trouw*, 25 november.
Lucette ter Borg, 'Pump the cherry!', *NRC Handelsblad*, 7 juli.

1995

Stegeman, Elly. 'Erik van Lieshout: dynamiet', *De wereld op
zolder* (cat.).

1994

Ateliers 1985-1993 (cat.), Paleis voor Schone Kunsten, Brussel.
*Catalogus van het Fonds voor Beeldende Kunsten en
Vormgeving*, Amsterdam.
'WATT', *Cahier #2* (cat.), Witte de With, Rotterdam, p. 129-130.
Martin Pieterse, 'Kunstenaars tekenen over huislijk plezier',
De Gelderlander, 11 februari.
Rutger Pontzen, 'Zes nieuwe Nederlandse kunstenaars: jonge
kunst is keukentafelkunst', *Vrij Nederland*, 26 februari.
Mark Kremer, 'Watt or von Münchenhausen, take your Prich',
De Witte Raaf, april.
Din Pieters, 'Dwalen door zalen', *NRC Handelsblad*, 6 mei.
Paul Depondt, 'Fuchs tekent hinkelspel in Stedelijk Museum',
De Volkskrant, 10 mei.
Martijn van Nieuwenhuizen, 'Erik van Lieshout', *SM-Bulletin*,
mei-juni.
Hans den Hartog Jager, 'In vredesnaam incorrect', *HP De Tijd*,
16 mei.
Elly Stegeman, 'Wij zijn ouderwets: een gesprek met David
Bade en Erik van Lieshout', *Metropolis M*, zomer.
Hans den Hartog Jager, 'Leren van gescheld', *NRC Handelsblad*,
16 september.

Radio en Televisie

'Kunstenaars in het buitenland' (TV), NPS-C Land,
november 1998.
Anne Versloot, 'Hip Hop met Bijsluiter: de spoedcursus van
Erik van Lieshout'. Radio Nederland Wereldomroep,
16 juli 2001.
'Het uur van de wolf' (TV), VPRO/Springerfilm,
22 oktober, 2001.
'Laat de Leeuw' (TV), Vara/Marat TV, 12 november 2001.

1997

Wim Beeren en Erik van Lieshout, *Einde Tableau Vivant, NMB Amstelland Pulchri prijs 1997* (cat.), p. 34-37.
'Wim Izaksprijs', *Vitrine*, February-March.
Rutger Pontzen, 'In de naam van de kunst', *Vrij Nederland*, March.
Lucette ter Borg, 'Schilderkunst gaat nooit verloren', *De Volkskrant*, October 22.
Erik Hogoort, 'Stilstand is dodelijk voor jonge honden', *De Volkskrant*, December 24.

1996

Ludo Bekkers en Elly Stegeman, 'Contemporary Painting of the Low Countries', *Stichting Ons Erfdeel*, Rekkem, p. 74-76.
Rob Smolders, 'Erik van Lieshout', *Wim Izaksstipendium* (cat.).
Robbert Roos, 'Wim Izaksprijs staat voor sterk persoonlijke expressie', *Trouw*, November 25.
Lucette ter Borg, 'Pump the cherry!', *NRC Handelsblad*, July 7.

1995

Stegeman, Elly. 'Erik van Lieshout: dynamiet', *De wereld op zolder* (cat.).

1994

Ateliers 1905 1993 (cat.), Paleis voor Schone Kunsten, Brussels.
Catalogus van het Fonds voor Beeldende Kunsten en Vormgeving, Amsterdam.
'WATT', *Cahier #2* (cat.), Witte de With, Rotterdam, p. 129-130.
Martin Pieterse, 'Kunstenaars tekenen over huislijk plezier', *De Gelderlander*, February 11.
Rutger Pontzen, 'Zes nieuwe Nederlandse kunstenaars: jonge kunst is keukentafelkunst', *Vrij Nederland*, February 26.
Mark Kremer, 'Watt or von Münchenhausen, take your Prich', *De Witte Raaf*, April.
Din Pieters, 'Dwalen door zalen', *NRC Handelsblad*, May 6.
Paul Depondt, 'Fuchs tekent hinkelspel in Stedelijk Museum', *De Volkskrant*, May 10.
Martijn van Nieuwenhuizen, 'Erik van Lieshout', *SM-Bulletin*, May-June.
Hans den Hartog Jager, 'In vredesnaam incorrect', *HP De Tijd*, May 16.
Elly Stegeman, 'Wij zijn ouderwets: een gesprek met David Bade en Erik van Lieshout', *Metropolis M*, Summer.
Hans den Hartog Jager, 'Leren van gescheld', *NRC Handelsblad*, September 16.

Radio and Television

'Kunstenaars in het buitenland' (TV), NPS-C Land, November 1998.
Anne Versloot, 'Hip Hop met Bijsluiter: de spoedcursus van Erik van Lieshout. Radio Nederland Wereldomroep, July 16 2001.
'Het uur van de wolf' (TV), VPRO/Springerfilm. October 22 2001.
'Laat de Leeuw' (TV), Vara/Marat TV, November 12 2001.

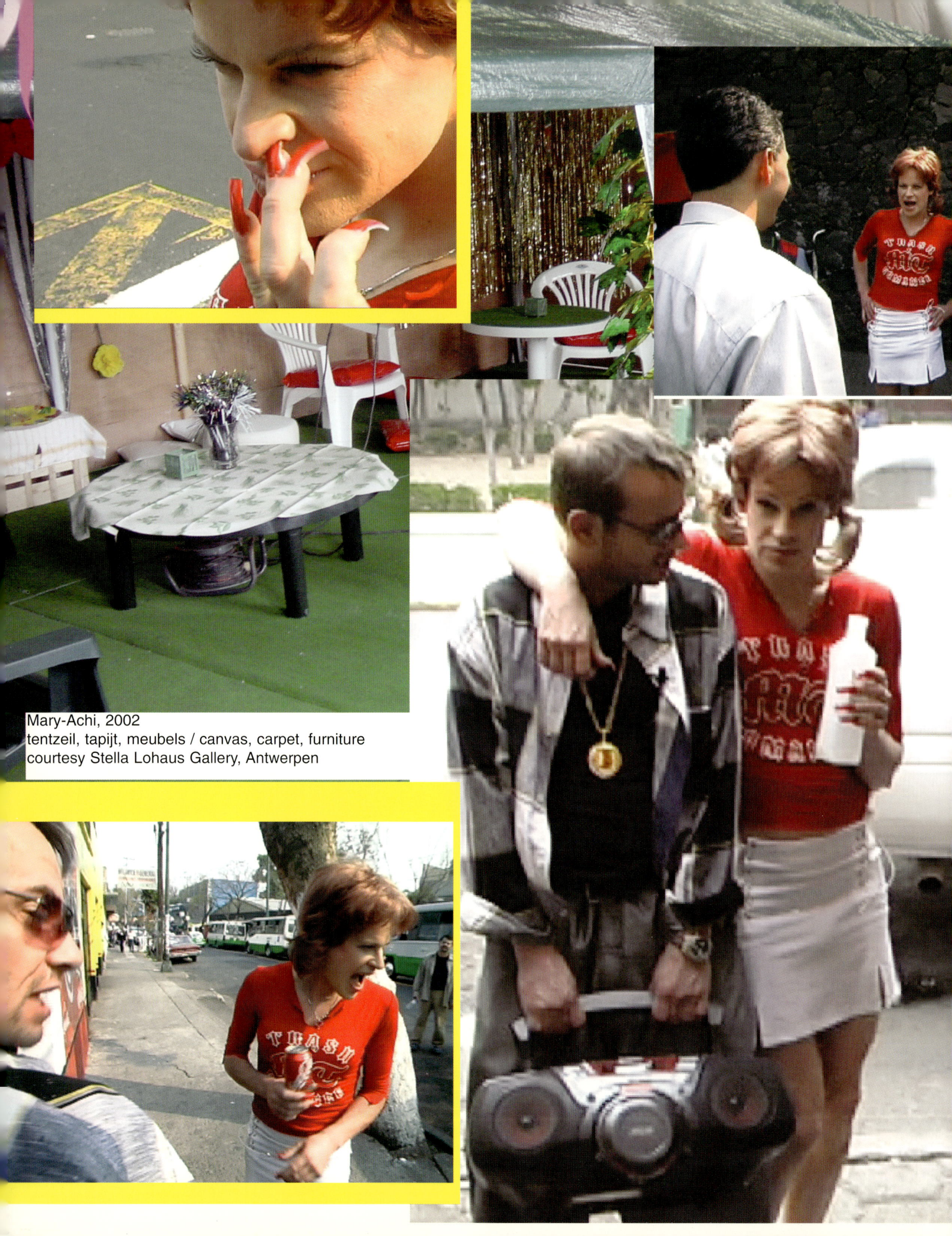

Mary-Achi, 2002
tentzeil, tapijt, meubels / canvas, carpet, furniture
courtesy Stella Lohaus Gallery, Antwerpen

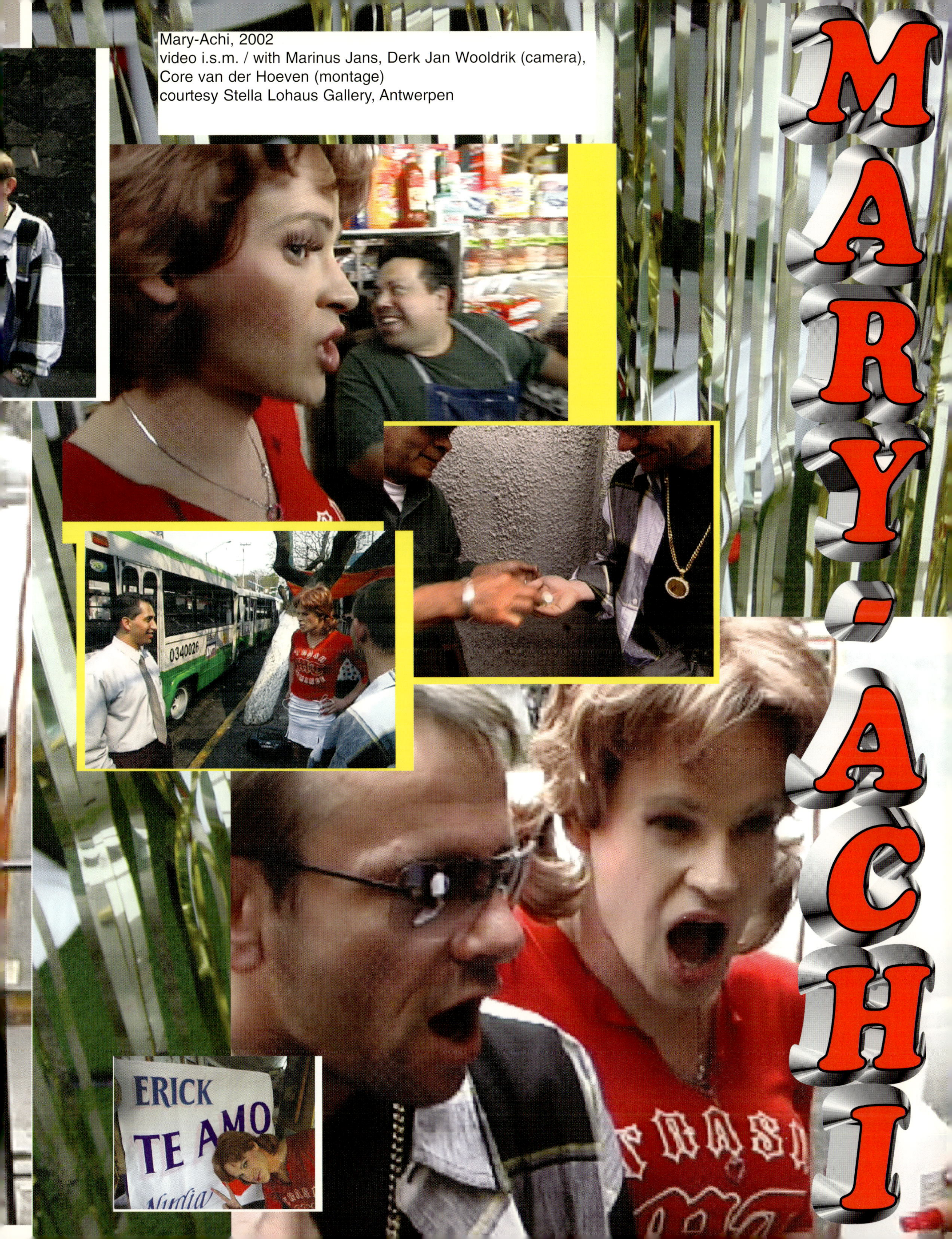

Mary-Achi, 2002
video i.s.m. / with Marinus Jans, Derk Jan Wooldrik (camera),
Core van der Hoeven (montage)
courtesy Stella Lohaus Gallery, Antwerpen

Biografie

1968 geboren in Deurne
Woont en werkt in Rotterdam

Opleiding
1990 Academie voor Kunst en Vormgeving, 's-Hertogenbosch
1992 Ateliers '63, Haarlem

Solotentoonstellingen

2002
Naughty by Nature, Groninger Museum, Groningen
Bin Shopping, Stella Lohaus Gallery, Antwerpen

2001
Lariam, Galerie Fons Welters, Amsterdam

2000
High, Stella Lohaus Gallery, Antwerpen

1999
Aktionsforum Praterinsel Laboratorium, München
Selbstentzünderer, Stella Lohaus Gallery, Antwerpen
Altes Rathaus, Schwerin

1998
Singing Apart Together, Galerie Fons Welters, Amsterdam
Mit Heizung, Stella Lohaus Gallery, Antwerpen

1996
Galerie Sabine Wachters, Brussel

Groepstentoonstellingen

2001
Stroomversnelling, Groninger Museum, Groningen
Wolfgang Plöger - Erik Van Lieshout, CIAP, Hasselt
Pussy Forever, Christa Burger Galerie, München
Zero Gravity, Kunstverein, Düsseldorf
Carbar, Lowlands, Biddinghuizen
April is the cruelest month, Stella Lohaus Gallery, Antwerpen
A very fancy fair, Leidsche Rijn, Utrecht
Nieuwe aanwinsten, Stedelijk Museum, Amsterdam

2000
Pleidooi voor intuïtie, Haags Gemeentemuseum, Den Haag
Christa Burger Galerie, München
Buren, Van Abbemuseum, Eindhoven
BüroFriedrich, Berlijn
Paintballs, Buro Leeuwarden, Leeuwarden (met Bill
Beckenbridge)
Hey, International Competition Style, Tent., Rotterdam
(curator met Dierk Schmidt, Amelie von Wulffen)

Exorcism, Aesthetic Terrorism, Museum Boijmans Van
Beuningen, Rotterdam
Het paard van Troje, Fries Museum, Leeuwarden

1999
Prix de Rome: Four artists of the Prix de Rome (painting):
Charlotte Schleiffert, Erik Van Lieshout, Gé Karel van de
Sterren en Gijs Frieling, Arti et Amicitiae, Amsterdam
Franky DC, Walter Swennen, Niels Donckers, Elske Neus, Erik
van Lieshout, Sven 't Jolle, Stella Lohaus Gallery, Antwerpen
Groupshow, Galerie Fons Welters, Amsterdam
After the Riot, MARRES, Maastricht
After the Riot: snowflake office, Galerie Ursula Walbröl,
Düsseldorf (met Ingo Vetter, Anette Weisser)
Snowflake Office, Naftaly Green Gallery, New York
Schildersverdriet, De Vleeshal, Middelburg
Gladijs, Stedelijk Museum, Amsterdam

1998
The Centre Holds, Galerie Gmurzynska, Keulen
Fonds voor Beeldende Kunst, Vormgeving en Bouwkunst,
Amsterdam
Mit Heizung, Künstlerhaus Bethanien, Berlijn

1997
Excedra, Hilversum (met David Bade)
Einde eeuw, Tableau vivant, Pulchri Studio, Den Haag
Kaus Australis, Rotterdam

1996
6th International Bienal of Cairo, Caïro
RTL 12+, Galerie Tanya Rumpff, Haarlem
(met Charlotte Schleiffert)
Pump the Cherry, Galerie Cokkie Snoei, Rotterdam (curator)
Ver na Vermeer, De Beyerd, Breda

1995
Stroomopwaarts, HAL, Rotterdam

1994
Ateliers 1985-1993, Paleis voor Schone Kunsten, Brussel
Couplet 2, Stedelijk Museum, Amsterdam
Galerie Sabine Wachters, Brussel (met Charlotte Schleiffert,
David Bade)
Watt, Witte de With, Center for Contemporary Art, Rotterdam

1993
De kracht van heden, Loods 6, Amsterdam

Biography

1968 born in Deurne
Lives and works in Rotterdam

Education
1990 Academie voor Kunst en Vormgeving,
's-Hertogenbosch
1992 Ateliers '63, Haarlem

Solo exhibitions

2002
Naughty by Nature, Groninger Museum,
Groningen
Bin Shopping, Stella Lohaus Gallery, Antwerp

2001
Lariam, Galerie Fons Welters, Amsterdam

2000
High, Stella Lohaus Gallery, Antwerp

1999
Aktionsforum Praterinsel Laboratorium, Munich
Selbstentzünderer, Stella Lohaus Gallery,
Antwerp
Altes Rathaus, Schwerin

1998
Singing Apart Together, Galerie Fons Welters,
Amsterdam
Mit Heizung, Stella Lohaus Gallery, Antwerp

1996
Sabine Wachters Gallery, Brussels

Group exhibitions

2001
Stroomversnelling, Groninger Museum, Groningen
Wolfgang Plöger - Erik Van Lieshout, CIAP,
Hasselt
Pussy Forever, Christa Burger Galerie, Munich
Zero Gravity, Kunstverein, Dusseldorf
April is the cruelest month, Stella Lohmans
Gallery, Antwerp
Carbar, Lowlands, Biddinghuizen
A very fancy fair, Leidsche Rijn, Utrecht
Nieuwe aanwinsten, Stedelijk Museum, Amsterdam

2000
Pleidooi voor intuïtie, Haags Gemeentemuseum,
The Hague
Christa Burger Galerie, Munich
Buren, Van Abbemuseum, Eindhoven
BüroFriedrich, Berlin
Paintballs, Buro Leeuwarden, Leeuwarden (with
Bill Beckenbridge)

Hey, International Competition Style, Tent.,
Rotterdam (curator with Dierk Schmidt,
Amelie von Wulffen)
Exorcism, Aesthetic Terrorism, Museum
Boijmans Van Beuningen, Rotterdam
Het paard van Troje, Fries Museum, Leeuwarden

1999
Prix de Rome: Four artists of the Prix de
Rome (painting): Charlotte Schleiffert, Erik
Van Lieshout, Gé Karel van de Sterren en Gijs
Frieling, Arti et Amicitiae, Amsterdam
Franky DC, Walter Swennen, Niels Donckers,
Elske Neus, Erik van Lieshout, Sven 't Jolle,
Stella Lohaus Gallery, Antwerp
Groupshow, Galerie Fons Welters, Amsterdam
After the Riot, MARRES, Maastricht
After the Riot: snowflake office, Galerie
Ursula Walbröl, Dusseldorf
(with Ingo Vetter, Anette Weiss)
Snowflake Office, Naftaly Green Gallery,
New York
Schildersverdriet, De Vleeshal, Middelburg
Gladijs, Stedelijk Museum, Amsterdam

1998
The Centre Holds, Galerie Gmurzynska, Cologne
Fonds voor Beeldende Kunst, Vormgeving en
Bouwkunst, Amsterdam
Mit Heizung, Künstlerhaus Bethanien, Berlin

1997
Excedra, Hilversum (with David Dade)
Einde eeuw, Tableau vivant, Pulchri Studio,
The Hague
Kaus Australis, Rotterdam

1996
6th International Bienal of Cairo, Cairo
RTL 12+, Galerie Tanya Rumpff, Haarlem (with
Charlotte Schleiffert)
Pump the Cherry, Galerie Cokkie Snoei,
Rotterdam (curator)
Ver na Vermeer, De Beyerd, Breda

1995
Stroomopwaarts, HAL, Rotterdam

1994
Ateliers 1985-1993, Paleis voor Schone
Kunsten, Brussels
Couplet 2, Stedelijk Museum, Amsterdam
Sabine Wachters Gallery, Brussels (with
Charlotte Schleiffert, David Bade)
Watt, Witte de With, Center for Contemporary
Art, Rotterdam

1993
De kracht van heden, Loods 6, Amsterdam

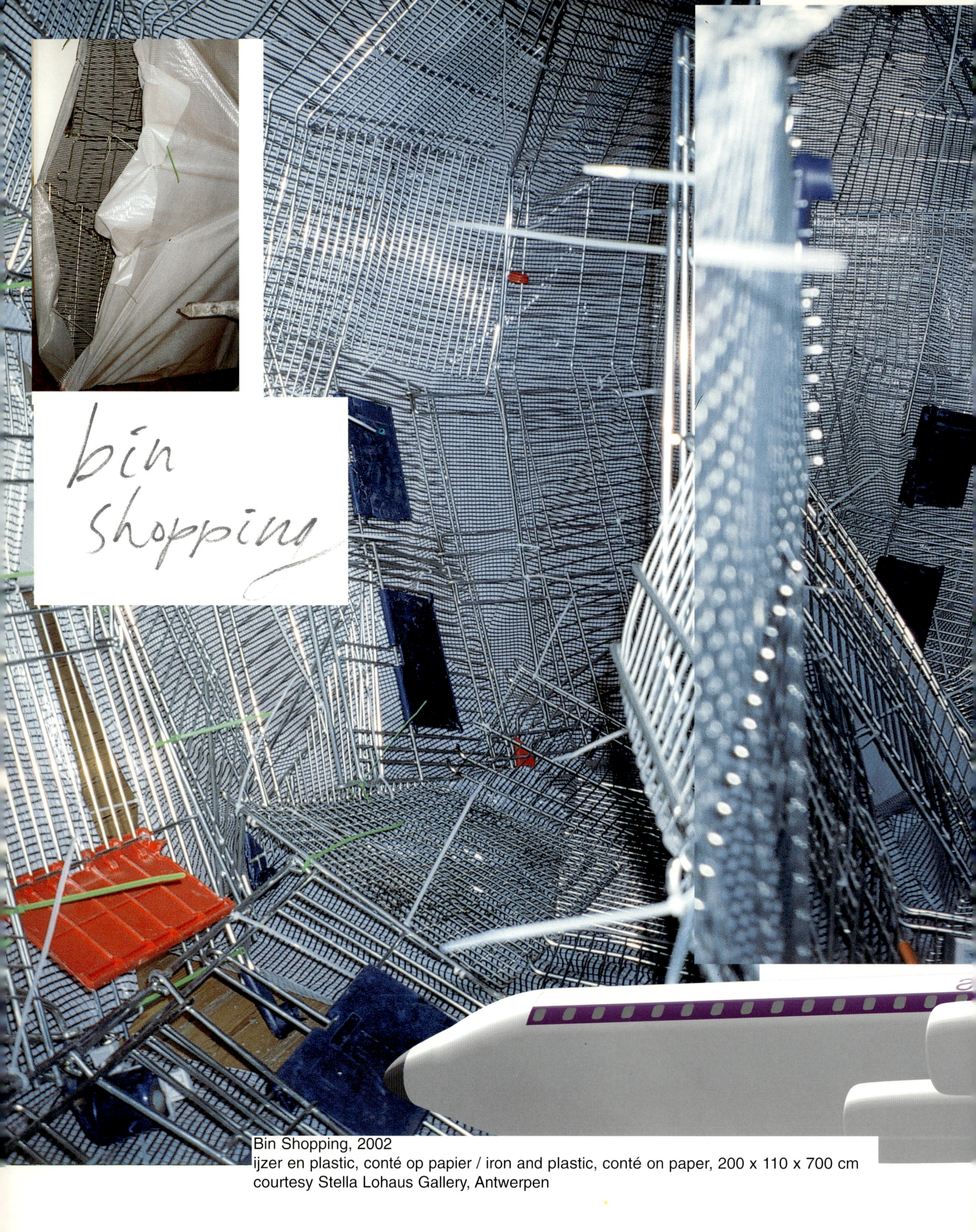

Bin Shopping, 2002
ijzer en plastic, conté op papier / iron and plastic, conté on paper, 200 x 110 x 700 cm
courtesy Stella Lohaus Gallery, Antwerpen

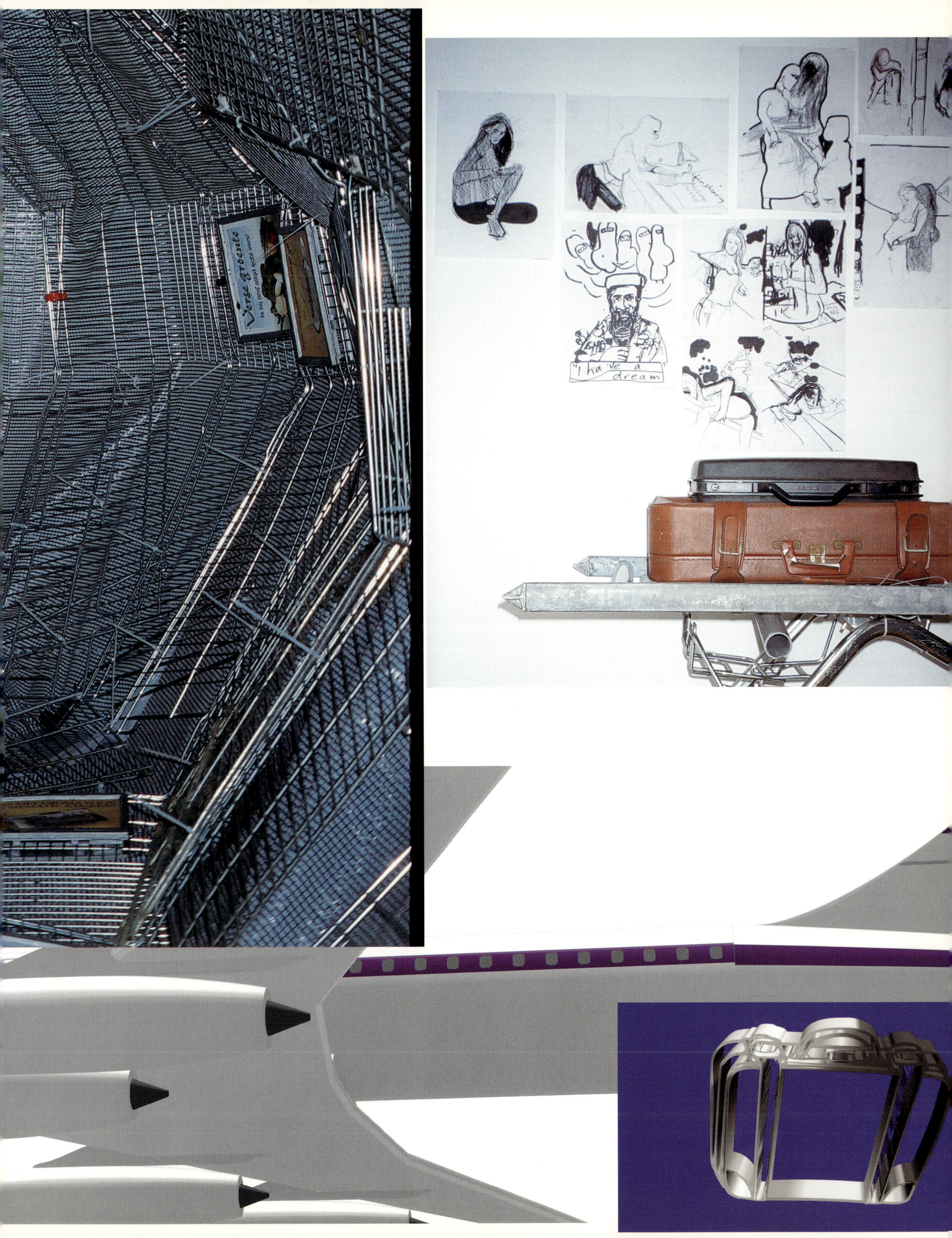
Verse groente
Is bij ons altijd echt vers!
"I have a dream

Colofon

Deze publicatie verschijnt gelijktijdig met de tentoonstelling
'Naughty by Nature' in het Groninger Museum, Groningen van
27 april tot en met 8 september 2002.

Auteurs
Catrin Backhaus
Dominic van den Boogerd
Xander Karskens
Sue-an van der Zijpp

Redactie
Barbera van Kooij (NAi Uitgevers)
Patty Wageman (Groninger Museum)

Tekstredactie
Els Brinkman

Vertaling
Duits-Nederlands: Wil Boesten (tekst Catrin Backhaus)

Lay-out
75B, Rotterdam

Druk en lithografie
Drukkerij Die Keure, Brugge

Productie
Caroline Gautier, Barbera van Kooij (NAi Uitgevers)

Uitgever
NAi Uitgevers, Rotterdam

Illustratieverantwoording
Christa Burger Gallery 112
Bob Goedewaagen 3 (b), 10, 33, 44, 71 (b), 81, 90, 91, 94, 95
Forum Features/Snoop Dogg 48/49
Fries Museum Leeuwarden 58
Miel van de Hart 25, 28, 65, 106, 107
Jeroen Jacobs 57
Kunstverein Düsseldorf 82/83
Erik van Lieshout 8, 14, 16, 17, 20, 21, 32, 46 (2 inzets), 51,
56, 64, 68, 70 (b), 76, 80, 84, 104, 105
Stella Lohaus Gallery 24, 36, 59, 60, 61, 69, 78, 79, 85, 102, 103
Cary Markerink 42/43, 63 (o), 71 (o)
Jouk Oosterhof 50
Stedelijk Museum Amsterdam 6, 7, 15
Sybil's Pictures 30, 38, 39
Vibeke Tandberg 70
Galerie Sabine Wachters 19, 23, 35, 88/89
Galerie Fons Welters 18 (b), 31

Derk Jan Wooldrik 2, 3 (o), 18 (o), 22, 23, 26/27, 34, 40/41,
52/53, 62, 63 (b), 66/67, 72/73
Mels van Zutphen 46, 47

Shout outs
Olga Russel
Marinus Jans
Derk-Jan Wooldrik
Barbera van Kooij
Stella Lohaus
Mark Wilson
Sue-an van der Zijpp
Geert Reitsema
Charlotte Schleiffert
Carla Ammerlaan
Anne Marie Keereweer
Marijke van Warmerdam
Lucio Auri
Jeroen Jacobs
Annette Weisser
Ingo Vetter
DJ Hannes (München)
Christa Burger (München)
Jeroen Jongeleen
Marc Bijl
Core van der Hoeven
Raoul 'Streets USA'
Patricia Pullens
Dirk van Lieshout
75B, Pieter, Rens & Robert
Bart van Lieshout
Dick Smit
Jennifer Tee
Tomas Figuurs
Susan Oxenaar
Justice (Ghana)
Centra (Ghana)
Prodigy (of Mobb Deep)
Familie Van de Hart
Xander Karskens
Rutger Pontzen
Caroline Gautier
Fonds voor Beeldende Kunsten, Vormgeving en Bouwkunst,
AIDS fonds.

De productie van deze publicatie werd mede mogelijk gemaakt
dankzij financiële ondersteuning van de Mondriaan Stichting,
Stimuleringsfonds voor beeldende kunst, vormgeving en muse-
ale activiteiten, Amsterdam en het Centrum Beeldende Kunst,
Rotterdam.

© 2002 NAi Uitgevers, Rotterdam en de auteurs
Alle rechten voorbehouden. Niets uit deze uitgave mag worden
verveelvoudigd, opgeslagen in een geautomatiseerd gegevens-

Colophon

This publication coincides with the 'Naughty by Nature' exhibition held from 27 April till 8 September 2002 at the Groninger Museum, Groningen.

Authors
Catrin Backhaus
Dominic van den Boogerd
Xander Karskens
Sue-an van der Zijpp

Editing
Barbera van Kooij (NAi Publishers)
Patty Wageman (Groninger Museum)

Text editing
Els Brinkman

Translation
Dutch-English: Beth O'Brien (text Dominic van den Boogerd), Andrew May (text Xander Karskens), George Hall (text Kees van Twist, Sue-an van der Zijpp)
German-English: Ishbell Flett (text Catrin Backhaus)

Lay-out
75B, Rotterdam

Printing and lithography
Drukkerij Die Keure, Brugge

Production
Caroline Gautier, Barbera van Kooij
(NAi Publishers)

Publisher
NAi Publishers, Rotterdam

Photo credits
Christa Burger Gallery 112
Bob Goedewaagen 3 (t), 10, 33, 44, 71 (t), 81, 90, 91, 94, 95
Forum Features/Snoop Dogg 48/49
Fries Museum Leeuwarden 58
Miel van de Hart 25, 28, 65, 106, 107
Jeroen Jacobs 57
Kunstverein Düsseldorf 82/83
Erik van Lieshout 8, 14, 16, 17, 20, 21, 32, 46 (2 insets), 51, 56, 64, 68, 70 (t), 76, 80, 84, 104, 105
Stella Lohaus Gallery 24, 36, 59, 60, 61, 69, 78, 79, 85, 102, 103
Cary Markerink 42/43, 63 (b), 71 (b)
Jouk Oosterhof 50
Stedelijk Museum Amsterdam 6, 7, 15
Sybil's Pictures 30, 38, 39
Vibeke Tandberg 70
Galerie Sabine Wachters 19, 23, 35, 88/89
Galerie Fons Welters 18 (t), 31
Derk Jan Wooldrik 2, 3 (b), 18 (b), 22, 23, 26/27, 34, 40/41, 52/53, 62, 63 (t), 66/67, 72/73
Mels van Zutphen 46, 47

Thank You
Olga Russel
Marinus Jans
Derk-Jan Wooldrik
Barbera van Kooij
Stella Lohaus
Mark Wilson
Sue-an van der Zijpp
Geert Reitsema
Charlotte Schleiffert
Carla Ammerlaan
Anne Marie Keereweer
Marijke van Warmerdam
Lucio Auri
Jeroen Jacobs
Annette Weisser
Ingo Vetter
DJ Hannes (München)
Christa Burger (München)
Jeroen Jongeleen
Marc Bijl
Core van der Hoeven
Raoul 'Streets USA'
Patricia Pullens
Dirk van Lieshout
75B, Pieter, Rens & Robert
Bart van Lieshout
Dick Smit
Jennifer Tee
Tomas Figuurs
Susan Oxenaar
Justice (Ghana)
Centra (Ghana)
Prodigy (of Mobb Deep)
Familie Van de Hart
Xander Karskens
Rutger Pontzen
Caroline Gautier
Fonds voor Beeldende Kunsten, Vormgeving en Bouwkunst
AIDS fonds.

This publication received generous financial support from the Mondriaan Foundation, Amsterdam and the Centrum Beeldende Kunst, Rotterdam.

© 2002 NAi Publishers, Rotterdam, and the authors
All rights reserved. No part of this publication may be reproduced, stored in a

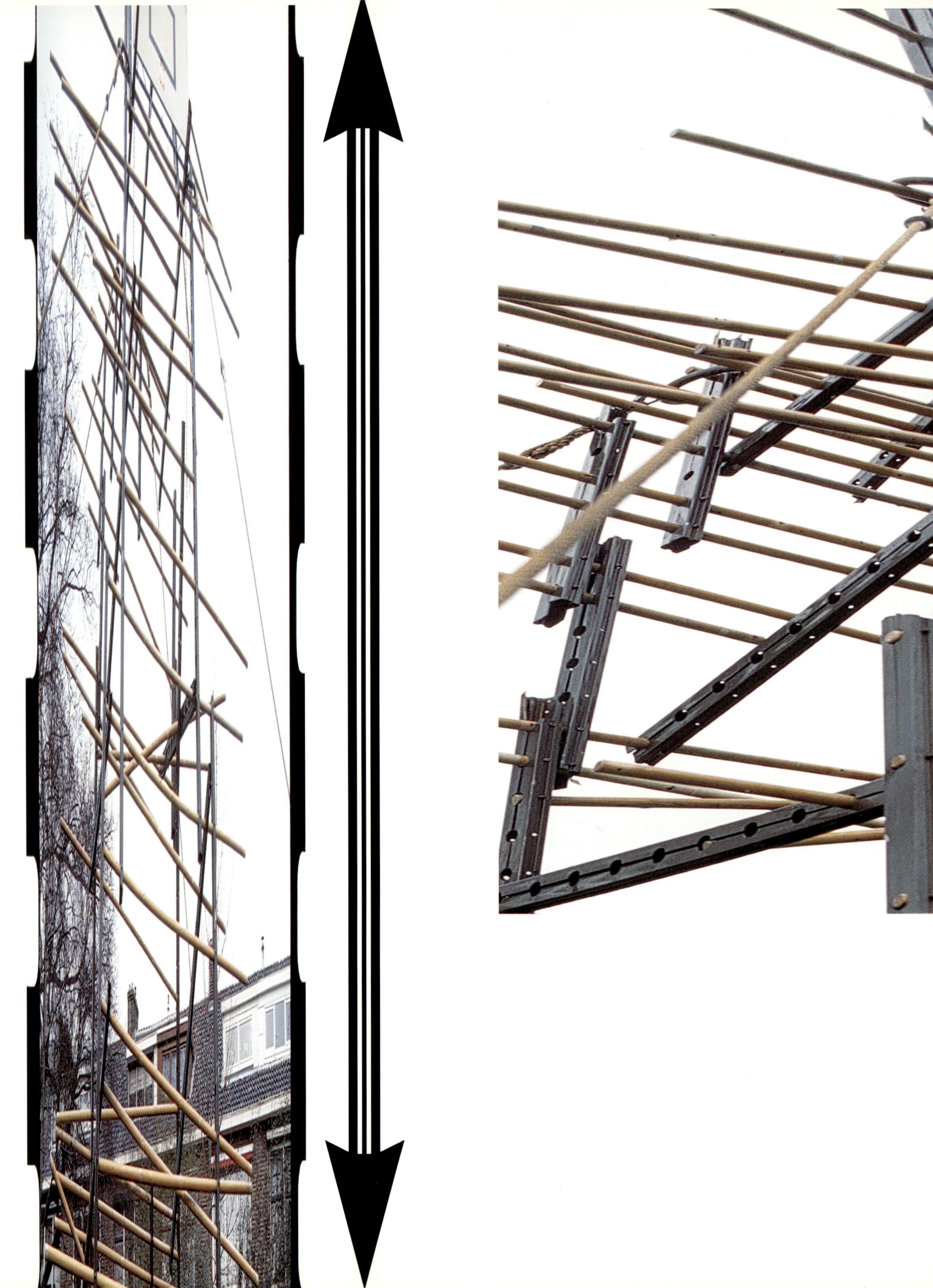

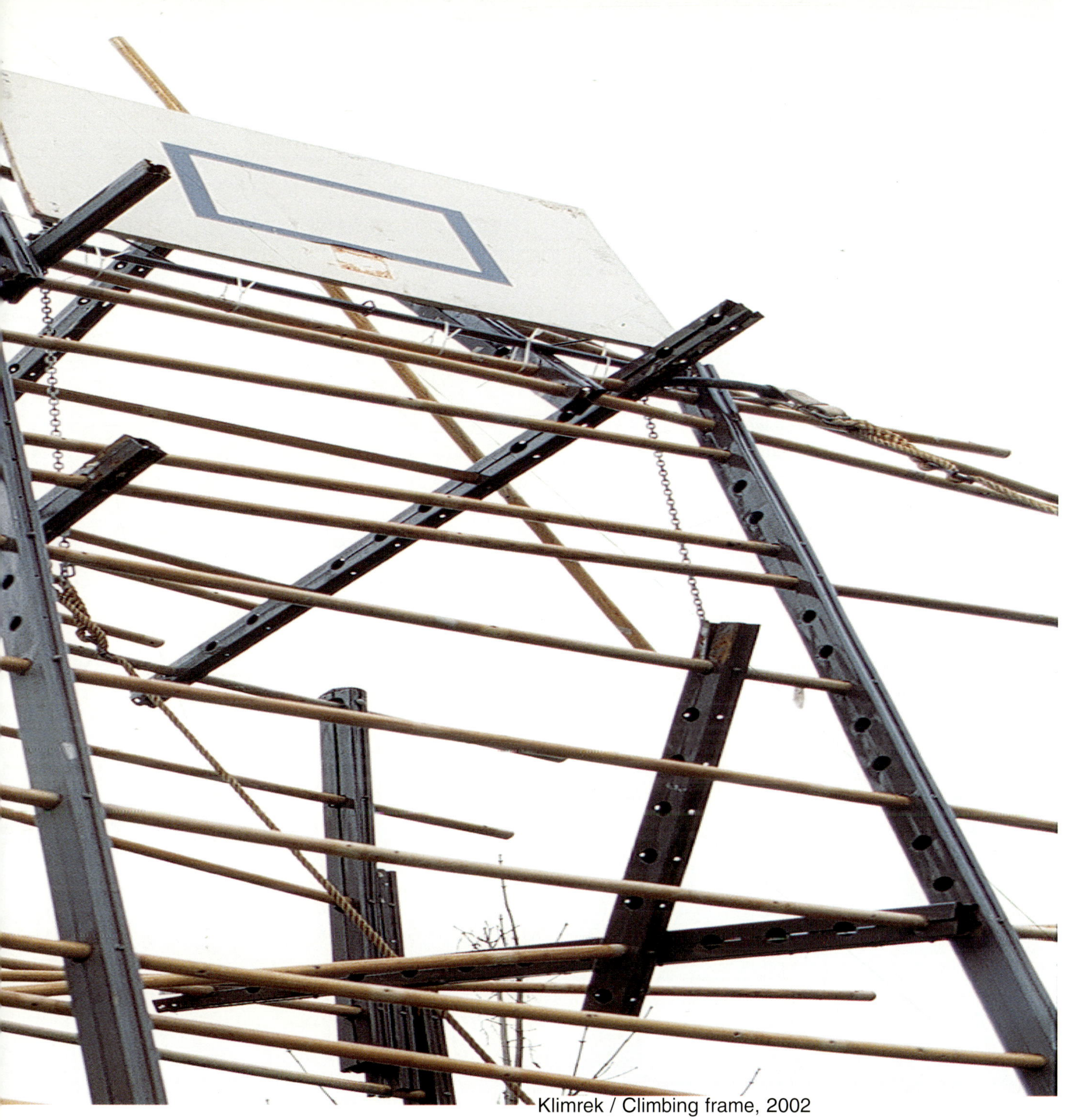

Klimrek / Climbing frame, 2002
ijzer en hout / iron and wood, 800 x 300 x 400 cm
courtesy Stella Lohaus Gallery, Antwerpen

bestand, of openbaar gemaakt, in enige vorm of op enige wijze,
hetzij elektronisch, mechanisch, door fotokopieën, opnamen, of
enige andere manier, zonder voorafgaande schriftelijke toe-
stemming van de uitgever. Voor zover het maken van kopieën
uit deze uitgave is toegestaan op grond van artikel 16B
Auteurswet 1912jº het Besluit van 20 juni 1974, Stb. 351, zoals
gewijzigd bij Besluit van 23 augustus 1985, Stb. 471 en artikel
17 Auteurswet 1912, dient men de daarvoor wettelijk verschul-
digde vergoeding te voldoen aan de Stichting Reprorecht
(Postbus 882, 1180 AW Amstelveen). Voor het overnemen van
gedeelte(n) uit deze uitgave in bloemlezingen, readers en andere compilatiewerken (artikel 16 Auteurswet 1912) dient men
zich tot de uitgever te wenden.

Van werken van beeldend kunstenaars, aangesloten bij een
CISAC-organisatie, zijn de publicatierechten geregeld met
Beeldrecht te Hoofddorp. © 2002, c/o Beeldrecht Hoofddorp

Niet alle rechthebbenden van de gebruikte illustraties konden
worden achterhaald. Belanghebbenden wordt verzocht contact
op te nemen met NAi Uitgevers.

ISBN 90-5662-268-4

Druk- en bindwerk in Nederland

NAi Uitgevers is een internationaal georiënteerde uitgeverij,
gespecialiseerd in het ontwikkelen, produceren en verspreiden
van boeken over architectuur, beeldende kunst en verwante
disciplines.

NAi Uitgevers, Mauritsweg 23, 3012 JR Rotterdam.
info@naipublishers.nl
www.naipublishers.nl

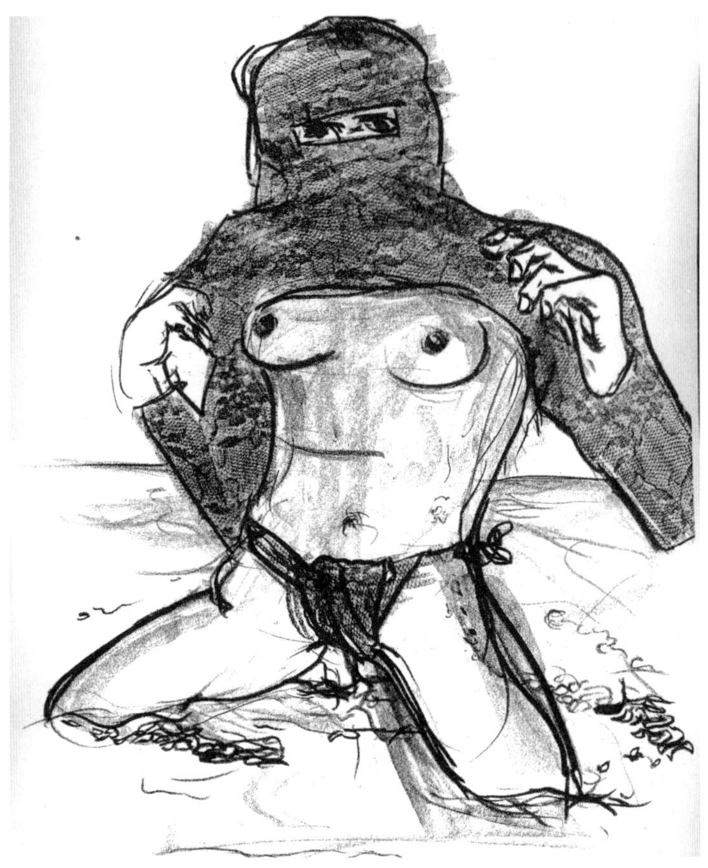

Zonder titel / Untitled, 2001
conté op papier / conté on paper, 42,2 x 29,7 cm
courtesy Stella Lohaus Gallery, Antwerpen

retrieval system, or transmitted in any form or by any means, electronic, mechanical, photocopying, recording or otherwise, without the prior written permission of the publisher.

For works of visual artists affiliated with a CISAC-organization the copyrights have been settled with Beeldrecht in Hoofddorp. © 2002, c/o Beeldrecht Hoofddorp

It was not possible to find all the copyright holders of the illustrations used. Interested parties are requested to contact NAi Publishers.

Available in North, South and Central America through D.A.P./Distributed Art Publishers Inc, 155 Sixth Avenue 2nd Floor, New York, NY 10013-1507, tel 212 627 1999, fax 212 627 9484.

Available in the United Kingdom and Ireland through Art Data, 12 Bell Industrial Estate, 50 Cunnington Street, London W4 5HB, tel 20 8747 1061, fax 20 8742 2319.

ISBN 90-5662-268-4

Printed and bound in the Netherlands

NAi Publishers is an internationally orientated publisher specialized in developing, producing and distributing books on architecture, visual arts and related disciplines.

NAi Publishers, Mauritsweg 23, 3012 JR Rotterdam, the Netherlands.
info@naipublishers.nl
www.naipublishers.nl

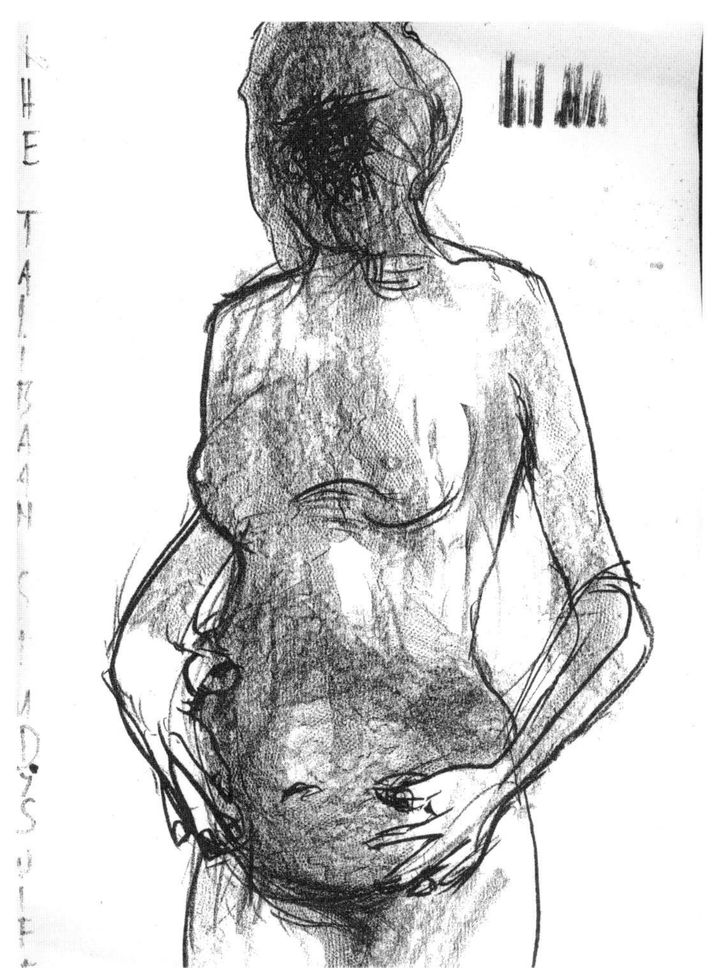

Talibaan Study's Wife, 2001
conté op papier / conté on paper,
42,2 x 29,7 cm
courtesy Stella Lohaus Gallery, Antwerpen

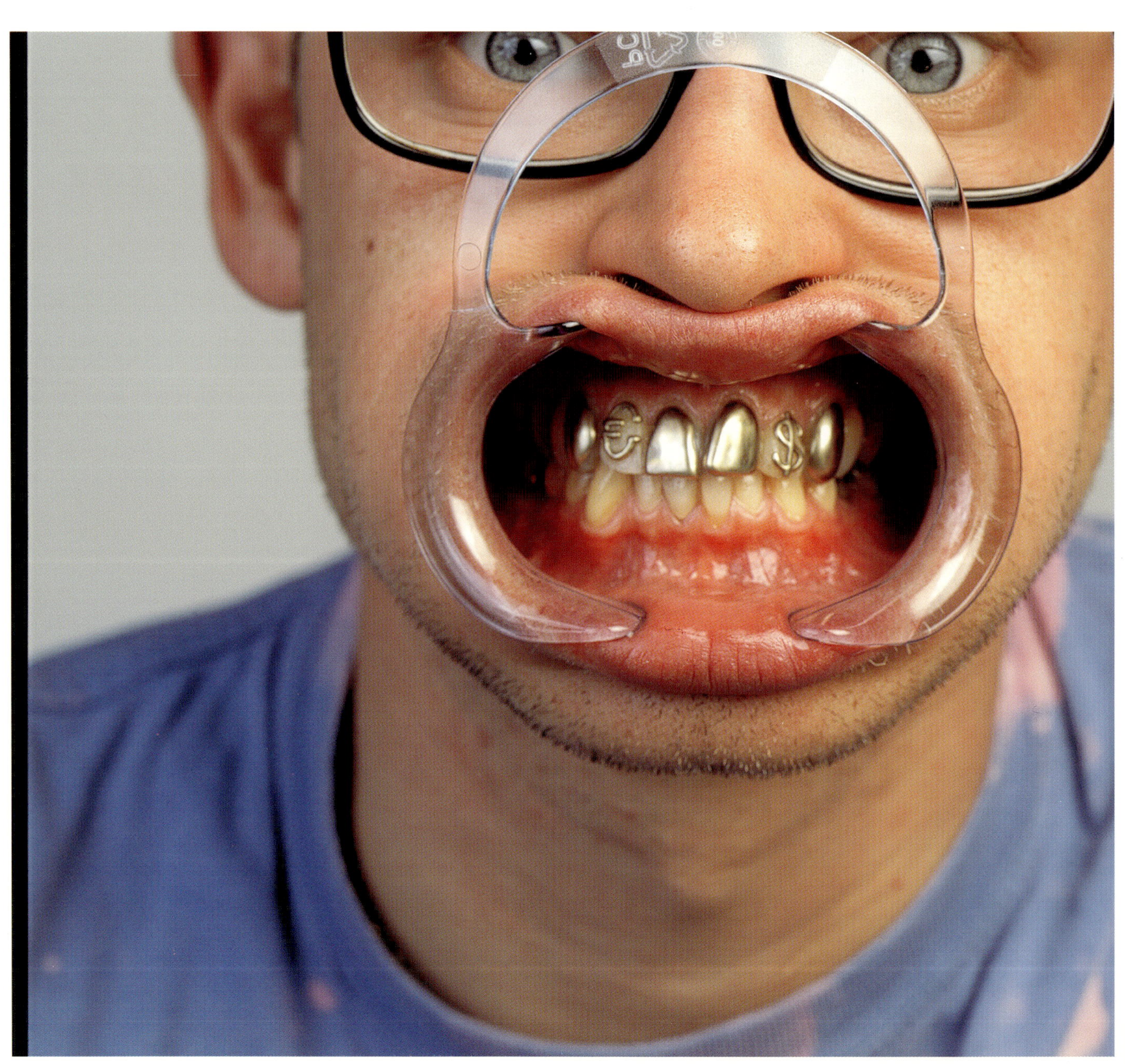

jgjhjhhjhjffhbvcgnvvvciaoooo-
oo..........................mmmmmm..

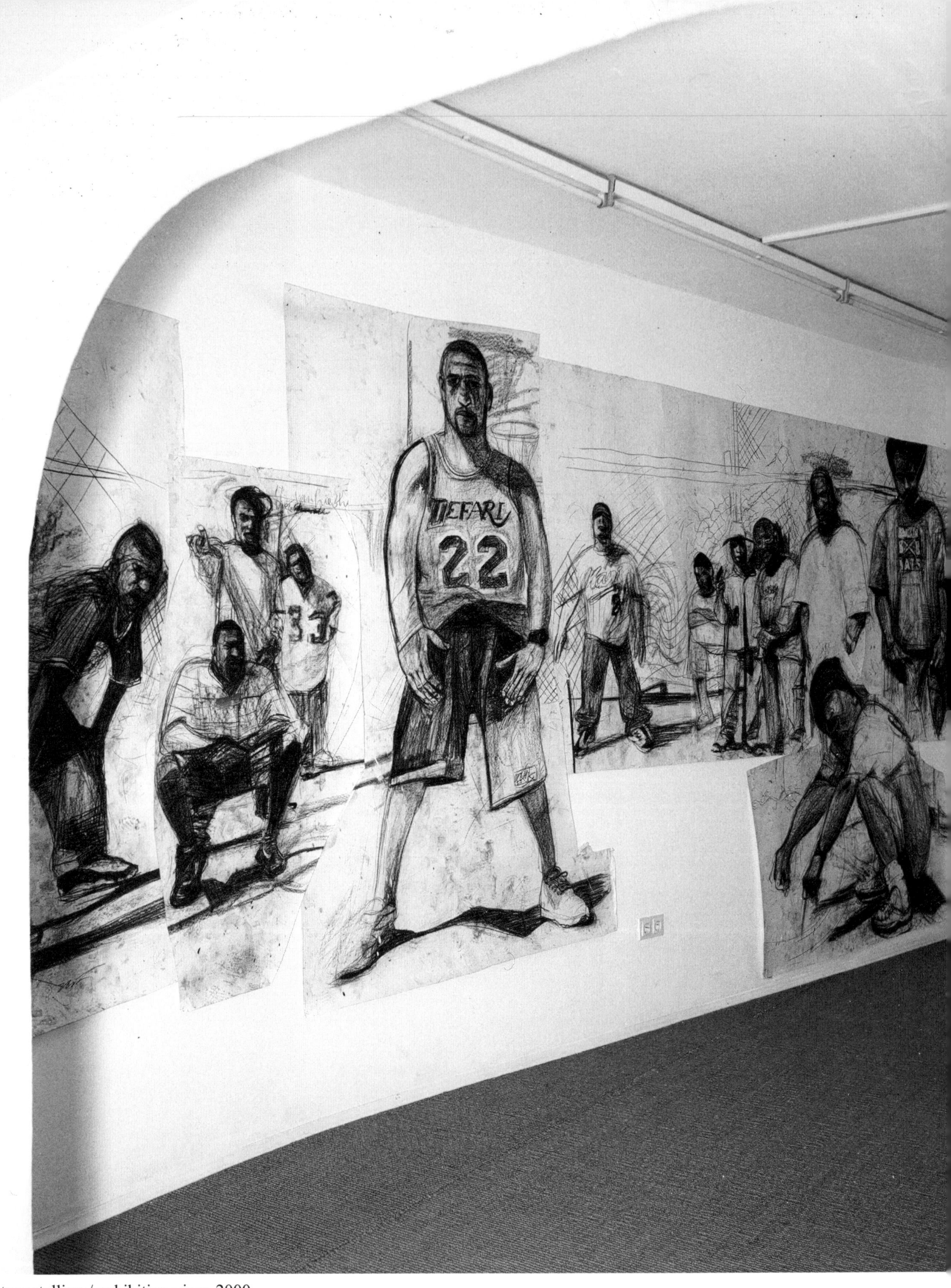

detail tentoonstelling / exhibition view, 2000
Christa Burger Gallery, München